Über dieses Buch In diesem Buch über die Klarinette berichtet der bekannte englische Klarinettist Jack Brymer, international renommierter Konzertsolist und prominentes Mitglied namhafter Londoner Ensembles, von der kurzen, aber fesselnden Geschichte der Klarinette und den starken Einflüssen, die Virtuosen, Komponisten und geniale Erfinder auf ihre Entwicklung genommen haben. Brymer legt hier ein anregendes, hochinformatives Werk vor, das die Klarinette im breiten Zusammenhang der Orchester- und Kammermusik behandelt, wobei er sich ohne Scheu auch zu unorthodoxen Auffassungen bekennt, solange sie einem dienen: der Musik. Seine prägnanten Ausführungen über die handwerklichen Aspekte des Klarinettenbaus, seine Ratschläge für Wartung und Reparatur, seine Bemerkungen über den Berufsalltag des Klarinettisten sind wertvoll, für manchen vielleicht sogar Neuland. In dem Abschnitt über den Klarinettenunterricht kommen ausführlich die hohen, vielfältigen Anforderungen an den heutigen Klarinettisten zur Sprache. Ein Kapitel informiert ausführlich über die Klarinettenliteratur. – Fotos, Zeichnungen und Notenbeispiele sowie eine kurze Bibliographie und eine Diskographie runden das Buch ab.

Der Autor Jack Brymer war zunächst Schullehrer und erhielt den ersten Unterricht von seinem Vater. 1947 holte ihn Sir Thomas Beecham als Stimmführer in das damals neugebildete Royal Philharmonic Orchestra. Von 1963 bis 1972 war er Stimmführer im Sinfonieorchester der BBC und wechselte dann zum London Symphony Orchestra über, wo er in der gleichen Eigenschaft bis heute tätig ist. Er lehrte als Professor für Klarinette an der Royal Academy of Music, ist Leiter der »London Wind Soloists« und Mitglied verschiedener anderer bekannter und profilierter Kammermusikvereinigungen.

Yehudi Menuhins Musikführer

Jack Brymer

Die Klarinette

Aus dem Englischen
von Thomas M. Höpfner
Fachliche Beratung:
Michael Kern

Fischer
Taschenbuch
Verlag

Herausgeber: Yehudi Menuhin
Mitherausgeber: Patrick Jenkins
Berater: Martin Cooper, Eric Fenby, Robert Layton, Denis Stevens
Zeichnungen: Tony Matthews
Notenbeispiele: Malcolm Lipkin

Der Ausschnitt aus »Die Macht des Schicksals«, ebenso der aus Vivaldis Concerto grosso, wird mit freundlicher Erlaubnis des Hauses G. Ricordi u. Co. wiedergegeben. Die Wiedergabe der Illustration aus »The Compleat Book for the Mock Trumpet« erfolgt mit Genehmigung der Universität Glasgow; der Band befindet sich in der Euing Music Collection der Bibliothek ebendort, Bibliotheksnr. B. e. 19. Die Erlaubnis zum Abdruck des Zitats aus Kroll, »Die Klarinette«, erteilte freundlicherweise der Bärenreiter-Verlag Kassel.

Autor und Verleger danken allen, die Illustrationsmaterial zur Verfügung gestellt haben, Breitkopf and Hartel London Ltd. für die Erlaubnis, Musikbeispiele abzudrucken, außerdem der Rychenberg-Stiftung Winterthur und der Staatsbibliothek Berlin. Weiterer Dank gilt der Firma Boosey ans Hawkes für die Informationen über technische Details des modernen Instruments.

7.–8- Tausend: März 1987

Veröffentlicht im Fischer Taschenbuch Verlag GmbH,
Frankfurt am Main, Juli 1983

Lizenzausgabe mit freundlicher Genehmigung
der Edition Sven Erik Bergh in der Europabuch AG
Die Originalausgabe erschien unter dem Titel ›Clarinet‹
bei McDonald & Co., London

Umschlaggestaltung: Jan Buchholz / Reni Hinsch
Umschlagfoto: Harro Wolter
Satz: Fotosatz Otto Gutfreund, Darmstadt
Druck und Bindung: Clausen & Bosse, Leck
Printed in Germany
1680-ISBN-3-596-22986-3

Inhalt

Verzeichnis der Abbildungen

»Er ist ein echter Musiker, der nach grundsätzlichen Überlegungen Wissen über Musik erwirbt,
nicht durch technische Vollkommenheit,
sondern durch die Kraft der Gedanken...
geführt vom Geist der Erkenntnis.«

Boethius (etwa 480–524)

Vorwort des Herausgebers Yehudi Menuhin

Wenn man sich von einem Meister in die Fülle der Probleme, Lösungsmöglichkeiten und Finessen des Klarinettenspiels einführen läßt, gewinnt man nicht nur technischen Einblick, sondern auch wichtige neue Erkenntnisse, die zu einem tieferen Verständnis, einer höheren Wertschätzung dieser anspruchsvollen Kunst führen. Schon immer habe ich den dunklen, voluminösen und doch schlanken Klarinettenklang geliebt, in dem sich für mich gerade Bartók und Brahms so wundervoll aussprechen.
Jack Brymers Buch über die Klarinette ist ungemein aufschlußreich, fesselnd und belehrend nicht nur für Musiker und Laien, Anfänger und ausgebildete Künstler, für Komponisten, Lehrer, Klarinettenbauer und -reparateure, sondern stellenweise sogar für die Gestalter von Tonstudios, Konzertsälen und Theatern. Gerade diese Breite des Spektrums wird nicht wenig dazu beitragen, daß wir das Wissen und die Erfahrungen eines bedeutenden Klarinettisten, die sich in diesem Buch niederschlugen, mit um so größerem Genuß, um so mehr Vergnügen aufnehmen – zumal sich die Begeisterung des Autors und seine Liebe zur Sache uns Lesern auf das anregendste mitteilen, während wir ihm, dem Fachmann, in die noch immer sich fortentwikkelnde Welt der Klarinette folgen.

Vorbemerkung des Verfassers

Auf den folgenden Seiten möchte ich dem Leser meine Ansichten und Einsichten zum Thema Klarinette nahebringen. Manche davon sind unbestreitbare Tatsachen, andere Auffassungssache. Wo meine persönliche Meinung vom Herkömmlichen abweicht, stehe ich dazu, und zwar mit Freuden, denn beim Musizieren auf der Klarinette wie beim Experimentieren mit ihr beruht ja das halbe Vergnügen darauf, daß unser Instrument so viele Möglichkeiten bietet, mit so vielen verschiedenen Stimmen sprechen kann. Undenkbar, es auf irgendeine Norm festzulegen.

Wie ich annehme, wird der Leser eines solchen Buches über die Klarinette nicht nur lesen, sondern auch nachdenken wollen. Wenn er am Ende feststellt, daß sein Denkprozeß durch meine Ausführungen gefördert oder bereichert wurde, haben sie in meinem Sinne ihren Zweck erfüllt.

Jack Brymer, 1976

Einführung

Dieses Buch hat zwei Ziele. Zunächst wollen wir die Klarinette betrachten, wie sie heute vorliegt – ein Instrument, mit dem sehr viele Menschen musizieren, die es wahrscheinlich als eine gegebene Tatsache hinnehmen, als etwas, das mehr oder weniger fertig auf uns kam und sich in der Zukunft kaum noch verändern wird. Zweitens wollen wir eingehend untersuchen, wie die Klarinette zu dem wurde, was sie heute ist. Dazu werden wir ihre ziemlich kurze Geschichte darstellen und erörtern, welche Einflüsse Klarinettisten und die Komponisten von Klarinettenwerken auf das Instrument ausgeübt haben.

Freilich müssen wir uns auch mit den vielen verschiedenen Auffassungen der Klarinettisten unserer Zeit beschäftigen. Denn obwohl sie in einer immer kleiner werdenden Welt ständig in Kontakt miteinander stehen, halten sie in der Frage, wie die Klarinette klingen soll, hartnäckig an ihren persönlichen Standpunkten fest. Mit den paar Kilometern von Dover bis Calais legen wir den Weg in ein anderes Sprachgebiet zurück, aber dieser Gegensatz ist kaum dramatischer als der Kontrast, der sich dabei in den Vorstellungen vom Klarinettenklang auftut. Sie ändern sich hinter jeder beliebigen Grenze, die wir in Europa überschreiten, wenngleich die Rundfunksender des eben verlassenen Landes stundenlang Beispiele für den dortigen Klarinettenstil senden und jenseits der Grenze doch einwandfrei empfangen werden. Wie mancher gute Wein, ist der Klarinettenklang offensichtlich kein geeigneter Exportartikel: Er übersteht Ortsveränderungen schlecht. Über die Gründe dafür kann man sich streiten. Sie mögen mit der Sprache oder mit nationalen Eigenheiten zusammenhängen, aber gewiß sind sie auch mit historischen Aspekten des Instruments verknüpft. Diesen geschichtlichen Hintergrund nun haben verschiedene Sachverständige, die wir in unserer Bibliographie nennen, so erschöpfend behandelt, daß ich mich hier auf ein paar Hauptlinien beschränken möchte, statt in aller Breite zu wiederholen, was anderenorts so gründlich ausgeführt ist. Dennoch kann kein Buch über die Klarinette einen Anspruch auf Vollständigkeit erheben, wenn dieses hochinteressante Thema – der unglaublich rasche Aufstieg des Instruments zu seiner bedeutenden Position als Soloinstrument und als viertes wesentliches Element der Holzbläser im Orchester – nicht wenigstens in einem Abschnitt dargestellt wird. Natürlich hing diese Entwicklung eng mit den Wesensunterschieden zwischen der Klarinette und den anderen Rohrblattinstrumenten des Orchesters, Oboe und Fagott, zusammen, den akustischen Besonderheiten, die die Klarinette von Anfang an herausgehoben, ihre Stimme einzigartig gemacht haben. Ein wichtiger Teil des Buches ist mithin der Erörterung dieser Charakteristika gewidmet, wobei ich bemüht war, sie so allgemeinverständlich wie möglich zu formulieren. Mein Buch soll keine technische Abhandlung sein. Wenn ich also den besagten Abschnitt einfüge, dann in der Hoffnung, daß er dem Interessierten zweierlei verdeutlicht: das Ungewöhnliche der Klarinette als Klangelement und ihre daraus folgende anregende Wirkung auf die Phantasie von ausübenden Künstlern und Komponisten, zumindest in den letzten zwei Jahrhunderten.

Zweifellos liegt mir daran, mich hier als Klarinettist ganz persönlich zu den stets gegenwärtigen Problemen des Klarinettenspiels zu äußern. Dabei wird vieles von dem, was ich sage, als subjektiv und anfechtbar empfunden werden. Aber es basiert auf einer Haltung gegenüber dem Instrument, die immer bemüht war, das Instrument vorurteilsfrei zu betrachten, und es sind die Ansichten eines Mannes, der das Instrument in seiner Jugend unbefangen als Spielzeug ausprobierte, noch ehe er dessen künstlerische Möglichkeiten begriffen hatte. Seit meinem sechsten Lebensjahr begleitet mich die Klarinette als mein natürlicher Gefährte. Überlegungen hinsichtlich dieser oder jener nationalen Klarinetten-»Schule« kamen folglich erst viel später, und dann als eine Frage der Analyse, nicht der Lebensnotwendigkeit. Für mich war und ist die Klarinette stets auch ein Feld für Experimente und Entdeckungen. Hieraus leiten sich viele meiner Schlußfolgerungen ab. Das Instrument steckt eben voller faszinierender Unvereinbarkeiten und Widersprüche, von denen man wenigstens einige zu lösen versuchen sollte.

Natürlich stellt sich bei einem Text, der all das Erwähnte (Geschichte, Akustik, Spielauffassungen, »Schulen«) berücksichtigen will, das Problem der Auswahl. Beschränkung ist geboten – ein Buch wie dieses kann nicht vollständig sein, auch die brillanten Werke in unserer Bibliographie lassen da notgedrungen manche Wünsche offen. Immerhin hoffe ich, außer bereits bekannten Dingen auch einige Aspekte zu behandeln, auf die im allgemeinen nicht so umfassend eingegangen wird.

Erstes Kapitel
Die Klarinette heute

In der Partitur wird die Klarinette (von oben gerechnet) als drittes Holzblasinstrument nach Flöte und Oboe notiert. Historisch betrachtet ist sie das vierte der Gruppe, da sie später als Flöte, Oboe und Fagott erfunden wurde. Diese einfache Tatsache erklärt eine der wichtigsten Funktionen der Klarinette im Orchester. Als sie im frühen 18. Jahrhundert aufkam, wurde sie sogleich zur Vervollständigung der Holzbläsergruppe eingesetzt. Mit dem Klarinettenklang konnten die Komponisten eine Lücke schließen, die viele schon lange empfunden hatten. Zu diesen Komponisten zählte zweifellos der junge Mozart, der in einem Brief an seinen Vater Leopold aus Mannheim schrieb: »Ach, wenn wir auch nur clarinetti hätten! – sie glauben nicht was eine sinfonie mit flauten, oboen und clarinetten einen herrlichen Effect macht.« Daß ihm die An- oder Abwesenheit von Fagotten gleichgültig gewesen zu sein scheint, gehört nicht zur Sache – Fagotte waren ausreichend vorhanden und alltäglich. Mozart hat sie nebst den anderen drei Holzblasinstrumenten in seinen späteren Sinfonien verwendet, wann immer ihm der volle Holzbläsersatz geboten schien.
Die schlichte Wahrheit lautet vielmehr: Die Klarinette ist viel flexibler als die anderen Holzblasinstrumente. Damit wollen wir nicht behaupten, daß sie diesen Instrumenten überlegen sei – sie haben alle ihre starken und schwachen Seiten, von denen wir einige, soweit sie die Klarinette betreffen, im fünften Kapitel behandeln werden. Hier weisen wir darauf hin, daß sie mit fast vier vollen Oktaven den größten Tonumfang besitzt. Er reicht

von  bis 

Die Klarinettenfamilie. Von links nach rechts: Sopran-Klarinette in Es, B-Klarinette, Alt-Klarinette in Es, Baß-Klarinette in B, Kontrabaß-Klarinette in B. Auch A-Klarinetten sind gebräuchlich. Weniger üblich sind Sopranino-Klarinette in A, Sopran-Klarinette in D, Bassetthorn in F und Kontraalt-Klarinette in Es.

Auch dynamisch ist die Klarinette das ausdrucksfähigste Holzblasinstrument, umfaßt doch ihre Skala sämtliche Abstufungen vom unhörbaren ppp bis zum trompetengleichen fff. Sie kann außerdem die Tonqualität am feinsten modellieren (von samtweich bis stahlhart), und ihr Klang verschmilzt daher ohne weiteres mit dem anderer Instrumente, was sie zum wesentlichen Bindeglied der Holzbläsergruppe macht. Woraus sich diese Merkmale erklären, untersuchen wir

später, wenn wir im dritten Kapitel auf die akustischen Besonderheiten des Instruments eingehen.
Klären wir jetzt einmal, was den Klarinettenklang ausmacht und was man unter »Klarinette« versteht. Klarinetten sind Instrumente höchst unterschiedlicher Größen, beginnend mit der etwa 45,7 cm langen, winzigen Es-Klarinette bis hin zur riesigen Kontrabaß-Klarinette in B von rund 3 m Rohrlänge (siehe linke Seite).
Ebenso kann »Klarinette« eine Klangskala von den durchdringenden Tönen im Register einer Piccoloflöte bis hinab zum düsteren Grummeln im Unisono mit dem Kontrabaß der Streicher bedeuten. Klarinetten weichen auch äußerlich stark voneinander ab, weil viele verschiedene Baumaterialien Verwendung finden (Holz, Ebonit [Hartgummi], schwarze oder farbige Kunststoffe, Glas, Metall). Und schließlich weisen sie Unterschiede in der Klappentechnik auf. Dennoch sind sie alle Klarinetten. Sie haben einiges gemeinsam, und zwar genau diejenigen Faktoren, die sie zu Klarinetten machen. Sie alle besitzen einen Schwingungserreger, das heißt, ein Mundstück mit einem darauf befestigten Blatt (siehe Abbildung 3*), das, obwohl es allein angeblasen nur »quäkt«, die Grundlage der Tonerzeugung bildet, und ein Rohr mit Löchern darin, den Resonanzapparat, der in Verbindung mit dem Mundstück den typischen Klarinettenklang produziert.
Wenn wir von den obenerwähnten Verschiedenheiten einmal absehen und annehmen, daß jeder von uns unter »Klarinette« das Instrument in B versteht, das viel häufiger zur Anwendung kommt als die anderen, und wenn wir nun noch das Boehmsche System hinzudenken (das in der Welt am weitesten verbreitet ist), dann gibt uns ein Instrument wie das in Abbildung 1 einen guten Eindruck von den ins Auge fallenden Merkmalen der Klarinette. Erstens ist sie eine mäßig lange Röhre (rund 67 cm) mit einer Innenbohrung von etwas über 12,7 mm. Da die Bohrung im größten Teil des Rohres dieselbe Weite aufweist, hat das Instrument eine ziemlich geschlossene, kompakte Gestalt. Es handelt sich also um einen langen Zylinder. In dieser Hinsicht hat die Klarinette unter den Rohrblattinstrumenten nicht ihresgleichen. Gerade der zylindrischen Form verdankt sie ihre schon erwähnten Besonderheiten wie Tonumfang, Flexibilität und Vielseitigkeit in der Verwendung.
Ein weiteres deutliches Merkmal sind die Klappen und Ringe. Wie bei anderen Holzblasinstrumenten dienen sie auch bei der Klarinette dazu, die Länge des Schallrohres nach Wunsch zu verändern. Mit

* Diese Abbildungsnummern beziehen sich ausschließlich auf die Fototafeln.

Hilfe der Klappen verschließen die Finger des Bläsers die Löcher, oben beginnend, so daß die Luft aus dem nächsten Loch unterhalb des geschlossenen Lochs entweichen kann. Dadurch entstehen Töne unterschiedlicher Höhe, oder, um es als eine Grundtatsache der Instrumentalakustik zu formulieren: je länger das Rohr, desto tiefer der Ton. Natürlich ist es nicht ganz so einfach, das wird sich im dritten Kapitel zeigen, aber es ist das Grundprinzip.

Der Klappenmechanismus der modernen Klarinette ist eine technisch sehr knifflige Konstruktion mit einer ganz simplen Aufgabe: Die Klappe wirkt als eine Verlängerung des Fingers und bietet ihm einen Hebel an, der ein Tonloch öffnet oder schließt, welches die Hand des Bläsers nicht erreichen kann. Durch die große Zahl der Klappen an der modernen Klarinette vervielfacht sich – dies ein zusätzlicher Effekt – die Zahl der verfügbaren »Finger«. Man braucht sie alle, weil das Instrument von heute eine Menge Tonlöcher hat und weil jedes Loch an der akustisch günstigsten Stelle liegt, die man dafür finden konnte – was keineswegs immer dort ist, wo es für die Hände am bequemsten wäre.

Wir können den Vergleich zwischen Finger und Klappe noch weiter fortführen. Die weiche menschliche Fingerkuppe eignet sich ideal zum Abdecken der Tonlöcher – das Polster an der modernen, das Loch wie ein Deckel verschließenden Klarinettenklappe ahmt diese Fingerkuppe nach. Zumeist ist es ein Polster aus weichem, dünnem Leder, manchmal aus der Haut einer Tierblase (oder aus Fischhaut), und die Füllung besteht gewöhnlich aus weichem Filz. Es kommt nun entscheidend darauf an, wie man die Klappe auf das Tonloch bringt, da sie es sofort hermetisch verschließen muß, damit dort auch unter Druck keine Luft austritt. Deshalb versieht man das Loch mit einem versenkten, abgeschrägten Rand, dessen Kante sich in das Polster eindrückt und dadurch abdichtet. In allen diesen Lösungen steckt eine Menge Einfallsreichtum der Klappenkonstrukteure. Eine sehr bewährte Polsterform zeigt Abbildung 4.

Nun besteht aber nicht nur das Problem des sofortigen, zuverlässigen Schließens. Wichtig ist auch, daß sich das Polster bei gedrückter Klappe in genau der richtigen Entfernung vom Tonloch befindet. Ist es zu nahe, klingt der erzeugte Ton verschleiert und dumpf, ist es zu weit weg, erfordert die Bewegung viel Zeit, was das rasche Passagenspiel erschwert. Damit der Mechanismus sich bequem handhaben läßt, muß jede Klappe so eingerichtet werden, daß sie denselben Abstand zum Tonloch hat wie die Nachbarklappen.

Bleiben die Fragen der Geräuschdämpfung und der richtigen Federung. Die Klappe muß sofort und leise in ihre Ruhelage zurückkeh-

ren. Das lautlose Funktionieren der Mechanik ist wichtiger, als es auf den ersten Blick zu sein scheint. Früher war es das nicht, da die einfachen Instrumente vergangener Jahrhunderte nur ein Minimum an Klappen besaßen, die sich zudem ziemlich langsam bewegten. Die Vielzahl der beweglichen Teile einer modernen Klarinette bringt es mit sich, daß eine ungenügende Dämpfung des Aufschlaggeräusches höchst unerwünschte Nebeneffekte zeitigt. So braucht an einem wichtigen Element nur ein winziges Stück Korkpolster zu fehlen, und schon wird ein makelloses Legato, der Stolz eines jeden Klarinettisten, durch ein aufdringliches Klappern verunstaltet, was die umsitzenden Kollegen prompt mit sarkastischen Blicken und mißbilligendem Klopfen gegen den Notenständer quittieren. Hier gibt es nur eine Abhilfe – sehr schmale, dünne Korkstückchen von feinster Materialqualität, die man mit Klebstoff an den einander berührenden Metallflächen befestigt. Das erfordert sehr viel Geschicklichkeit und ist der Grund dafür, daß die Klarinettisten die Kunst wirklich erstklassiger Instrumentenbauer und -reparateure sehr zu schätzen wissen.
Für die Federung der Klappen benutzt man zweierlei Federfunktionen – die eine hält die Klappe offen, so daß sie mit dem Finger geschlossen werden kann, wohingegen andere Klappen niedergedrückt werden, bis sie durch Fingerdruck geöffnet werden. Arbeitsweise und Konstruktion dieser Formen erläutern wir im vierten Kapitel.
Soviel zum Bau der Klarinette. Aus dem komplizierten Zusammenspiel dieser mechanischen Errungenschaften, deren Entwicklung zweieinhalb Jahrhunderte gebraucht hat, erwachsen vielfältige, subtile musikalische Möglichkeiten, die in mannigfaltiger Weise ausgeschöpft werden können. Gegenwärtig gibt es zwei große, eigenständige Systeme, das französische und das deutsche. Daraus wiederum dürfen wir folgern, daß man die Klappenanordnung des Instruments verändern kann, ohne daß es aufhört, eine Klarinette zu sein. Wie sich im zweiten Kapitel zeigen wird, haben diese Unterschiede im Äußeren, in der Auffassung und sogar in der Methode der Tonerzeugung sowie in der Zielsetzung der Klarinettisten bei der Tonbildung ihre historischen Gründe. Rein wissenschaftlich gesehen, sind die beiden Klarinettentypen »beinahe« identisch. Hier liegt die Betonung auf dem Wort »beinahe«, weil es unter akustischen Gesichtspunkten die winzigen Nuancen sind, die die Anhänger des einen mit denen des anderen Typs darüber streiten lassen, wie die Klarinette zu klingen habe. Als Folge geschichtlicher Entwicklungen gehen darüber die Meinungen auseinander, und das hat uns die gegenwärtige Doppelgleisigkeit der Klarinettenkonstruktion beschert. Wir werden darauf später im ein-

zelnen zurückkommen. Inzwischen mag sich der Leser anhand der Abbildungen 1 und 2 einige Details der in Rede stehenden Instrumente und einige Spezifikationen des heutigen Klarinettenbaus vor Augen führen.

Das wohl wichtigste Klangmerkmal sowohl der französischen als auch der deutschen Klarinetten ist die Schönheit der ausdrucksvollen Kantilene, die diesen Instrumenten eigen ist – das lange, weitgespannte Legato. Der Fähigkeit der Klarinette, sich in fast jede Instrumentenkombination problemlos einzufügen, steht gleichwertig ihre Selbstbehauptung als Soloinstrument gegenüber. Die ersten Schritte auf der Klarinette sind zwar bald erlernt (und das macht das Instrument gleich attraktiv), aber es ist sehr schwierig, sie gut und musikalisch zu spielen, weil die Ebenmäßigkeit der Tongebung bei dem großen Tonumfang des Instruments viel Können verlangt und weil die Intonation ständig korrigiert werden muß.

Damit haben wir die heutige Klarinette vorgestellt. Aber – wo kam sie her?

Zweites Kapitel
Geschichte und Entwicklung

Vielleicht ist es schwer einzusehen, weshalb ein Klarinettist wissen sollte, wo und in welcher Zeit die Anfänge seines Instruments liegen. Es mag schwer zu verstehen sein, aber es ist darum nicht weniger wichtig.

Es mag eine Art instinktiver Einsicht geben, daß würdige Vorfahrenschaft auch würdiges Weiterführen bedeutet und daß eine Linie, die durchaus im alten Ägypten begonnen haben kann und sich ohne Unterbrechung bis in die zweite Hälfte unseres Jahrhunderts fortsetzt, notwendigerweise eine künstlerische Verantwortung erzeugen mußte, die durch nur zweihundertfünfzig Jahre hektischen Fortschritts niemals zu erzielen gewesen wäre. Vielleicht ist es auch das instinktive Gefühl, daß die volle Vertrautheit mit allen vorausgegangenen Prozessen es uns erleichtert, neue Wege zu finden, die uns dem höchsten Ziel aller Musiker näherbringen, dem Punkt, an dem das Instrument Teil des Unterbewußten und nicht nur dem Verstand, sondern auch dem Geist und der Phantasie dienstbar wird. Jedenfalls steckt das Interesse an den Uranfängen der Klarinette in jedem, der sich bemüht, das Instrument mit allen seinen vielen Vertracktheiten und Tücken in den Griff zu bekommen. Um so schmerzlicher berührt ihn dann die Erkenntnis, daß diese Frühgeschichte im Dunkeln liegt und von jener Sorte falscher Darstellungen verhüllt wird, hinter der sich noch stets die Halbwahrheit verbarg. Man kann zwar leicht bestimmte, wohlbekannte Aussagen über die Ursprünge der Klarinette auftischen, aber sie lassen sich nicht beweisen. Sie werden in jedem einschlägigen Buch wiederholt, und auch wir müssen sie hier kurz streifen. Interessant genug sind sie. Gleichwohl müssen wir sie gründlich auf ihren Wahrheitsgehalt prüfen, weil sie irreführend und allzu grob vereinfacht sein können. Wenn wir das verblüffende Auftauchen der Klarinette am Ende des siebzehnten Jahrhunderts wirklich verstehen wollen, ist eine kritische Betrachtung ihrer Vorläufer in den zurückliegenden Jahrtausenden unumgänglich.

Wir können nicht wissen (und es hat auch wenig zu sagen), womit der primitive Mensch in grauer Vorzeit wohl erstmals andere Töne als die seiner Stimmbänder hervorbrachte. Vielleicht ist dem artikulierten Sprechen tatsächlich eine Form rudimentären Singens vorausgegangen; wir können nicht ausschließen, daß der Homo sapiens, noch ehe

er sich mit Worten zu verständigen vermochte, mit dem Geräuschpotential naturgegebener Hilfsmittel experimentierte, um seine Gefühle auszudrücken und womöglich magische Kräfte zu beschwören, damit sie für gute Jagdbeute und Fruchtbarkeit des Stammes sorgten.
Am leichtesten zu entdecken und zu verwenden war sicherlich das durch Schlagen erzeugte Geräusch. Ein solider Röhrenknochen, den man geschickt mit einem anderen beklopft, kann so hergerichtet werden, daß ein befriedigender Ton von bestimmter Höhe entsteht, und die Klangwirkung leichter Schläge auf eine Reihe hohler Schädelknochen gehörte zweifellos zu den frühesten (etwas makabren) Musikgenüssen des Menschen. Bald allerdings wird er beobachtet haben, daß der Wind Geräusche hervorbrachte, wenn er an den Kanten hohler Bäume vorbeistrich und durchs Geäst blies. Von hier aus war es ein kurzer Weg bis zur Erfindung der einfachen Knochen- oder Holzpfeife, die sich für Gruß- oder Warnsignale eignete, und möglicherweise brachte er an diesen Geräten später eines oder zwei Löcher an, mit denen er durch entsprechendes Fingerspiel den Grundton erhöhte oder eniedrigte.
So entstand das erste Holzblasinstrument, nur weiß freilich niemand, wo oder wann das geschah. Die Grundlagen für die restliche Familie der Holzblasinstrumente indessen waren damit noch nicht geschaffen. Dazu kam es erst, als jemand ein trockenes Stück Schilfrohr spaltete und zufällig entdeckte, daß er ihm durch Anblasen ein lautes Krähen entlocken konnte. Mag er seine Gefährten damit auch furchtbar erschreckt haben – gefunden war der Tonerzeuger der Oboe, ein Doppelrohrblatt. Etwas später, das scheint sicher, ging jemandem auf, daß man aus der Rohrwandung eine Lamelle herausschneiden konnte, die als schwingendes Blatt ein lautes Quäken erzeugte, wenn man das Ding ganz in den Mund steckte und blies. Das war der erste Tonerzeuger der Klarinettenfamilie: die einfache aufschlagende Zunge (einfaches Rohrblatt).

Das Chalumeau und Denners Klarinette

Ein weiter Weg aber war es nun von dieser einfachen prähistorischen Pfeife zum Jahre 1700 und zur Leistung des großen Nürnberger Instrumentenbauers J. C. Denner, der die Klarinette »erfand«. Dabei fällt besonders auf, daß ein Instrument von so unglaublichen Möglichkeiten sich in all den dazwischenliegenden Jahrhunderten nicht selbständig weiterentwickelte. Allem Anschein nach haben während dieser Zeit in vielen verschiedenen Kulturkreisen sowie in einem sehr weiten geographischen Bereich fast immer Instrumente vom Rohrblatt- und Doppelrohrblatt-Typus existiert. Man schnitt das Blatt entweder aus dem Instrument selbst heraus, so daß es – wie bei verschiedenen orientalischen Instrumenten – mit dem Rohr am oberen Ende verbunden blieb und in der Mundhöhle frei schwang (siehe Zeichnung S. 28), oder man arbeitete es als separates Doppelrohrblatt und erhielt damit eine Art primitiver Oboe, deren Töne der Bläser mit den Lippen kontrollierte. Gerade aus diesem Grunde, dem der Tonkontrolle, hat wohl das Doppelrohrblatt im ganzen Mittelalter die Phantasie der Bläser gefesselt. Das einfache Rohrblatt unterlag nicht der Kontrolle des Instrumentalisten und schränkte dadurch seine Ausdrucksskala ein.

Jahrtausende hindurch waren viele Pfeifen mit einfachem Rohrblatt in Gebrauch, und Denner wie seinen Zeitgenossen dürften derlei Instrumente vertraut gewesen sein. Die bekanntesten derartigen Instrumente sind Zummârah, Arghûl und das walisische Pibgorn (oder Hornpipe). Das Pibgorn wurde in verschiedenen Formen gebaut; eine davon hatte ein Paar einfacher Rohrblätter in einer Windkammer und mündete in einen Schalltrichter (siehe Zeichnung rechts).

Man wird erkennen, daß dieses Instrument schon eine etwas fortgeschrittene Methode der Tonerzeugung nutzt, da bei ihm nicht der Mund (wie in der Zeichnung), sondern das Rohr den Resonanzraum darstellt.

Das Vordringen all dieser verschiedenen Pfeifenformen nach Westen durch Wandermusikanten meist östlicher Herkunft war ein Phänomen, dem fast unser gesamtes gegenwärtiges Holzblasinstrumentarium verpflichtet ist.

Die Flöte, die Oboe und deren großer Bruder, das Fagott, kamen im Mittelalter als interessanter Kontrast zu Saiten- und Schlaginstrumenten auf. Aus irgendwelchen Gründen blieb die Klarinette hinter ihnen zurück. Es ist etwas Geheimnisvolles, Rätselhaftes um jenes Instrument, von dem wir wissen, daß es der Vorläufer der Klarinette war. Vielleicht hängt es damit zusammen, daß kein heute Lebender je dieses Instrument in natura gesehen hat, obwohl es auf vielen Zeichnungen und Gemälden aus dem 17. Jahrhundert abgebildet zu sein scheint. Dieses simple Instrument war das Chalumeau. Offenbar hatte es statt eines Rohrspans am oberen Ende, der in schwingende Bewegung versetzt wurde, ein gesondertes einfaches Rohrblatt und statt eines abgesägten oberen Endabschnitts ein sich verjüngendes Mundstück. Über das Blatt hatte der Bläser wahrscheinlich einige Kontrolle wie etwa bei der Oboe (siehe Abbildung 5). Dessenungeachtet entwickelte sich das Chalumeau nicht zur Klarinette weiter. Dazu be-

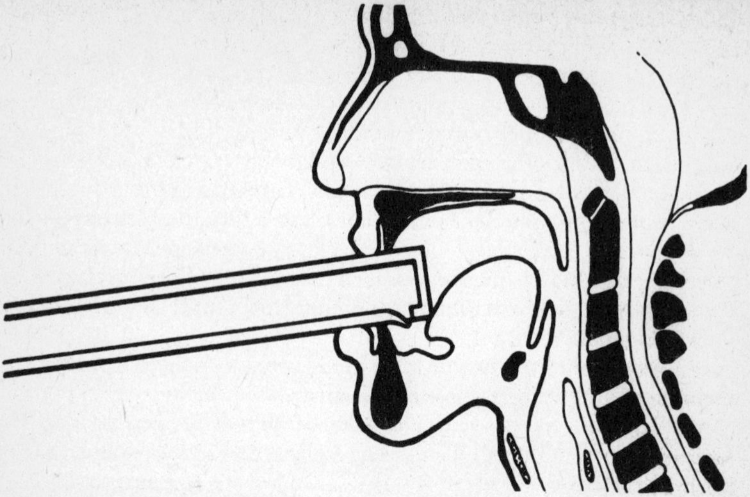

Der Mund als Resonator für Pfeife mit aus dem Pfeifenrohr herausgeschnittener Zunge.

Pibgorn oder Walisisches Hornpipe (16. Jahrhundert). Einfach-Rohrblatt in primitiver Windkammer.

durfte es eines Anstoßes, und der kam von dem genialen Johann Christoph Denner gegen 1700. Letzten Endes ist die Klarinette das einzige Holzblasinstrument, das nicht aus einer Entwicklung hervorging, sondern »erfunden« wurde. Was keineswegs besagen soll, daß es in der Geschichte auch der anderen Instrumente nicht jeweils einen Wendepunkt gab, an dem eine sensationelle Entdeckung ihren ganzen Charakter und ihre Möglichkeiten veränderte. Um 1816 kam mit der Erfindung des Ventils für sämtliche Blechblasinstrumente die große Umwälzung; in der ersten Hälfte des 19. Jahrhunderts nahmen sich Almenräder und Heckel mit ihrer ganzen Kunstfertigkeit des Fagotts an; gegen Ende des 19. Jahrhunderts revolutionierten der Oboist

Gillet und der Oboenbauer Lorée ihr Instrument; und die Leistung Theobald Boehms – praktisch die Wiedergeburt der Flöte im Jahre 1832, mit der zum erstenmal ein Blasinstrument als eine vollkommene mathematische Schöpfung in die Welt trat – ist zu bekannt, als daß wir sie hier noch einmal erläutern müßten.

Diese einschneidenden historischen Ereignisse waren etwas anderes als die Erschaffung der Klarinette durch Denner, da die Männer, die sie herbeiführten, an bereits vorhandenen Instrumenten mit einer langen Vergangenheit arbeiteten. Die Instrumente ihres Interesses unterlagen dauernden Veränderungen, waren aber für Instrumentalisten wie für Komponisten und Publikum stets brauchbar und akzeptabel. Da das so ist, möchten manche Autoren zu gern auch für die Klarinette eine solche kontinuierliche Fortentwicklung postulieren und davon ausgehen, daß Denner ein Instrument zur Hand hatte, das schon fast eine Klarinette war und nur noch verbessert werden mußte, um zu einer richtigen Klarinette zu werden. Für diese Ansicht spricht nicht eben viel beweiskräftiges Material. Namentlich fällt auf, daß das Chalumeau in seiner ursprünglichen Form in keinem Museum, keiner Privatsammlung vertreten ist. Um was für ein Instrument es sich eigentlich gehandelt hat, können wir nur zu erschließen versuchen, indem wir es heute nachbauen und die Bild- und Textzeugnisse der damaligen Zeit (also des späten 17. und frühen 18. Jahrhunderts) zu Hilfe nehmen.

Das Wort Chalumeau leitet sich vom lateinischen *calamus* (Rohr) oder vom griechischen *calane* (Rohrpfeife) her. Zu Denners Zeiten, heißt es, habe man das Instrument mitunter als *caladrone* bezeichnet, ein Wort, das offensichtlich darauf Bezug nahm, daß das Instrument im Verhältnis zu seiner geringen Größe unglaublich tiefe Töne erzeugen konnte. Das ist auch zweifellos ein verblüffendes Merkmal der heute vorhandenen Nachbildungen. Das Chalumeau klingt eine Oktave tiefer als eine Blockflöte derselben Größe, und um diesen geringen Tonumfang nach oben zu erweitern, ging Denner an das Werk, das solche triumphalen Erfolge zeitigte.

Die erste Erwähnung Denners und der Klarinette findet sich in J. G. Doppelmayrs »Nachrichten von den Nürnberger Mathematicis und Künstlern« (1730): »Zuletzt triebe ihn (Denner) sein Kunst-Belieben annoch dahin an, wie er noch ein mehrers durch seine Erfindung und Verbesserung bey bemeldten Instrumenten dargeben mögte, dieses gute Vorhaben erreichte auch würcklich einen erwünschten Effect, indeme er zu Anfang dieses lauffenden Seculi, eine neue Arth von Pfeiffen-Wercken, die sogenannte Clarinette, zu der Music-Liebenden großen Vergnügen ausfande, endlich auch die Chalumeaux ver-

besserter darstellte.« Diese schlichte Feststellung scheint den Tatsachen zu entsprechen. Denn während vor 1700 keine Klarinette belegt ist, sind heute noch viele zu besichtigen (und zu hören), die aus den ersten drei Jahrzehnten des 18. Jahrhunderts stammen.

Aber Doppelmayrs Halbsatz »endlich auch die Chalumeaux verbesserter darstellte« klingt nun wieder mehrdeutig, denn er besagt ja, daß Klarinetten und verbesserte Chalumeaux nicht ein und dasselbe sind. Wie wir später sehen werden, ist das jedoch wahrscheinlich eine Fehlinterpretation. Kurzum, das Geheimnis bleibt ungelüftet. Wo sind denn alle die *nicht* verbesserten Chalumeaux geblieben? Eine Frage, die um so kniffliger ist, als Komponisten in der ersten Hälfte

des 18. Jahrhunderts für Chalumeaux *und* Klarinetten im selben Orchester schrieben.
Über den Grund dafür äußern sich mehrere Forscher recht ausgiebig. Sie beschreiben Denners »verbesserte Chalumeaux« aus der Zeit um 1696 als zylindrisches Rohr mit sieben Grifflöchern und zwei (diametral) sich gegenüberliegend angebrachten Klappen oberhalb des Daumenlochs. Bei dieser Anordnung, so wird uns versichert, war infolge der Lage der Klappen ein richtiges Überblasen unmöglich, was ich aus persönlicher Erfahrung nur bestätigen kann. Demnach betrug der brauchbare Tonumfang dieses einfachen Instruments höchstens eine Duodezime. Gleichwohl war das kleine Blasinstrument seines ganz eigenen, bei seiner Kürze verblüffend tiefen Timbres wegen für opernhafte Effekte gut zu verwenden und wurde gelegentlich von Komponisten wie Telemann auch konzertant eingesetzt. Andere bekannte Werke waren Ariostis »Marte placato« (1707), Bonnos »Eleazaro« (1739), Bononcinis »Turno Aricino«, Glucks berühmter »Orfeo« und Steffanis »Il Turno« (bereits 1709 geschrieben).
Mehrere dieser Komponisten könnten die Verwendung der frühen Klarinette in ihrem tieferen Register beabsichtigt haben, aber alle nutzen die Chalumeaux für pastorale Klangwirkungen.
Das erste bekannte Chalumeau-Lehrbuch ist dasjenige, welches der inzwischen verstorbene Thurston Dart im Galpin Society Journal 1953 beschrieben hat. Der vollständige Titel lautet: »The Compleat Book for the Mock Trumpet containing Plain and Easy Directions to sound ye Mock Trumpet Together with Variety of new Trumpet Tunes Aires Marches and Minuets fitted to that Instrument, and very proper for ye Brazen Trumpet, also severall First and Second Trebles for Two Trumpets the whole Fairly Engraven.« Das einzige bekannte Exemplar befindet sich in der Euing Collection der Universität Glasgow und ist 1706 datiert. In einem Detail irrt der Titel allerdings, da in den

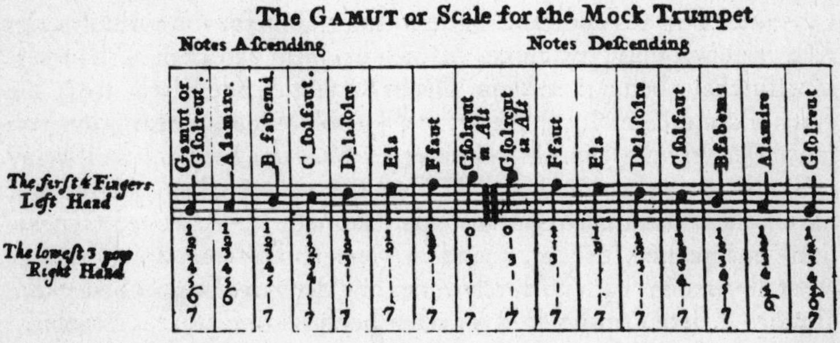

hier abgedruckten Notenbeispielen die innerhalb des Liniensystems liegenden Töne a′ und h′ über die Obertonreihe der Naturtrompete hinausgehen und ihr daher keineswegs sehr angemessen (»very proper«) sind. Für die Mock Trumpet stellt sich die Sache anders dar. Sie kann diese Beispiele ohne weiteres bewältigen, wenn die Griffe der dem Buch beiliegenden Tabelle benutzt werden (siehe unten). Dieses Instrument, sicherlich ein Chalumeau, erzeugte die Töne in seinem (nicht überblasenen) Register mit Griffen wie die für die Töne der frühen Klarinette in deren tiefstem Register. In der Tat muß das Instrument sehr kurz gewesen sein, zeigen doch Versuche, daß mit einer einfachen, nur 25,4 cm langen Pfeife eine Tonleiter auf-  entsteht, die eine Terz tiefer ist als die in der Mock-Trumpet-Tabelle gezeigte. Dies setzt voraus, daß Klang und Notation der Töne identisch sein sollten, und das ist nicht gewiß. Wenn aber gemeint war, daß die Töne eine Oktave tiefer als angegeben klingen sollten, hätte das Instrument eine Länge von beispielsweise 35,5 cm und damit ein ganz handliches Format haben können. Wieder stoßen wir auf die enttäuschende Tatsache, daß keine solchen primitiven Chalumeaux erhalten geblieben sind. Zweifellos ist der klare Hinweis, daß die über dem modernen Chalumeau-Register notierten Noten im nicht überblasenen Register des einfachen Chalumeau gegriffen wurden, von großer historischer Bedeutung – wie solche Töne auch immer geklungen haben mögen.

Gewöhnlich wird angenommen, daß die vom Chalumeau zu unterscheidende Klarinette von J. C. Denner um 1700 entwickelt worden war. Der Unterschied scheint in der Anordnung der zwei Klappen zu liegen, die, wenn sie richtig plaziert sind, das Instrument zu einer bemerkenswerten Tonreinheit im gesamten Umfang von annähernd drei Oktaven befähigen. Dies beweist das brillante Spiel Alan Hackers, eines ausgezeichneten Schülers des Autors, auf einer Zweiklappenklarinette, die ihm sein Freund Brian Ackerman gebaut hat. Es ist dies kein Chalumeau, sondern eine Klarinette von verblüffender Klangreinheit und Flexibilität, die sich in einem barocken Holzbläsersatz durchaus behaupten kann. Die in Rede stehende Klarinette ist die Nachbildung eines Instruments von Jacob Denner, einem Sohn von J. C. Denner, das sich im Nürnberger Museum befindet und wahrscheinlich zwischen 1710 und 1720 entstanden ist (siehe Abbildung 6). Man könnte das Instrument als eine Klarinette »der zweiten Generation« ansprechen, gebaut, nachdem Vater und Sohn erstmals experimentell versucht hatten, durch Verlegung der zwei klappenbedeckten Tonlöcher deren optimale Positionen herauszufinden. Das Ergebnis:

Chalumeau- und Überblasregister sprechen ziemlich gut an. Diese Experimente lassen sich aus dem Umstand erschließen, daß »kurze Töne« selbst nicht perfekt ansprechen, aber dank der Flexibilität dieses Registers auf der Klarinette kann sie der geübte Bläser durch Veränderung des Ansatzes günstig beeinflussen. Zweifellos hat man sich dieser Methode damals bedient. Es ist ein äußerst interessantes Instrument, das einen beim ersten Hören ganz erstaunlich beeindruckt. Man kann verstehen, weshalb die Komponisten der Zeit mit solchem Enthusiasmus bestrebt waren, die Klarinette in ihre Partituren einzuführen.
Möglicherweise ist Denner durch seine Beschäftigung mit der Mundhöhle und dem Hohlraum des Instruments als Resonanzräumen (siehe S. 28) auf einen dritten Weg gekommen. Es war der Gedanke, das Blatt mit einer Schallkammer im Rohrinneren zu kombinieren. Damit konnte der Bläser das Blatt erstmals mit den Lippen kontrollieren. So fand Denner die typische Form des Klarinettenmundstücks.

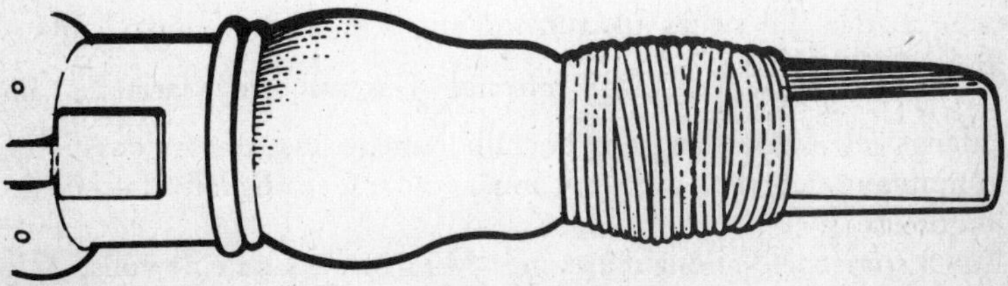

Frühform eines Klarinettenmundstücks mit breitem Blatt und fast rechtwinkliger Spitze. Die Bahn ist lang und eng. Jacob Denner, um 1720.

Das Chalumeau, wie es Denner vorlag, hatte einen Umfang von nur neun Tönen:

Diese konnten durch besondere Griffe so modifiziert werden, daß man zusätzlich h, cis, es und fis erhielt. Ausgehend von der neuentdeckten Resonanz seines Mundstücks, muß es Denner möglich geworden sein, diesen Tonumfang nach oben zu erweitern. Er erreichte es durch »Überblasen«, wobei er dieselben Griffe verwandte, jedoch die Luftsäule an ihrem oberen Ende durch die Einführung eines kleinen Loches unterbrach, das er nach Wunsch mit einer geschlossenen Klappe abdeckte oder freigab. Das war die Duodezim-Klappe, die bis auf den heutigen Tag die »wichtigste« Klarinettenklappe geblieben ist. Wir können nicht wissen, was er damit in Wahrheit zu erreichen hoffte. Bei ihm als erfahrenem Instrumentenbauer wäre die Erwartung verständlich gewesen, das durch Öffnen dieser Klappe erzielte neue Register werde eine Oktave höher sein als das ursprüngliche (wie bei der Oboe). Aber als intelligenter Kopf wiederum, der er zweifellos war, wird er damit wohl doch nicht gerechnet haben; denn ganz offenkundig war das sonderbare Quietschen und Kreischen, das er ohne die Duodezim-Klappe herauszubringen wußte, sehr verschieden von den entsprechenden Geräuschproduktionen auf jedem anderen Instrumententyp.

Lassen wir dahingestellt sein, was er sich erhoffte. Jedenfalls bekam er ein Register eine Duodezime über dem Grundregister, und das bedeutete, daß er nicht eine Klappe hinzufügen mußte, sondern zwei Klappen, um die Töne  und 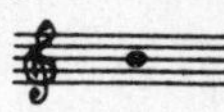 hinzuzugewinnen, so daß ein neues Instrument mit dem theoretischen Umfang  bis  entstand. Das war die Klarinette, ein anfangs gewiß noch längst nicht vollkommenes Instrument, das diesen Tonumfang sicherlich nicht mit annähernder Genauigkeit ausschöpfen konnte.

Das Bayerische Nationalmuseum in München besitzt eine vollständig erhaltene, sehr frühe Klarinette von J. C. Denner, die nur die beiden obenerwähnten Klappen hat (siehe Abbildung 6). Sie liegen einander genau gegenüber und werden mit Zeigefinger und Daumen der oberen Hand (damals geschah das wahlweise) kontrolliert.

Die Daumenklappe allein ergibt das a, die vordere, vom Zeigefinger bediente das b. Beide Klappen zusammen ermöglichen ein sehr schlechtes h. Dieses Instrument wird als Klarinette bezeichnet, doch steht keineswegs fest, daß Denners Zeitgenossen es nicht als ein »verbessertes Chalumeau« betrachtet haben. Es ist möglich, daß die beiden Bezeichnungen »Klarinette« und »Chalumeau« viele Jahre lang austauschbar waren, während es sich bei dem Instrument in beiden Fällen um die Klarinette handelte, die in zwei kontrastierenden Registern benutzt wurde – und die man möglicherweise so sorgfältig stimmte, daß sie das eine oder das andere sehr bequem darbieten konnte. Agostino Steffani erzielt in seiner Oper »Il Turno« (1709) mit vier Chalumeaux hinter der Bühne einen Pastorale-Effekt. Die Stimmen schließen die Noten a und b oberhalb des üblichen Chalumeau-Umfangs ein und erfordern offensichtlich die Klappen, die man

gewöhnlich Denner zuschreibt. Mit anderen Worten, es sieht so aus, als sei das Instrument eine Klarinette. Aber war es das wirklich?
Hier möchte ich darauf hinweisen, was Versuche mit einem höchst interessanten, von Mr. Thomas Binkley, USA, ausgeliehenen Instrument ergeben haben. Es ist die Nachbildung eines »Chalumeau«, das sich gegenwärtig im Berliner Kunstgewerbemuseum befindet. Das Instrument steht in C, hat acht Grifflöcher, von denen eines die gewöhnliche Doppelbohrung für f-fis ist, und zwei Klappen für den oberen Zeigefinger und Daumen. Es besitzt eine gut ausgearbeitete Birne und eine rudimentäre Stürze. Äußerlich sieht es ziemlich wie eine Sopran-Blockflöte aus. Tatsächlich ist es nahezu identisch mit dem Münchner Instrument (Abbildung 6). Das Mundstück – wie uns der Hersteller versichert, eine Nachbildung des Originals – entspricht in Größe und Bohrung ungefähr einem modernen Es-Klarinetten-Mundstück. Das Blatt hat eine gleichmäßige Verjüngung ohne auffallenden »Buckel« und wird mit einer Schnur auf das Mundstück gebunden. Geblasen, klang das Instrument angenehm »pastoral«, eher weich als durchdringend, und hatte eine brauchbare Intonation innerhalb des Umfangs  bis . Das war nicht besonders überraschend, doch da das Instrument das Aussehen einer frühen DennerKlarinette hat, interessierte natürlich hauptsächlich das obere Register. Aber das war kaum vorhanden. Die beiden Klappen gaben gesondert das a und zusammen das h, nicht das b, was man hätte erwarten können. Jede konnte als Duodezim-Klappe benutzt werden, und dann wurden an Extratönen nicht mehr als ein Klarinetten-c, -d und -e hinzugewonnen. Darüberliegende Töne waren nicht mehr zu gebrauchen. Das also war eindeutig *keine* Klarinette. Im Museum wird das Instrument auch als Chalumeau geführt und mit »wahrscheinlich vor 1700« datiert. Der Hersteller ist unbekannt. Wir tippen auf Denner und darauf, daß es sich um ein Instrument einer Übergangsphase handelt, geeignet für Musik wie die der Steffanischen Oper, aber noch nicht geeignet, den Ansprüchen des Klarinettenregisters zu genügen.
Ein schönes Exemplar der Zweiklappenklarinette befindet sich in der Donaldson Collection des Royal College of Music, London. Es ist ein C-Instrument aus Elfenbein von Scherer und stammt wahrscheinlich aus der Zeit um 1720 (siehe Abbildung 6). Diese – hervorragend erhaltene – Klarinette zu blasen, ist ein unvergeßliches Erlebnis, weil es sich bei dem Instrument zweifellos um eine Klarinette handelt: Das Überblasregister klingt am besten und läßt auch die genaueste Intonation zu. Es hat einen klaren, süßen Ton, nicht vom Charakter der

Trompete, auf den der Name des Instruments zurückzugehen scheint*, und es singt mit einer Weichheit, die auf den späteren, mit »totem« Metall stärker bestückten Klarinetten nicht zu erzielen ist. Ganz ohne Zweifel ist es für Werke wie das Konzert des älteren Stamitz geeignet und war der Instrumententyp, der den Komponisten zu diesem Stück inspirierte. Als ein Teil des Konzertes für den Lehrfilm »We Make Music« (Anvil Films Ltd.) aufgenommen wurde, bereitete dieses Instrument weniger Schwierigkeiten als viele spätere Instrumente, die in dem Film ebenfalls mitwirkten. Eine solche Klarinette muß es gewesen sein, die die Bläsergruppe des 18. Jahrhunderts revolutionierte und Komponisten zu so kühnen Werken für sie anregte.

Bald experimentierten Denner und seine Söhne eifrig mit der Plazierung und Größe des Daumenklappenlochs, um das Überblasen zu verbessern – das heißt, um die Töne von  aufwärts zu korrigieren. Dieses Register ist auf frühen Zweiklappenklarinetten nicht leicht zu meistern und mit der Münchner Klappenanordnung tonleitermäßig wahrscheinlich unvollkommen. Bei späteren Zweiklappenklarinetten legten Denner und seine geschickten Söhne das Daumenloch höher und verengten es, so daß es sich dem modernen System annäherte, bei dem das b durch Zusammenwirken beider Klappen und das a allein mit Hilfe des Zeigefingers gebildet wird. Das war ein großer Fortschritt, nur hatte die Sache einen Haken. Der Ton h fehlt auf dieser verbesserten Klarinette, es sei denn, man bedient sich der unbefriedigenden Methode des Fallenlassens des überblasenen c unter Anwendung von Labialkorrektur. Davon abgesehen, ist die Zweiklappenklarinette ein bemerkenswert flexibles Instrument. Bald konnte man mit »Gabel«-Griffen und anderen Spezialgriffen den ganzen Tonraum ausschöpfen.

Auch fügten Denner und seine Söhne später eine kleine Metallhülse in die Duodezim-Bohrung ein, die fast bis zur Mittelachse der Bohrung reichte, um das b noch weiter zu verbessern und zu verhindern, daß sich in diesem Loch Wasser ansammelte. Dann hat ein Denner die

* Von ital. clarino – hohe Trompete

Löcher, die zuvor  und  erzeugten, so weit vergrößert, daß sie  und  ergaben. Die letztgenannte Änderung gelang, weil der obere Ton (fis) gut war und das f mittels Gabelgriff (das heißt allein mit zweitem Finger und Daumen) gebildet werden konnte. Die erstgenannte Änderung bewährte sich nur im Chalumeau-Register, weil der neue obere Ton (fis im Klarinetten-Register) scheußlich tief war und erst später durch Hinzufügung einer besonderen Intonationsklappe korrigiert wurde.

Vervollständigung des Tonumfangs

Das fehlende h führte zum nächsten Schritt in der Klarinettenentwicklung. Um diesen Ton zu bekommen, mußte man den Tonumfang nach unten bis zum e erweitern, indem man das Instrument verlängerte, und konnte das h dann mit Hilfe der überblasenen Duodezime bilden. So wurde die dritte Klappe in der Geschichte der Klarinette für den vierten Finger der unteren Hand sowie deren Daumen vorgesehen und deckte dieses zusätzliche tiefe Loch ab. Das tiefe e fiel bei dieser Verbesserung so nebenbei ab, war aber ein Gewinn. Anscheinend hat Denners Sohn Jacob Denner diese dritte Klappe um 1740 erfunden. Zweifellos war dies ein weiterer, entscheidender Wendepunkt in der Geschichte des Instruments. Nunmehr verfügte es über einen kompletten Tonumfang von korrekt zu greifenden Tönen (diatonisch aufsteigend vom kleinen e bis zum c''' und somit fast drei Oktaven umspannend) sowie über eine vernünftige Auswahl an Spezialgriffen zur Erzeugung von darüber hinausgehenden Tönen. Freilich waren die chromatischen Möglichkeiten noch unvollständig. Manche Halbtöne kamen extrem schlecht, wenn man sie zum Beispiel mit Gabelgriff bildete, und einige ließen sich überhaupt nicht spielen. Dennoch hat man das Gefühl, daß das Instrument erstaunlich vorangekommen war, seit Mattheson (1681–1764) darüber schrieb: »Den so genannten Chalumeaux mag vergönnet seyn / daß sie sich mit ihrer etwas heulenden Symphonie des Abends etwann im Junio oder Julio, niemahls aber im Januario auff dem Wasser zum Ständchen / und zwar von weiten / hören lassen.« Danach zu urteilen, scheint er die Klarinette gemeint zu haben, da das Chalumeau sowohl leise als auch tief klingt und als ein resonanzschwaches Instrument gar nicht leicht zum »Heulen« zu bringen ist. Dies deutet wieder einmal auf die Austauschbarkeit der beiden Begriffe zu jener Zeit.

Die frühe Verbreitung der Klarinette in Europa in der ersten Hälfte des 18. Jahrhunderts zeigt, daß sie eine wichtige Lücke im Orchesterspektrum ausfüllte. In Italien war das Instrument bereits um 1722 bekannt. Filippo Bonanni beschrieb es in seinem »Gabinetto Armonico«: »Ein Instrument ähnlich der Oboe ist das Clarone (sic!). Es ist zweieinhalb Handflächen lang und endet in einen Trichter von drei Zoll Weite wie die Trompete. Hineingebohrt sind vorn sieben Löcher und hinten eines. Außerdem gibt es zwei weitere Löcher, die einander gegenüberliegen (aber nicht diametral); sie werden durch Fingerdruck vermittels zweier Federn geschlossen und geöffnet.« Das Instrument ist in Bonannis Buch nicht abgebildet, war aber offensichtlich die Dennersche Zweiklappenklarinette.
Wahrscheinlich erfolgte die Hinzufügung der dritten Klappe (der H-Klappe) um 1740, denn kurz danach scheint diese Vorrichtung bereits ziemlich weit verbreitet gewesen zu sein. Mutmaßlich wirkte sie sich tonlich und auf die Ansprache vorteilhaft aus, da die Neuerung ja bedeutete, daß das Rohr des Instruments verlängert und am Ende mit einem »Schalltrichter« versehen wurde. Jeder, der einmal auf einer modernen Klarinette mit abgenommener Stürze gespielt hat, kennt den sofortigen Resonanzabfall besonders bei den Tönen in der Mittellage des Instruments. In der Tat hatte die Klarinette nun ihre gegenwärtige Form gefunden. Im Gegensatz zu den damaligen Oboen, die stets C-Stimmung hatten, wenn kein tieferer Stimmcharakter beabsichtigt war (Oboe d'amore oder Liebesoboe), wurden Klarinetten von Anfang an in vielen verschiedenen Größen gebaut. Infolgedessen konnten sie auch extreme Tonarten bewältigen, die andernfalls nicht zu realisieren gewesen wären. Also ist die Klarinette immer ein »transponierendes« Instrument gewesen (worauf wir später noch eingehen werden).

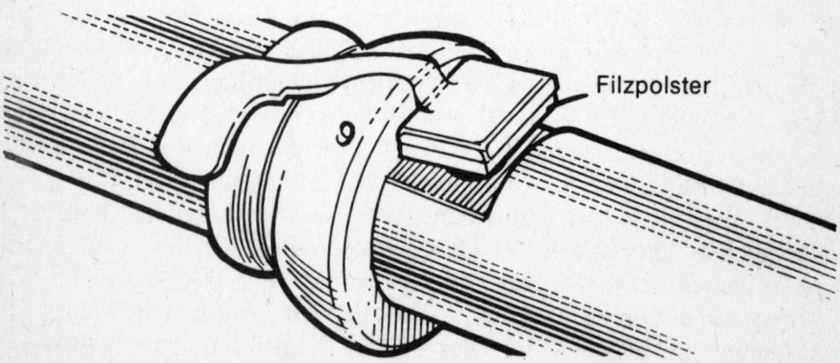

Viereckige Messingklappe mit Filzpolster über vertieftem Tonloch.

Obwohl es auf den ersten Blick merkwürdig scheint, daß Instrumentalisten wie Instrumentenbauer Klappen zur technischen Erleichterung nur zögernd hinzufügten (wobei angemerkt sei, daß sich für viele dieser Klappen Konstruktion und Plazierung geradezu von selbst anboten), gab es dafür einen triftigen Grund. Die Klappen waren plump sowie infolge schlaffer Federn und mangelhafter Lager schwerfällig in der Bewegung, und als Abdeckpolster hatte man nichts Besseres zur Hand als dicken Filz (siehe Zeichnung). Demzufolge glaubten viele, eine Klarinette mit mehr als drei Klappen sei unspielbar, da die Klappen nicht luftdicht schlossen. Erst 1760 kam die Fünfklappenklarinette auf. Sie setzte sich bald durch. Die zwei neuen Klappen saßen am unteren Teil des Instruments und bildeten das Chalumeau-gis (Klarinetten-dis) sowie das Chalumeau-fis (Klarinetten-cis). Diese Klappen scheinen aus Versuchen mehrerer Instrumentenmacher und Bläser hervorgegangen zu sein, zu denen wahrscheinlich der junge Virtuose Joseph Beer gehörte.

Frühe Klarinettenkompositionen

Bereits vor ihrer Fünfklappenphase war die Klarinette in der Hand des Virtuosen ein eindrucksvolles Instrument. Um 1740 hatte Antonio Vivaldi drei bezaubernde Concerti grossi geschrieben, in denen er zwei C-Klarinetten und zwei Oboen verwendete. Eines dieser Concerti wurde vor etwa dreißig Jahren zur Freude von Interpreten und Hörern in London aus der Versenkung geholt. Unser Notenbeispiel zeigt eine trompetenmäßige Führung, wie man sie erwarten würde, doch darüber hinaus gibt es in dem Stück viele lyrische Passagen, zumal im zweiten Satz, einem Zwiegespräch von Oboe und Klarinette. Angemerkt sei, daß die Wiedergabe der zweiten Klarinettenstimme auf dem Zweiklappeninstrument schwieriger gewesen sein muß als die der ersten Stimme, und zwar des großen Umfangs wegen, den eine damalige Klarinette klanglich bestimmt nur ganz selten zu bewältigen vermochte. Immerhin blieben dem Bläser in weiser Voraussicht die oberen vier Töne von g bis c erspart. So konnte er sich auf das korrekte Intonieren der darunterliegenden Duodezime konzentrieren, also auf das obere Chalumeau-Register.

Händel schrieb 1748 eine interessante kleine Ouvertüre für zwei Klarinetten und Horn, alle in D. Auch er hält sich an den »Fanfarenstil« und geht keine neuen Wege. Mehrere Berichte liegen über Werke vor, die ein Mr. Charles komponiert und gespielt hat, ein ungarischer Virtuose, der 1742 in Dublin auftrat. Aber keines der Werke ist

Vivaldi, Concerto Grosso

erhalten. J. Chr. Bach benutzte die Klarinette mit großer Freiheit um 1760 in seinen Bläsersinfonien für die Freiluftkonzerte in Vauxhall Gardens. Diese Kompositionen klingen bemerkenswert effektvoll, und es macht Spaß, sie zu spielen. Allerdings empfiehlt es sich der etwas monotonen Wiederkehr der Tonarten B und Es wegen, sie besser auf ein mit anderen Werken gemischtes Programm zu setzen. Ungefähr aus derselben Zeit stammt ein Konzert von Johann Stamitz d. Ä., das vor etwa dreißig Jahren wieder ausgegraben wurde. Es zeigt des Komponisten feines Gespür für die Möglichkeiten des Instruments.

Die ältesten uns heute vorliegenden Klarinettenkonzerte sind die des Durlacher Kapellmeisters Johann Melchior Molter. Sie datieren aus dem Jahre 1747 und sind für eine Dreiklappenklarinette geschrieben. Diese Konzerte können durchaus noch fesseln. Da sie für die kleine D-Klarinette in der typischen Clarino-Manier gesetzt sind, deuten auch sie darauf hin, daß eine Klarinette nur für das eine oder das andere Register richtig eingestimmt werden konnte. Der Solopart nutzt die helle Klangfarbe der damaligen Trompeten und ist sehr virtuos gearbeitet. Das gleiche gilt für die sechs Sonaten für Klarinette, Fagott und Cembalo von C. Ph. E. Bach, in denen sich die Klarinettenstimme ständig in den hohen Lagen bewegt und kaum je in das Chalumeau-Register gelangt.

Offenbar trat in diesem Merkmal der Klarinette ungefähr ab 1780 ein Wandel ein – wahrscheinlich als Folge von Experimenten mit der Bohrung des Instruments, seinem Durchmesser, seiner Konizität und der sich erweiternden Bohrung der Tonlöcher. Es kamen dann Werke in Mode, in denen der Komponist das Chalumeau-Register und die hohen Lagen einander ganz frei, ja mit Vergnügen gegenüberstellte. Viele, so die verschiedenen Konzerte von Karl Stamitz, Ernst Eichner und Georg F. Fuchs, wurden für die Mitglieder der bedeutenden Mannheimer Hofkapelle geschaffen, ein Ensemble, von dem es (wohl zu Unrecht) heißt, es habe die Klarinette im Orchester eingeführt. Die schwierigsten Konzerte der Mannheimer Schule sind gewiß die von Franz Tausch, der mit enormen Sprüngen vom höchsten Register ins tiefste Chalumeau-Register technische Ansprüche stellt, mit denen fast kein heutiger Interpret fertig wird. Natürlich war Tausch ein echter Virtuose; hoffen wir also, daß wenigstens er so etwas, wie es unser Notenbeispiel zeigt, auf der Fünfklappenklarinette seiner Zeit bewältigen konnte. Allerdings ist das wohl selbst bei Tausch ein Ausnahmefall. In einem anderen Konzert (im Britischen Museum in London einzusehen) zeigt er sich von einer gesetzteren, sehr musikalischen und sogar lyrischen Seite.

Mit ziemlicher Sicherheit dürften die Mannheimer etwa ab 1758 zwei

Allegro
tutti
solo
solo
solo

Erster Teil eines Konzerts von Franz Wilhelm Tausch (um 1815); Berlin, Deutsche Staatsbibliothek.

Klarinettisten beschäftigt haben. Wahrscheinlich spielten sie beide die Dreiklappenklarinette, aber ebenso wahrscheinlich auch Oboe. Offenbar waren sie erst ab 1778 ausschließlich für das Klarinettenpult verpflichtet – und zu dieser Zeit hatten sie ganz gewiß schon Fünfklappenklarinetten.
Ohne Zweifel ist dies eine sehr wichtige Periode in der Geschichte des Instruments. Man darf sagen, daß die Fünfklappenklarinette einige der besten klassischen Klarinettenkompositionen inspiriert hat. Vergegenwärtigen wir uns kurz den damaligen Entwicklungsstand. Tausch war keineswegs der einzige Virtuose, der die Möglichkeiten seines Instruments bis an dessen Grenzen erforschte. Da gab es den hervorragenden, 1744 geborenen Joseph Beer und später seinen Schüler Michel Yost. In mancher Hinsicht mag man es bedauern, daß Mozart, obwohl er darum gebeten wurde, kein Konzert für Beer schrieb. Beer nämlich erfreute sich damals eines bedeutenden internationalen Renommees, und ein solches Konzert hätte zu Mozarts Lebzeiten einen ebenso großen Erfolg gehabt, wie ihn seine spätere, prachtvolle Leistung auf diesem Gebiet hatte. Mozart lehnte die Offerte ab, weil ihm Beer in moralischer Hinsicht nicht recht gefiel. Vielleicht hatte er recht. Doch wenn man andererseits die Persönlichkeit jenes Anton Stadler bedenkt, für den er in seinem Todesjahr das herrliche Konzert schrieb, dann will seine Haltung in dieser Sache nicht einleuchten. Stadler gehörte zu denjenigen, die Mozart Geld schuldeten, als er starb. Wahrscheinlich handelte es sich nicht um ein noch ausstehendes Honorar für ein Auftragswerk, sondern um Privatschulden. Stadler war allem Anschein nach der geborene Schnorrer.
Der heutige Hörer, gewöhnt an die schmiegsame, scheinbar mühelose Darbietung eines Meisterwerks vom Range des Mozart-Konzerts, mag sich zu der Frage bewogen fühlen, was für Wirkungen Virtuosen wie Stadler und Beer auf ihren simplen, groben Klarinetten wohl erzielt haben können. Der Schluß liegt nahe, daß selbst ihre Bestleistungen erbärmlich waren und daß Mozart wohl auf die Zukunft gehofft haben wird, als er der Klarinette einige seiner ergreifendsten und reifsten Eingebungen anvertraute. Doch urteilen wir nicht unbesonnen! Zweifellos gab es eben Klarinettisten, die wirklich verdienstvolle Aufführungen zustande brachten und Komponisten zu den Meisterwerken inspirierten, mit denen sie dann die Welt beglückten. Wir dürfen uns nicht mit dem Verdacht begnügen, die Schöpfer dieser Werke hätten bei Darbietungen bestenfalls Vorboten künftiger musikalischer Vollendung zu hören bekommen. Schließlich haben Komponisten wie Mozart, Weber und Spohr für Streichinstrumente geschrieben, deren Vollkommenheit seither nicht übertroffen wurde.

Mozart komponierte sein unvergleichliches Streichquintett in g-Moll für den Klang der Stradivari. Welche Verwegenheit, anzunehmen, er habe sein ebenso herrliches Klarinetten-Quintett einem Instrument zugedacht, auf dem vergleichbare Klangwunder unmöglich waren – das heißt, einem Instrument von schmählich unreiner Intonation und mit solchen mechanischen Mängeln, daß viele seiner erlesensten Passagen einfach nicht mit anzuhören gewesen wären. Wenn wir Stadlers Genius (unbeschadet der Charakterschwächen des Mannes) gerecht werden wollen, sollten wir nur einmal an die vielen ausgezeichneten Klarinettisten unserer Zeit denken. Viele von ihnen spielen leider mit einer Art gottergebener Unbeirrbarkeit weiter auf ihren alten, abgenutzten Instrumenten, die schon längst nichts mehr taugen. Aber irgendwie machen sie die Unzulänglichkeiten der Intonation wett und bringen dieselbe herrliche Klangfülle zustande wie früher. In mancher Hinsicht ist es genau dieser Musikertyp mit seiner inneren Vorstellung von dem, was er spielt, der dem Meisterwerk allen Unmöglichkeiten der Aufgabe zum Trotz Leben einhaucht. Man gebe ihm ein hervorragendes Instrument, räume ihm alle Hindernisse aus dem Wege, und er bietet uns vielleicht eine Interpretation, die nicht mehr wert ist als die eines gut programmierten Computers. Von solch einem Schlage muß Stadler gewesen sein, und Mozarts Genie muß es gewußt haben.
Selbstverständlich kann ein wirklich begabter moderner Klarinettist auf vollendet restaurierten Instrumenten oder neuen, perfekten Nachbildungen von Instrumenten des 18. Jahrhunderts gute Musik machen. Der Klang hat Fülle und Flexibilität und vermittelt uns einen trefflichen Eindruck von den Inspirationen eines Mozart, Weber, Hummel.

Bassetthorn und Bassettklarinette

Seit einiger Zeit beschäftigt man sich intensiv mit der Geschichte und Spielpraxis der größeren Klarinetten, also des Bassetthorns und der erweiterten Klarinette, die heute oft Bassettklarinette genannt wird. Was das Bassetthorn betrifft, hat es nie Zweifel an seiner Existenz oder seiner Geschichte gegeben. Es ist eine Klarinette in F und steht mithin eine Quarte tiefer als das B-Instrument, dessen tieferes Register durch Klappen die Löcher bedecken und mit dem rechten Daumen betätigt werden, gewöhnlich bis tief C erweitert ist (siehe Abbildungen 9 und 10). Oft brachte man das für die Abänderung erforderliche Verlängerungsstück in einem Kästchen unter. Durch zweifaches Umlegen der Röhre hielt man die Länge des Instruments in erträg-

lichen Grenzen. Später war das Instrument immer ein gestrecktes, verlängertes Rohr, wiewohl man stets eine Abwinkelung dieser oder jener Art einbauen mußte, um die Handhabung zu erleichtern. Man kann die Geschicklichkeit und Behendigkeit der Spieler früherer Bassetthörner nur bestaunen; sie meisterten ihre ungefügen Instrumente so brillant, daß viele ausgezeichnete Bassetthorn-Bläser mit Freuden für ihr Instrument schrieben. Der bedeutendste Meister, der für das Bassetthorn komponierte, war zweifellos Mozart. Er fand offenbar den dunklen, zurückhaltenden Klang des Instruments, dem aber auch eine von keinem anderen Instrument erzielte, verschleierte Klangdichte zu eigen war, wie geschaffen für den Ausdruck des Würdig-Weihevollen. Was Mozart dem Bassetthorn in der Sarastro-Musik der »Zauberflöte« und in der »Maurerischen Trauermusik« zuwies, ist gewiß unübertroffen. Vergessen wir nicht, daß es als sein Lieblingsinstrument galt. Jedenfalls vertraute er ihm in dem Teil des Requiems, der offenbar von seiner Hand stammt, seine eindrucksvollste Aussage überhaupt an. Das Werk beginnt mit einem vom zweiten Bassetthorn angestimmten Thema. Das Bassetthorn-Repertoire ist ein Gegenstand für Spezialstudien. Zu denen, die tief in die Materie eingedrungen sind, gehört Graham Melville Mason, Edinburgh, der mit unendlicher Mühe und Hingabe lange vergessene Werke ans Licht hob. Es gibt derlei Kompositionen in Hülle und Fülle – einige nennen wir in unserer Liste. Jedenfalls wächst das Interesse an diesem Instrument ebenso wie die Zahl der Instrumente, die heute gespielt werden. Natürlich sind das moderne Bassetthörner, auf die wir in einem späteren Kapitel eingehen werden.
Die Geschichte der Bassettklarinette ist nicht so klar, was einfach daran liegt, daß, wie beim Chalumeau, kein solches Instrument in seiner historisch echten Form erhalten geblieben ist. Gegeben hat es die Bassettklarinette, daran bestehen ebensowenig Zweifel wie hinsichtlich des Bassetthorns, nur läßt sich nicht annähernd sagen, in wie vielen Exemplaren. Es könnte durchaus sein, daß nur ein einziger Spieler das Instrument in der Praxis so zu präsentieren vermochte, daß sich Komponisten dafür interessierten und es mit Werken bedachten. Aber da dieser Mann Anton Stadler war, der Mozarts große Werke interpretieren durfte, kaum daß er sie niedergeschrieben hatte, ist dieses Instrument von höchstem historischem Interesse, gleichviel, in welcher Gestalt es existiert haben mag. Von der Konstruktion her war die Bassettklarinette einfach ein Bassetthorn, jedoch kürzer als dieses und daher höher in der Stimmung. Wir haben es uns als eine B- oder A-Klarinette mit Bassett-Erweiterung zu denken. Die Gewißheit, daß ein solches Instrument existiert hat, stützt sich auf die Forschungen

mehrerer Autoren. Sie untersuchten natürlich zunächst die innere Aussagekraft einiger merkwürdig gestalteter Phrasen, die sich in Mozarts großem Klarinetten-Konzert, in geringerem Maße auch in seinem Quintett und in den Obbligati des »Titus« finden. Als einer der ersten interessierte sich Oskar Kroll dafür. Er analysierte das Material in seinem 1938 oder 1939 geschriebenen, 1948 (nach seinem Tode) veröffentlichten Buch. Sowohl er als auch der Amerikaner George Dazeley – sie beide hatten keinen Zugang zu dem Text, der ihre Entdeckungen später bestätigte – gelangten zu dem Schluß, daß Mozart ursprünglich für eine bis zum tiefen C reichende »Baßklarinette« geschrieben hat, und daß beispielsweise die Phrase, die heute so gespielt wird:

ursprünglich folgendermaßen notiert war und gespielt wurde:

Das ist nur ein Beispiel. Beide Autoren fanden weitere Exempel und bekräftigten den Verdacht, den viele Spieler schon sehr lange gehegt hatten. Der Text, der diese Schlüsse bestätigt, ist Mozarts Autograph von 199 Takten des ersten Satzes des Konzerts. Offensichtlich war es ursprünglich für ein Bassetthorn in G (ein kaum bekanntes Instrument) gedacht. Es befindet sich im Besitz der Rychenberg-Stiftung in Winterthur (Schweiz).

Diese Passage ist für jeden Klarinettisten aufschlußreich, da sie so viele Fragen beantwortet, die einen bei der Vorbereitung dieses großen Werkes schon eh und je beschäftigt haben. Alfred Einstein führt das Fragment als KV 584b und das Konzert in seiner endgültigen Fassung für Klarinette in A als KV 622 (Autograph unbekannt). Eindeutig wurde das Werk zum größten Teil für eine Klarinette normalen Umfangs komponiert, doch hatte Mozart damals bereits mehrmals versucht, für die erweiterte Klarinette zu schreiben. Das

Konzert datiert aus dem Jahre 1789 oder 1791. Schon 1781 lag der erste Teil eines Quintetts für B-Klarinette und Streicher vor, in dem deutlich Bassettklarinetten-Noten angegeben sind. Es existieren davon fünf volle Seiten. Mit großem Erfolg hat Robert D. Levin den Satz ergänzt, soweit bekannt nur für die normale B-Klarinette. Eine Ausgabe für Bassettklarinette wäre zu begrüßen. Wie man jetzt weiß, sind auch die gewöhnlich mit zwei Klarinetten und Fagott besetzten Trios KV 439b für drei Bassetthörner (eine Besetzung, in der sie in den letzten Jahren oft aufgeführt wurden) *oder* drei Klarinetten geschrieben, von denen eine eine Bassettklarinetten-Erweiterung haben muß. Diese wissenschaftlichen Forschungen sind das Werk von Marius Flothuis in seiner Edition der »Neuen Mozart-Ausgabe«. Sicherlich erklärt diese Beschäftigung mit den tieferen Tönen der Klarinette, daß Mozart die Skizze für Bassetthorn in G zugunsten der Klarinette in A mit ihrem neuen erweiterten Umfang aufgab.
Eine Analyse des Rychenberg-Manuskripts zeigt, daß ein sehr großer Teil des Soloparts – auf fünf Takte fast ein Takt! – der Revision im Sinne einer Einrichtung für eine Klarinette mit normalem Tonumfang bedurfte, als das Werk in der uns bekannten Form herauskam. Die erste Überraschung sind die Takte 91 und 92, wo durch die Verwendung des Baßschlüssels in der heute nur in Baßklarinetten-Stimmen üblichen Weise eindeutig der erste zusätzliche Halbton des erweiterten Umfangs einbezogen wird. Takt 94 steigt noch einen Halbton tiefer hinab. Dann geht es eine Weile normal weiter bis Takt 134, wo die Verwendung des tiefen d im Alberti-Abschnitt entschieden schöner ist als die moderne Version mit fis an seiner Stelle. Und so weiter. Die Takte 145 bis 147 sind viel logischer, da sie den für Mozart normalen Klarinettenumfang nicht überschreiten. Bei Takt 148 zeigt sich, daß er die hier wiedergegebene Gestalt hat. Offensichtlich ist der Original-Takt 145 selbst auf der Bassettklarinette unspielbar, deshalb hat Mozart ihn ausgestrichen, aber in der Reprise (hier nicht wiedergegeben) wäre die Passage durch Verwendung des tiefen C in den drei Oktaven wie gezeigt möglich. Ob Mozart das in seinen verborgensten Gedanken bereits vorgeschwebt hat, als er dies in der Exposition schrieb? Die einzige weitere Überraschung kommt in den Takten 189ff. gegen Ende des Auszuges, der so gestaltet ist, wie er aus musikalischer Sicht eindeutig sein sollte, wie er aber von vielen modernen Spielern vielleicht nicht erwartet worden wäre.
Zweifellos ist das Konzert in seiner korrekten Form also für Bassettklarinette in A. Verschiedene Bläser haben komplette Ausgaben für Aufführungszwecke erarbeitet und sind fast immer zu identischen Schlußfolgerungen gelangt. Das Werk wurde in dieser Fassung mit

Transkription der Klarinettenstimme KV 621 b (Rychenberg-Stiftung Winterthur, Ursprünglich in Mozarts Handschrift.)

127
132
bis
137
140
143
145
147
149
151
3
155
17
177
181
184
188
193
199

großem Erfolg gespielt und wird künftig auf dem Instrument, für das es geschrieben war, sicher häufiger erklingen. Nicht, daß die moderne Bassettklarinette der ursprünglichen Bassettklarinette Stadlers wirklich näher stünde als die moderne Boehm-Klarinette seinem Fünfklappeninstrument (siehe Abbildung 8). Es sei betont, daß das Instrument selbst trotz der Extraklappen, die beim Bassetthorn und bei der Bassettklarinette zur Bildung der tiefsten Töne dienten, akustisch unverändert blieb. Beide Instrumente waren gegen Ende des 18. Jahrhunderts im wesentlichen noch Fünfklappenklarinetten, weil die zusätzlichen Klappen kein Überblasregister lieferten und nur im Chalumeau-Tonumfang zu benutzen waren. Dasselbe gilt für die allermodernste Bassettklarinette, die im Endeffekt eine Erweiterung des Boehm- oder Oehler-Systems darstellt, so daß man nicht sagen kann, sie reproduziere die Gegebenheiten, mit denen es Stadler zu tun hatte. Auf ihr lassen sich Mozarts Absichten nur eben in größerer Treue verwirklichen als auf irgendeiner anderen Klarinette.
Es berührt seltsam, daß dieses Instrument, das so bedeutende Musiker zu inspirieren vermochte, sich als eine Sackgasse erweisen sollte. Kein derartiges Instrument ist erhalten geblieben, woraus man schließen könnte, daß es in der Praxis dem Spieler doch mehr technische Schwierigkeiten bereitete, als durch den Zugewinn an Umfang wettgemacht wurden, deshalb in Ungnade fiel und von der Bildfläche verschwand. Um so bedeutsamer ist es daher, daß die Klänge, die Mozart zu hören hoffte – nicht die, die er wirklich hörte –, durch die Verwendung eines vollkommeneren Instruments, als es Stadler zur Verfügung stand, endlich doch realisiert werden können. Ein interessantes Beispiel eines gelungenen Versuchs, eine Bassettklarinette älteren Typs zu bauen, zeigt unsere Abbildung 8. Es ist eine Buchsbaum-Klarinette im Besitz von Alan Hacker. Obwohl es kein Instrument der Art ist, wie es Stadler hatte, als Mozart für ihn komponierte, vermittelt es doch einen guten Eindruck von den einschlägigen Problemen, die hier auf bemerkenswerte Weise überwunden sind.
In unserem Jahrhundert hat unter anderen Richard Strauss das Bassetthorn moderner Gestalt in einigen Werken eingesetzt, und zwar als eine Erweiterung der modernsten Klarinettentypen, in F. Diese Typen sind viel gebräuchlicher als die Bassettklarinetten in B oder A, weil für sie in der Musik des 18. Jahrhunderts, zumal bei Mozart, mehr praktische Verwendungsmöglichkeiten bestehen. Die Bassettklarinette hingegen kann ihr Potential nur in eigens rekonstruierten Ausgaben einiger weniger Mozart-Werke voll ausschöpfen. Ansonsten scheint außer Strauss nur noch ein weiterer berühmter Meister das Bassetthorn mit leichter Hand eingesetzt zu haben – Mendels-

sohn. Er tat es in den zwei reizenden Duos für Bassetthorn und Klarinette für Carl Baermann und dessen Vater Heinrich Baermann (für den Weber seine Konzerte und das Grand Duo concertant mit Klavier schrieb). Die ersten Aufführungen der Stücke in Königsberg 1833 mit den beiden Baermanns und Mendelssohn selbst müssen hinreißende Erlebnisse gewesen sein. Die dabei entfaltete bläserische Virtuosität dürfte jede Vorstellungskraft überstiegen haben, da sowohl die Klarinette als auch das Bassetthorn damals nur sieben akustisch wirksame Klappen besaßen.

Müllers Verbesserungen

Es scheint fast, als habe die Klarinette in ihrer damaligen Entwicklungsphase förmlich darauf gewartet, daß ein genialer Erfinder kam und sie revolutionierte. Natürlich fügten Praktiker nach wie vor Extraklappen hinzu, weil sie sich davon mehr Intonationsreinheit (wenn auch nicht unbedingt eine leichtere Bedienungsweise) versprachen. Berichtet wird von einer Sechsklappenklarinette um 1791. Ein Achtklappeninstrument entstand ein Jahr später. Aber die nicht richtig schließenden Filzpolster, die schwachen Federn und die allgemein schwerfällige Klappendisposition waren ein hoher Preis für gegebenenfalls erzielte Vorteile. Historisch belegen läßt sich ein Fortschritt in jener Zeit kaum. Gewiß, der Franzose Simiot, Lyon, erfand die A-H-Trillerklappe, mit der sich der Griffsprung noch heute am leichtesten meistern läßt. Um 1820 soll Simiot eine Klarinette mit nicht weniger als neunzehn Klappen präsentiert haben. Den wirklichen Weg in die Zukunft aber wies das visionäre Schaffen Iwan Müllers.
Müller, als Kind deutscher Eltern bei Reval geboren, entwickelte sich zu einem Mann von großer musikalischer Begabung, aber auch unglaublicher Zielstrebigkeit. Die brauchte er wahrhaftig, denn er hatte als bedeutender Neuerer unerhörten Widerstand in der Fachwelt zu überwinden. Obwohl alle Klarinettisten seinen Namen kennen, ist es doch nur wenigen bewußt, daß Müller ein weitgereister Virtuose war. Man kann sich kaum recht vorstellen, wie es ihm gelang, trotz intensiver beruflicher Tätigkeit noch die Zeit für seine knifflige Arbeit an der Weiterentwicklung der Klarinette zu finden. Allerdings standen ihm ein paar ausgezeichnete Handwerker zur Verfügung, die seine Anweisungen in die Praxis umsetzen konnten – Männer wie Genetellet und Simiot in Paris. Ebenso nahmen späterhin sehr viele andere seine Klarinette zum Vorbild und machten sie zum neuen Instrument der Epoche.

Müller zeigte schon früh ein experimentelles Interesse an der Klarinette. Noch während er, keine zwanzig Jahre alt, kaiserlich-russischer Kammermusiker in Sankt Petersburg war, befaßte er sich mit neuen Möglichkeiten der Klappenmechanik. Danach, in Dresden, Berlin und Leipzig, spezialisierte er sich als Bassetthorn-Solist und errang damit viel Anerkennung. 1809 gab Müller auf einer neuen, für ihn bei Merklein in Wien gebauten Klarinette ein Konzert, das eine Sensation gewesen sein muß. Anwesend – und gebührend beeindruckt – war der Wiener Komponist Philipp Riotte. Er schrieb Müller ein effektvolles Konzert, welches der Virtuose in den folgenden Monaten mehrmals zu Gehör brachte. Diese neue Klarinette, über die offenbar keine sonderlich detaillierten Beschreibungen vorliegen, war wahrscheinlich die Ausgangsbasis für Müllers nächsten wichtigen Schritt – die Gründung einer Fabrik zur Herstellung des neuen Instruments in größerer Auflage. Anscheinend war er ein bemerkenswerter junger Mann, sympathisch, fast allseits wohlgelitten und zweifellos eine bekannte Figur in Wien, während er dort weilte. Bald ging er nach Paris, wo ihm der Bankier Petit das Geld für seinen unternehmerischen Plan gab. Petit war übrigens selbst Klarinettist.

1812 legte Müller seine neue Klarinette einer Kommission des Pariser *Conservatoire* zur Begutachtung vor. Das nun war ein wichtiges Gremium, dessen Ja oder Nein über die Zukunft seiner Konstruktion entscheiden konnte. Müllers neues Instrument besaß dreizehn Klappen, was an sich noch keine welterschütternde Novität darstellte. Viel bedeutsamer war, wie er die Klappen gebaut, geformt und gepolstert hatte. Darin eigentlich besteht, worüber heute weitgehend Einigkeit herrschen dürfte, der größte Fortschritt seit Denners Arbeiten (siehe Abbildung 11).

Müller behauptete (mit allerdings etwas zweifelhafter Berechtigung), dank seiner neuen Klappen-Disposition könne man vergleichsweise bequem in jeder beliebigen Tonart spielen. Seine Methoden waren neuartig. Zunächst beseitigte er das größte aller Schreckgespenster an der Klarinette, das flache Filzpolster als Bedeckung des offenen Tonlochs. Seine Löcher waren sämtlich versenkt, so daß sie dem Polster einen erhabenen, konischen Ring boten. Das Polster selbst bestand aus Leder mit einer weichen, nachgiebigen Wollfüllung und saß in einem hohlen »Klappenlöffel«, der am Klappenende angelötet war, und zwar so, daß bei geöffneter Klappe eine ausreichend große Öffnung entstand, durch die die Tonluft entweichen konnte. Die Anordnung seiner Klappen war entschieden logischer als alle bisherigen Lösungen und führte daher zu einem unvergleichlich besseren Klangresultat.

Zugegeben, Müllers Klarinette besaß damals nicht als einzige viele Klappen. Baermann selbst hatte eine Zehnklappenklarinette, der finnische Virtuose B. H. Crusell benutzte ein Instrument mit elf Klappen, und die sehr anspruchsvollen Konzerte Spohrs zwangen dessen Lieblingsklarinettisten Hermstedt, die Anzahl seiner Klappen von fünf auf nicht weniger als dreizehn zu vergrößern. Keines dieser Versuchsinstrumente aber war so gelungen, daß es seine Zeit hätte überdauern können; denn da die akustische Auslegung weniger fortgeschritten war als die technische Beweglichkeit, gelangte man zu vielen Tönen von schlechter Qualität. Auf jeden Fall waren diese Instrumente in technischer Hinsicht hinter der Polsterung, den Korrekturmöglichkeiten, der Federung und der Anordnung der neuen Müllerschen Klappenmechanik zurück.

Daher muß es Müller schier das Herz gebrochen haben, als seine neue *clarinette omnitonique* von den Sachverständigen des Pariser Konservatoriums abgelehnt wurde. Der Grund dafür war höchst merkwürdig und hing zweifellos mit allerlei Mißverständnissen zusammen. Da Müller behauptete, man könne seine neue Klarinette mit Leichtigkeit in jeder beliebigen Tonart spielen, schien man künftig ja nur noch das B-Instrument zu benötigen, das von bequemer Größe war und angenehm klang. Die Musiker am *Conservatoire*, zu dem Glauben erzogen und zutiefst davon überzeugt, jede Klarinette besitze ihren eigenen, besonderen musikalischen Charakter und Klang, je nachdem, in welcher Stimmung sie stehe, wollten diese verschiedenen Wesensmerkmale der Instrumente erhalten wissen, weil sie ihnen entscheidende musikalische Bedeutung beimaßen. Dabei hatten Komponisten schon immer diejenige Klarinette benutzt, die in der Tonart ihrer Komposition am einfachsten zu spielen war, ohne hierin auf den Charakter der Musik Rücksicht zu nehmen. Diese Tatsache stand in offenbarem Widerspruch zur Auffassung der urteilenden Pariser Experten, aber trotzdem empfahlen sie, Müllers Neuerung abzulehnen.

Müller war zwar nicht so leicht aus der Bahn zu werfen, doch in der Praxis konnte er sich gegen dieses Verdikt nicht behaupten. Er mußte sein Unternehmen schließen und die Produktion der neuen Klarinette einstellen. Indessen dürfte er gewußt haben, daß die Zeit für ihn arbeiten würde, zumal er als brillanter Solist ja Möglichkeiten sah, die Überlegenheit seiner Klarinette zu demonstrieren. Gegen 1815 hatte er auf Konzertreisen in England, Holland und Deutschland mit Solodarbietung nicht nur schwieriger Werke von Reicha und Ferdinand Ries, sondern auch mehrerer eigener Kompositionen bewiesen, daß sein Instrument das beste seiner Zeit war. Gerade diese Tourneen weckten ein breites Interesse an seinem Beitrag zur Weiterentwicklung von Mundstück und Blatt. Zunächst schaffte er das unbequeme und vielfach unzuverlässige Festbinden des Blattes mittels Schnur an das Mundstück ab. Statt dessen verwendete er einen verstellbaren Metallring ähnlich der heutigen Blattschraube. Dann arbeitete er das Blatt selbst merklich dünner und konischer, so daß es besser auf die viel stärker gekrümmte Bahn am Mundstück ansprach. Das bedeutete, daß er eine bislang ungewohnte Fülle von Artikulationsmöglichkeiten ausnutzen konnte – seine Doppelzunge wurde als »unübertroffen« bezeichnet, und anscheinend hat er seine Zuhörer mit sorgsam abgestufter Atemkontrolle in Entzücken versetzt. Gelegentlich jedoch rügte man seinen schrillen Ton.

Wenn man alles Für und Wider abwägt, kann man sagen, daß Müller für die weltweite Entwicklung der Klarinette der zweite große Bahnbrecher war. Wie im ersten Kapitel dargetan, geht eines der wichtigsten heutigen Klappensysteme, das deutsche, unmittelbar auf Müllers Arbeit zurück. Er war ein gründlicher Reformer, dessen Lösungen noch viele Jahre lang die Ansprüche der Klarinettisten erfüllten. Spätere Erfinder fügten seinem Werk manches hinzu, ähnlich, wie in der Frühzeit des Instruments an Denners Klarinette weitergearbeitet worden war – aber akustisch grundlegende Veränderungen waren das nicht.

Klosé und das Boehm-System

Wenden wir uns nun einem weiteren, großen Neuerer in der Geschichte der Klarinette zu, dem einzigen Mann, der ihre Entwicklung so entscheidend beeinflußte wie Müller. Wir meinen Hyacinthe Klosé, den Erfinder der sogenannten Boehm-Klarinette.

Um diesen Tatbestand richtig zu verstehen, müssen wir den umwälzenden Beitrag des großen Münchner Instrumentenmachers und Flötisten Theobald Boehm würdigen, der einige Jahre vorher den Flötenbau revolutionierte. Boehm war überzeugt, daß die von ihm gewünschte Tonreinheit nur auf einer Flöte mit großen Löchern zu erzielen sei. Er wollte eine Flöte mit den Tonlöchern an den mathematisch korrekten Stellen bauen und verwandte viel Mühe auf entsprechende Experimente sowie auf die Entwicklung der konstruktiv notwendigen Formel. Dabei kam er auf den Ringklappenmechanismus, bei dem ein Finger einen Ring schließen kann, wenn ein Loch bedeckt wird, und zugleich eine andere Klappe bedient, die ein entfernteres anderes Loch bedeckt. So konnten die Finger auch außerhalb ihrer normalen Reichweite liegende Löcher verschließen, was bedeutete,

daß solche Löcher nicht mehr kleiner zu sein brauchten oder in größerer Nähe angeordnet werden mußten, um dem Bau der menschlichen Hand gerecht zu werden.
Dies – und nur dies – lag Klosés Übertragung des Boehm-Prinzips auf die Klarinette zugrunde. Im Gegensatz zu Boehm ging es ihm nicht um akustische Unterteilungen der Klarinette. Daher ist die Bezeichnung »Boehm-Klarinette« oder »Klarinette nach dem Boehm-System« ungenau, aber sie wird nun schon seit 1839 (damals stellte Klosé sie in Paris erstmals aus) und mithin so lange benutzt, daß es unsinnig erscheint, sie jetzt noch ändern zu wollen.
Klosé, französischer Abkunft, war auf Korfu geboren worden. Nach der Rückkehr seiner Eltern nach Paris wurde er Klarinettist in der königlichen Garde und brachte es bald zum Militärkapellmeister. Später studierte er am *Conservatoire* bei dem großen Frédéric Berr, dessen Nachfolge als Lehrer er nach dem Tode des Meisters 1838 antrat. Das war Klosés große Stunde, und er scheint sich darauf gut vorbereitet zu haben. Ein Jahr oder zwei Jahre zuvor hatte er mit dem bekannten Instrumentenbauer A. Buffet Kontakt aufgenommen und ihm erläutert, weshalb er das Ringklappensystem Boehms übernehmen wollte. Ein nach Klosés Vorschlägen gestaltetes Instrument mit diesem Mechanismus bekam 1839 auf der Pariser Ausstellung eine Medaille – die aber an Buffet ging. Weder Boehm noch Klosé wurden geehrt, doch kann kein Zweifel daran bestehen, daß hauptsächlich Klosé die treibende Kraft hinter der Idee war, aus der der entscheidend wichtige Prototyp jener Klarinette entstand, die heute noch von der Mehrheit der Klarinettisten in aller Welt gespielt wird (siehe Abbildung 12). In ihrer Klappenzahl glich Klosés Instrument den meisten seither verwendeten Klarinetten. Siebzehn Klappen und sechs Ringe helfen den Fingern, nicht weniger als vierundzwanzig Tonlöcher zu bedienen. Die Leistungen Müllers und anderer für Polsterung und Regulierung des Abstands Klappe–Loch hatten beste Früchte getragen, wie sich an der leichten Spielbarkeit und auch daran zeigte, daß das neue System ein einwandfreies Abdecken der zu schließenden Bohrungen gewährleistete.
Gewiß bot das neue Griffsystem nicht nur im Sinne technischer Erleichterungen, sondern auch unter dem Gesichtspunkt der klanglichen Qualität viele Vorteile. Ein Plus ist, daß im überaus wichtigen Bereich der rechten Hand kritische »Gabelgriffe« wegfallen, die unbequem auszuführen sind und schlecht klingen. Die linke Hand ist in dieser Hinsicht nicht so gut versorgt, weil bei ihr lediglich ein »Gabel«-f gegen ein gleichermaßen gegabeltes fis ausgetauscht wurde. Indessen ist zu bedenken, daß das ursprüngliche fis des Müller-

Systems noch heute von denjenigen benutzt wird, die vor dem Einsatz der unteren beiden sogenannten »Triller«-Klappen nicht zurückscheuen. Da die Töne mit dem kleinen Finger entweder der linken oder der rechten Hand gegriffen werden konnten, während der andere kleine Finger frei blieb zum Greifen anderer Töne, die auf der Müller-Klarinette nur durch riskantes Gleiten erzielbar waren, wurden viele früher unspielbare Passagen und Triller erstmals möglich. Das Instrument verdiente also wirklich die Bezeichnung *omnitonique*, und diese Eigenschaft nutzten viele Komponisten mit großem Gewinn, als sie seine neuen Möglichkeiten zu erkennen begannen. Natürlich brauchte das seine Zeit, aber seit 1900 zeigt sich bei den Komponisten die Bereitschaft, die Klarinette als ein Instrument zu behandeln, das ganz und gar nicht mehr auf ein Tonartzentrum festgelegt ist.

»Aber nicht nur in musikalisch-technischer Beziehung«, schreibt Kroll, »brachten die Instrumente von Buffet-Klosé einen bedeutenden Fortschritt, sondern auch rein äußerlich erfuhr die Klarinette wesentliche Vervollkommnungen. Das Aussehen des Instruments war jetzt viel eleganter geworden, da endlich die plumpen Bock- und Wulstlagerungen für die Klappen verschwanden und diese selbst viel zierlicher gearbeitet wurden. Auch verwendeten die beiden Erfinder Drehklappen, was für die äußere Gestaltung des Instruments von großem Vorteil war.« An unserer Abbildung 12 kann man das sehr schön erkennen.

Natürlich gab es noch andere Instrumentenbauer, die damals emsig an neuen Entwicklungen für die Klarinette arbeiteten. So der Belgier Adolphe Sax, der Erfinder des Saxhorns (die Grundlage all der verschiedenen Instrumente heutiger Blasorchester in England) und des Saxophons. 1835 soll Sax eine Vierundzwanzigklappen-Klarinette gebaut haben, die in der Musikwelt jedoch nur wenige Spuren hinterließ. Doch 1842 legte er das Instrument vor, das man als einen Schritt in Richtung auf die moderne deutsche Klarinette bezeichnen kann. Sax behielt Iwan Müllers Griffsystem bei, brachte aber unter anderem am Unterstück ein klanglich äußerst vorteilhaftes Paar Ringe an, mit denen die H-Fis-Duodezime leichter gelang. Von damals bis heute hat es eine Menge Erfinder gegeben, die viele Vorzüge des Klosé-Systems auf die Müller-Klarinette übertragen haben. Einer dieser Vorzüge, den das französische Instrument nicht bietet, ist der H-Cis-Triller unmittelbar über dem »Griffsprung«, und die Lösung war die »Cis-Mechanik«, die gewöhnlich Mahillon (Brüssel) zugeschrieben wird. Sie ermöglicht einen weichen, gebundenen Übergang vom h zum cis durch Loslassen des rechten kleinen Fingers. Diese Vereinfachung ist für alle Spieler von Instrumenten des Kloséschen (oder Boehmschen) Systems auch heute noch ein Gegenstand des Neides.

Spätere Verbesserungen

Aus Platzgründen können wir nur einige spätere Verbesserungen erörtern. Solche Verbesserungen hat die deutsche Klarinette bis in die Gegenwart hinein kontinuierlich erfahren; ein Vergleich des im ersten Kapitel beschriebenen modernen Instruments mit der erwähnten Müller-Klarinette macht dies deutlich. Den ersten wichtigen Fortschritt über Müller hinaus verdanken wir dem großen Virtuosen und Lehrer Carl Baermann. Da er nicht nur einige Neuerungen beisteuerte, sondern seine ganze, ausgezeichnete Lehranweisung auf dieses verbesserte Modell stützte, wurden die von ihm ersonnenen Verbesserungen bald Allgemeingut. Sie bestanden vor allem in Verbindungshebeln für die Klappen, damit diese von verschiedenen Fingern bedient werden konnten, oder Klappen-Verdoppelungen, so daß die gegenüberliegende Hand gebraucht werden konnte. Stark im Vordergrund standen auch Intonationskorrekturen an verschiedenen Tönen mit Hilfe von Ringklappen, und es ist aufschlußreich, daß es der Klang dieser Klarinette in den Händen R. Mühlfelds war, der Brahms zu seinem herrlichen Quintett, dem Trio und den beiden Sonaten inspirierte.
Außer Baermann haben noch andere dazu beigetragen, daß die Müller-Klarinette ihre gegenwärtige Stellung in Deutschland eroberte. Ende des 19. Jahrhunderts experimentierte Robert Stark mit Verbesserungen, durch die er einige Vorteile des Boehm-Systems mit Müllers Arrangement verbinden wollte. Die heutige Oehler-Klarinette ging aus vielen solchen Verbesserungen hervor und ist in ihrer jetzigen Gestalt ein eindrucksvolles Zeugnis für das Können des Berliner Instrumentenbauers Oskar Oehler, während sie zugleich die Qualität des Müllerschen Instruments zeigt, auf dem sie fußt (siehe die Darstellung auf der nächsten Seite). In diesem Instrument steckt die Arbeit vieler Jahre, in deren Verlauf Oehler die Lage und Form fast jeder Klappe veränderte und ausgezeichnete Mechaniken (zum Beispiel H-Cis-Triller-, Gabel-F-Mechanik) und Korrekturklappen entwickelte. Im Mechanismus sind seine akustisch hervorragenden Instrumente in mancher Hinsicht komplizierter als die Klosé-Klarinette.

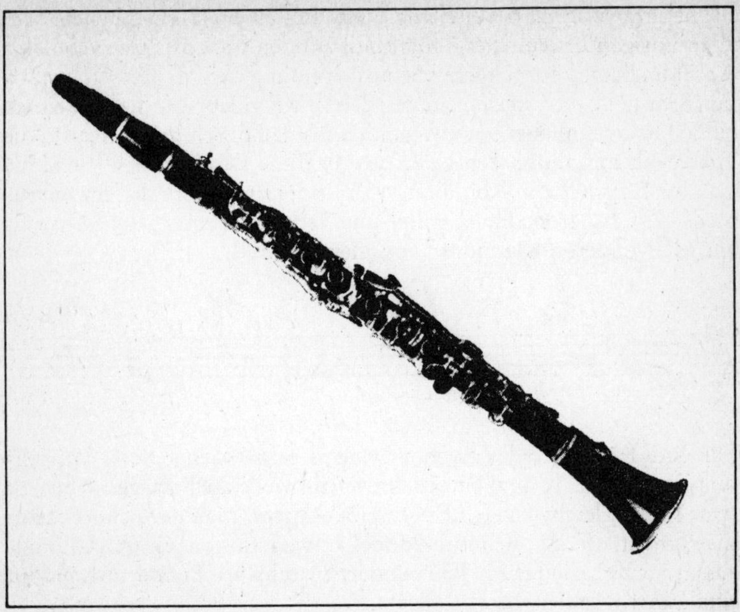

Heutige Klarinette nach dem Oehler-Modell (System Oehler)

Aber das Oehlersche Modell ist grundsolide, die handwerkliche Durchgestaltung meisterlich und das ganze Konzept außerordentlich durchdacht. In ein oder zwei Fällen gibt es an- oder abstellbare Zusatzklappen, die gleichmäßige Legato-Triller gestatten. Oehler befaßte sich sehr eingehend mit dem Problem der Gabelgriffe und hat diesen fundamentalen Nachteil der Müller-Klarinette ungemein geschickt überwunden. Bei seiner Gabel-F-Mechanik greift der Bläser zwar eine »Gabel«, aber der Ton wird genau in der Art des üblichen Klappen-f erzeugt und ist diesem infolgedessen in Klang und Stimmung gleichwertig, wie Kroll schreibt.

Modernere Systeme

Nachdem wir Klosé, Müller und Oehler behandelt haben, sind wir im Grunde bei der Gegenwart angelangt; denn heute sind diese drei Systeme die weitestverbreiteten und gängigsten. Dennoch wollen wir auch ein paar weniger populäre Systeme erwähnen und einige, die für das Instrument durchaus zukunftweisend werden könnten.

Früher war in England eine Klarinette mit einem Vorzug beliebt, der allen übrigen Instrumenten fehlt und auf den französischen Oboisten Apollon Barret zurückgeht. Seine Erfindung betrifft das Oberstück der Klarinette und besteht in gefederten Ringklappen, die von einem einzelnen Seitenhebel bewegt werden, so daß durch den Griff d–a die Töne es–b und durch den Griff e–h die Töne f–c entstehen (siehe die Quilter-Klarinette in Abbildung 15). Dadurch sind auf diesem Instrument viele Progressionen, Triller und Tremoli leichter realisierbar als auf jeder anderen Klarinette, vor allem

Für eine Klarinette des Boehm-Systems eignet sich Barrets Vorrichtung freilich nicht, und sie scheint mittlerweile auch ausgestorben zu sein. Einen gleichwertigen Ersatz gibt es nicht. Man bezeichnet dieses Instrument oft als »Clinton-Modell«, weil es von G. A. Clinton, einem zu Beginn des 20. Jahrhunderts namhaften Lehrer in London, eingeführt worden war.
Später kombinierte Clinton mit einigem Erfolg die Alternativ-Hebel des Unterstücks – Hauptvorteil des Kloséschen Systems – mit einer Müller-Klarinette, die zugleich Barrets Oberstück-Verbesserung aufwies. Diese »Clinton-Boehm-Klarinette«, wie er sie nannte, ist eine interessante Mischform und hat viele positive Seiten. In Großbritannien wurde sie von einigen bedeutenden Klarinettisten gespielt, aber heute wird sie nicht mehr hergestellt (siehe Abbildung 19).
Seit jenen Tagen zielte fast jeder Versuch einer klanglichen Verbesserung der Klarinette entweder auf die Vervollkommnung des b′ ab oder darauf, die Töne as′ und a′ für die Finger besser erreichbar zu machen. Die Schwäche des Tones b war schon immer auf die doppelte Aufgabe der Duodezim-Bohrung zurückzuführen, von der man ja sowohl perfekte Duodezimen als auch das b verlangt. Das ist nachweisbar unmöglich, denn einerseits müßte diese Vorrichtung als eine Duodezim-Bohrung viel kleiner sein und am Instrument viel höher sitzen, andererseits als eine B-Klappe aber tiefer und weiter unten angebracht sein, nämlich genau dort, wo sich heute die »Seiten«-Trillerklappe dieses Tons befindet.
Dieser Doppelfunktion waren sich die Instrumentenbauer fast ein Jahrhundert hindurch bewußt, und viele haben sich um eine Lösung des Problems bemüht. Ernst Schmidt baute 1912 ein Instrument mit

einer separaten Klappenöffnung für jeden der beiden Töne. Später verbesserte Wilhelm Heckel in Biebrich – er ist bekannter als Reformer der Fagott-Konstruktion – diese Lösung und schuf ein spezielles Mundstück, das diesen Ausgleich mitbewirken sollte. 1934 packte der Leipziger Musiker Hans Berninger das Problem von einer anderen Seite an. Er öffnete gleichzeitig die »Triller«-Klappen, um dem b′ Resonanz zu verleihen, und soll den Ton damit beträchtlich verbessert haben.

In dieser Hinsicht verdient zweifellos die Arbeit des Amerikaners William Stubbins sehr ernste Aufmerksamkeit. Sein sogenannter »S. K.«-Mechanismus wird gegenwärtig hergestellt und ist mindestens so scharfsinnig erdacht und wertvoll wie alle anderen bisherigen Lösungen. Stubbins hat die Erfindung, die er zusammen mit seinem Freund Kalmus ersann, in seinem hochinteressanten Buch »The Art of Clarinetistry« selbst beschrieben. Wir wollen an dieser Stelle nur andeuten, um was es geht. Das eigentliche Problem stellt sich im oberen Register – es sind die »überblasenen« Töne des Oberstücks, die eine sehr kleine Duodezim-Öffnung erfordern, wenn sie leicht ansprechen sollen, ohne daß sich in ihnen andere tiefere Partialtöne bemerkbar machen, die zwar stets gegenwärtig sind, aber besser unhörbar bleiben.

Zweifellos braucht man zwei Löcher, die die beiden gegenwärtig der Duodezim-Bohrung aufgebürdeten Funktionen voneinander trennen – ein kleines Loch etwas höher am Rohr und ein viel größeres weiter unten, dort, wo es ein perfektes, klangvolles b erzeugen kann. Beide Löcher müssen automatisch in Aktion treten, damit sich in den herkömmlichen Griffen auf dem Instrument keine Veränderungen ergeben.

Diese Bedingungen haben Stubbins und sein Mitarbeiter genial erfüllt. Ihre Lösung ist sicherlich nicht die erste auf diesem Gebiet, wohl aber eine bislang konkurrenzlose. Auf ihrer Klarinette (siehe Abbildung 16) wird das b′ normal gegriffen, jedoch mit einem ganz anderen Effekt, weil die Duodezim-Bohrung geschlossen bleibt und sich dafür ein großes, freiklingendes Tonloch öffnet. Sobald man mit dem Daumen-Ring das Mittelregister (das heißt über den Griffsprung hinweg ab h oder noch höher) greift, wird das große Loch geschlossen und die zusätzliche, kleine Duodezim-Bohrung geöffnet. So ergeben sich weit bessere Duodezimen als üblicherweise. Das b ist viel klarer und bestimmter im Ton, als es anderenfalls selbst mit Griffkorrekturen, wie wir sie später in diesem Buch angeben, gelingen kann.

Nach alledem dürfte also dem Instrument mit »S. K.«-Mechanismus eine große Zukunft beschieden sein. Man kann Stubbins und seine Kollegen zu ihrem Weitblick nur beglückwünschen.

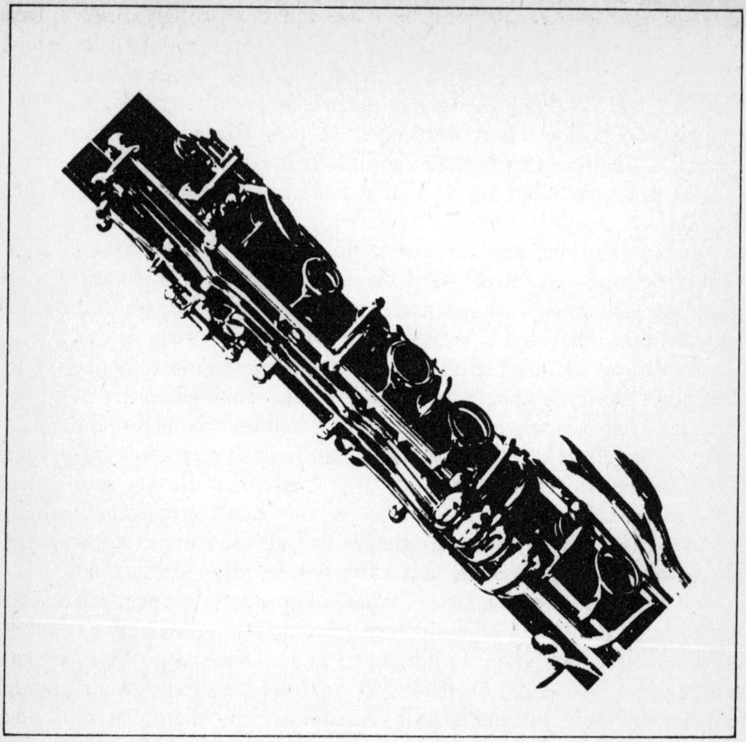

Oberstück nach dem Mazzeo-System. Vier trügerisch einfach aussehende Vorrichtungen mit weitreichenden Wirkungen.

Ein anderer prominenter Bläser und Konstrukteur, Rosario Mazzeo, der verstorbene, hochbegabte Baßklarinettist des Bostoner Sinfonieorchesters, hat sich ausgiebig mit Verbesserungen dieses Bereichs der »kurzen Töne« befaßt und einen ganz anderen Weg gefunden. Auf seiner Klarinette braucht man die normalen, auf Denner zurückgehenden Klappen für a und b nicht, sondern greift diese Töne mittels Ringklappen, die man mit der einen oder der anderen Hand bedient. Diese praktische Lösung vermeidet die normalerweise umständlichen Griffe für die kurzen Töne und läßt daher den Daumen und den ersten Finger der Linken einen großen Teil der Zeit über frei. Das a wird erzielt, indem man das leere g spielt und einen beliebigen Ring hinzufügt; für das b spielt man das normale a und nimmt irgendeinen Ring von einer der beiden Hände hinzu.

Das ist eine erstaunlich einfache, mechanisch sowohl im Grundsatz wie in der Anwendung vernünftige Sache. Sobald man sich an dieses System gewöhnt hat, gelingen schnelle Passagen, zu denen man sonst Daumen und ersten Finger braucht, sehr viel sicherer. Aber es gibt nicht nur diesen extremen Zugewinn an Behendigkeit. Darüber hinaus nämlich klingen die Töne b, a, gis und g – die kurzen Töne – bei Verwendung der größeren Löcher offener und verbinden sich daher leichter mit den Registern darüber und darunter.
Ganz zweifellos ist dies eine zukunftweisende Lösung, und man muß es bedauern, daß ihre Durchsetzung in der Praxis wahrscheinlich nur allzulange auf sich warten lassen wird. Der Schwarze Peter liegt da bei den Bläsern, nicht im System: Es sind die eingefleischten Gewohnheiten der meisten von uns. Im Laufe der Jahre lernt jeder gute Klarinettist, wie man die kurzen Töne durch Hinzunahme mehrerer Ringklappen zu den normalen Griffen veredelt (siehe fünftes Kapitel). Er bereitet den Weg über den Griffsprung gewissermaßen vor, indem er die erforderlichen Finger schon auf den Klappen im darunter- oder darüberliegenden System hat, während er einen der kurzen Töne spielt. Diese Gewohnheiten sind hartnäckig, und wenn man sie auf das Mazzeo-System anwendet, führen sie in ein vollständiges Chaos. Der Erfinder des Systems hat diese Schwierigkeit vorausgesehen und dafür gesorgt, daß der Spieler den Mechanismus nach Wunsch abschalten kann, um sich allmählich an ihn zu gewöhnen. Diese pfiffige Idee müßte auch den älteren Kollegen bei entsprechender Ermunterung überzeugend einleuchten. Für den jungen Klarinettisten stellt sich kein Problem, da die Griffmuster leichter einzuprägen sind als die anderer Systeme – vorausgesetzt freilich, es gibt Lehrer, die den Mut und die Ehrlichkeit aufbringen, Dinge zu lehren, die sie unter Umständen selbst nicht praktizieren. Andererseits weicht das Abschalten des Patentmechanismus dem wahren Sachverhalt aus, denn es ist schwer vorzustellen, wie ein auf ein bestimmtes Griffsystem perfekt eingespieltes Instrument mit gleicher Vollkommenheit auf ein anderes reagieren können soll, wenn das Abkoppeln vorgenommen wird. Eigentlich nützt es nichts, den Extra-Mechanismus zu haben, aber nicht zu verwenden (auch wenn dies keineswegs in großem Umfang zu geschehen hätte), zumal zusätzliches Metall die Resonanz beeinträchtigt.
Den wahren Wert dieses ausgezeichneten Systems wird man erst erkennen, wenn es voll verwirklicht und von einer Reihe ausgezeichneter Klarinettisten übernommen wird. Mazzeo selbst hat viele Jahre lang kein anderes benutzt, was die Möglichkeiten, die in seiner Erfindung stecken, doch gewiß bezeugt. Wenn sein System – viel-

leicht nach einer Generation – sich endgültig durchgesetzt hat, wird man viele Passagen, die derzeit auf den Boehm- und Oehler-Klarinetten fast unausführbar sind, mit Leichtigkeit meistern. Hoffen wir also, daß ältere Klarinettisten, die das Mazzeo-System selbst nicht übernehmen wollen, doch wenigstens bereit sind, ihre Schüler darin zu unterweisen und ihnen seine Vorteile nicht vorzuenthalten.
Neben besseren kurzen Tönen bietet das Mazzeo-System eine Griffkombination, die zwischen dem langen h und dem darüberliegenden cis ein echtes Legato ermöglicht und damit einen schweren Mangel der traditionellen Boehm-Klarinette behebt. In einer Passage wie der folgenden aus Ravels »Bolero« kann dies den Unterschied zwischen einer holprigen Ausführung und dem vom Komponisten beabsichtigten Legato bedeuten:

Zudem gelingt auf dem neuesten Modell der Ton

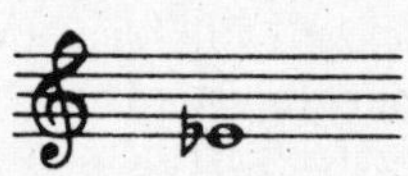

als »Gabel«-Ton mit beachtlicher Reinheit, was viele Passagen erleichtert, die normalerweise sehr schwierig sind, weil sie eine perfekte Koordination mit der seitlich angebrachten Es-Klappe erfordern.
Allerdings hat das Mazzeo-System einen Nachteil, der nicht damit zusammenhängt, ob der Bläser mit dieser Neuerung schon Erfahrung hat oder nicht. Es ist der Weg zu Tönen über den Griffsprung vom leeren g. Dazu muß man das g′ wirklich als »leeren« Ton spielen, so daß man überhaupt keinen Finger auf das Instrument legen darf, um es zu halten oder den plötzlich klaffenden Klangunterschied zwischen den Registern vorzubereiten. Auf jeder Klarinette läßt sich nachprüfen, daß hier selbst der Geübte Schwierigkeiten hat und bestenfalls einen holprigen Effekt erzielt. Wahrscheinlich ist es das einzige Intervall, welches durch dieses System grundlegend erschwert wird. Von a oder b ist dieselbe Fortschreitung zweifellos leichter, da man die

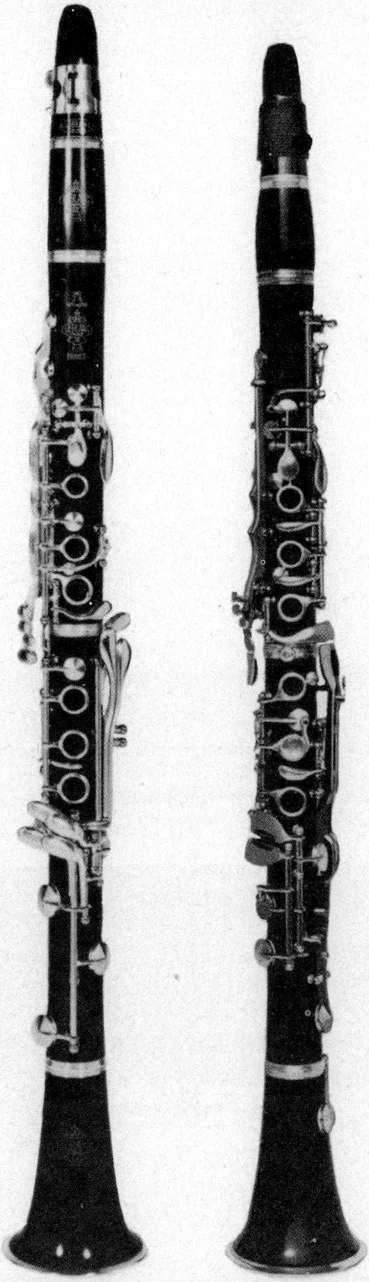

Abb. 1 links: Das französische System

Abb. 2: Das deutsche System

Abb. 3: Mundstück mit Blatt und Blattschraube

Abb. 4: Polster im Klappendeckel über versenktem Tonloch

Abb. 5: Der Autor mit seiner selbstgefertigten Nachbildung eines einfachen Chalumeaus. Die kleine Pfeife steht in D und klingt eine Oktave tiefer als eine Pfropfflöte gleicher Größe und Bohrung.

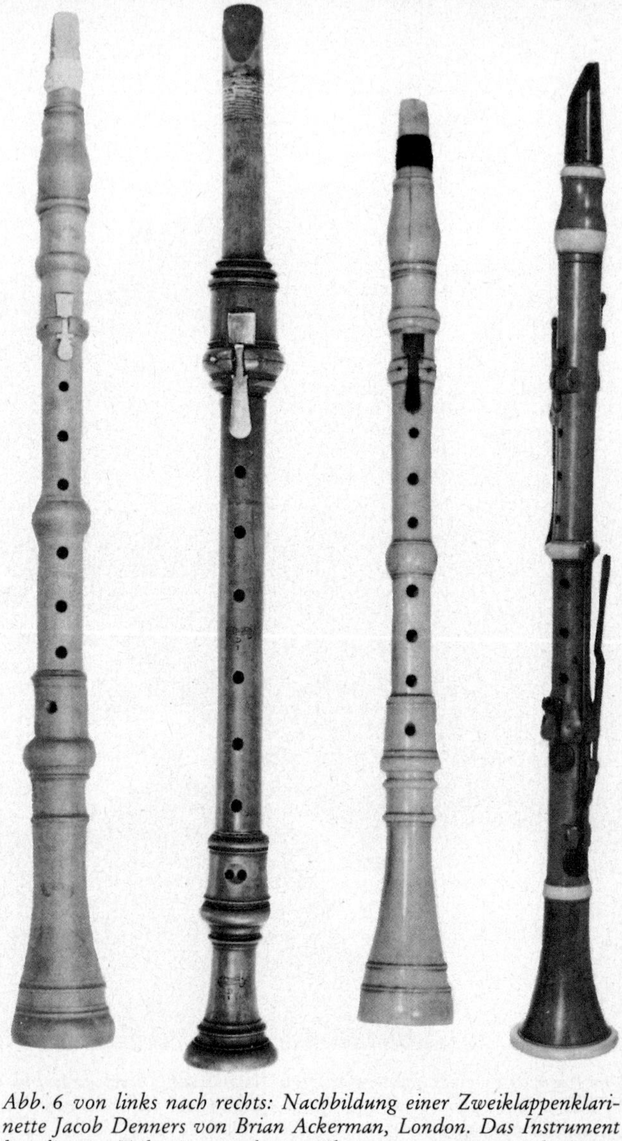

Abb. 6 von links nach rechts: Nachbildung einer Zweiklappenklarinette Jacob Denners von Brian Ackerman, London. Das Instrument hat die vier Teile einer modernen Klarinette. – J. Dennersche Zweiklappenklarinette. Das Material ist Birnbaumholz. Länge 50 cm, Durchmesser (außen) 4,5 cm, Bohrung 2,45 cm. Beide Teile tragen den Stempel »I. C. Denner«. – Vorzügliche Zweiklappenklarinette (Elfenbein) von Scherer, London, um 1720.
Abb. 7 ganz rechts: Sechsklappenklarinette, anonym, um 1820.

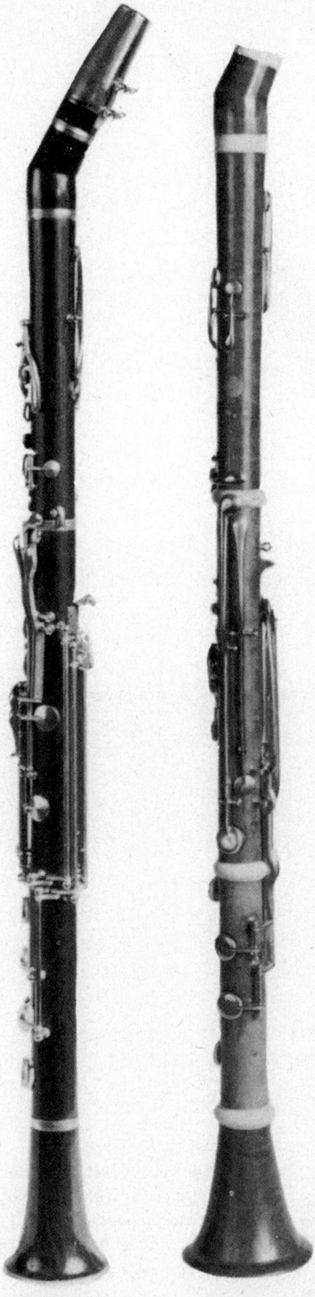

Abb. 8 links: Bassettklarinette. Moderne Technik; chromatische Erweiterung bis tief C hinzugefügt von Edward Planas, London. – Rechts: Durch den modernen Zusatz von Edward Planas entsteht eine Bassettklarinette in A. Das Originalinstrument von Dölling, Potsdam, hat 13 Klappen; es stammt aus der Mitte des 19. Jahrhunderts und zeigt den Einfluß von Müller und Hermstedt.

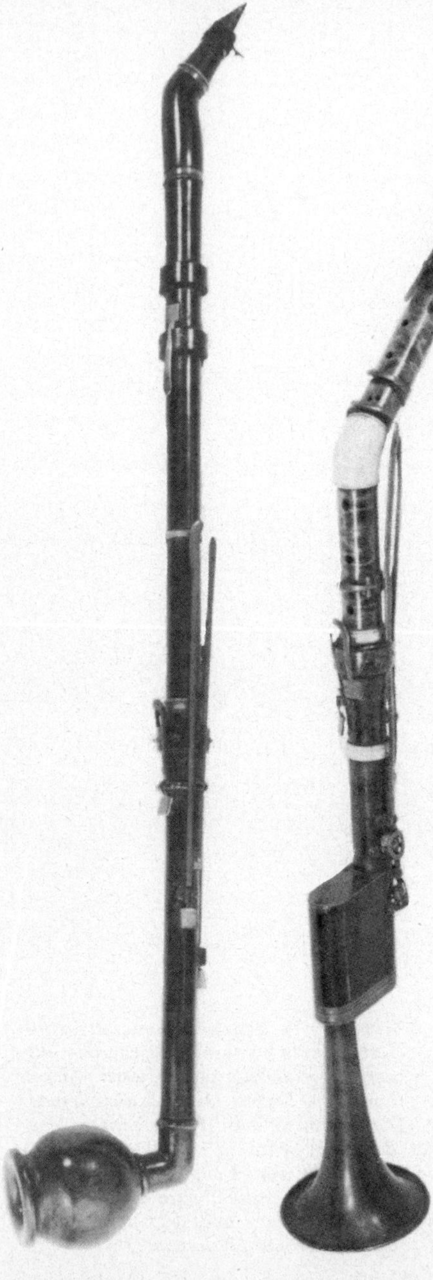

Abb. 9: Alte Bassetthörner. Links: Anonym; Obstbaumholz, wahrscheinlich Birnbaum, sechs Klappen; möglicherweise vor 1790. Rechts: Griesbacher, Wien; acht Klappen; um 1800.

Abb. 10: Späteres Bassetthorn und tiefere Klarinetten (nicht maßstabgetreu). Links: Pask, London; höchst ungewöhnlich gestaltetes Bassetthorn aus Kokosholz, Boehm-System; Ende des 19. Jahrhunderts; in gutem Spielzustand. Ganz links: Key, London; 13 Klappen. Rechts: Uhlmann, 18 Klappen; Mitte des 19. Jahrhunderts.

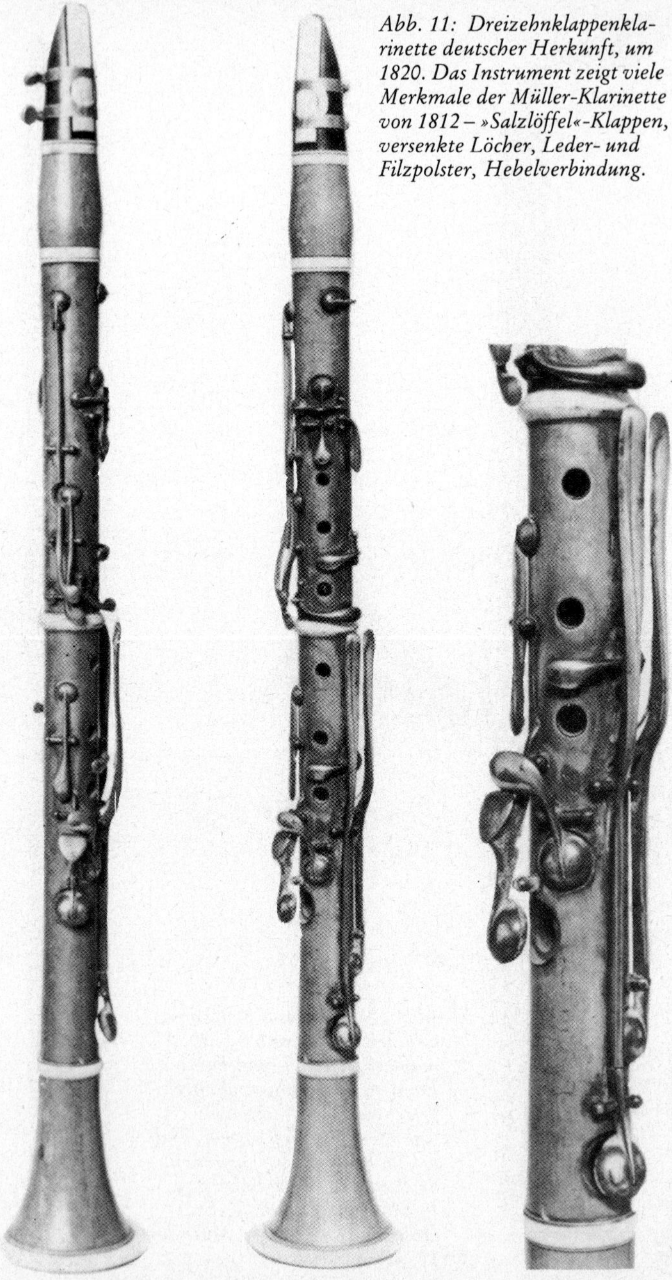

Abb. 11: Dreizehnklappenklarinette deutscher Herkunft, um 1820. Das Instrument zeigt viele Merkmale der Müller-Klarinette von 1812 – »Salzlöffel«-Klappen, versenkte Löcher, Leder- und Filzpolster, Hebelverbindung.

Die Hauptmerkmale der »D-B«-Klarinette (Doppel-Boehm)

Gleiche »Boehm«-
Griffe für beide Hände

Neue leichte und überraschende Möglichkeiten
in der Mittellage (linke Hand) und Alt-Lage (rechte Hand)

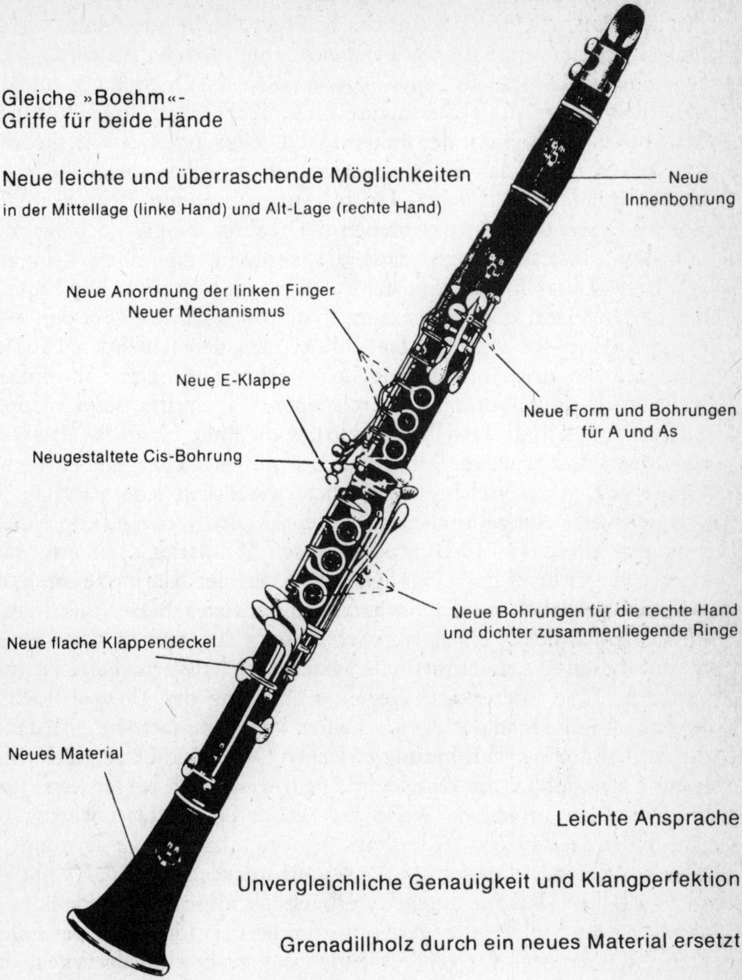

Leichte Ansprache

Unvergleichliche Genauigkeit und Klangperfektion

Grenadillholz durch ein neues Material ersetzt

MODÉLE BREVETÉ S G D G

Finger, die den tieferen Ton spielen, auch für den höheren Ton vorsehen kann.
Ein interessantes Griffsystem, das sich den allgemeinen Markt bislang nicht erobern konnte und dies vielleicht auch nie schaffen wird, ist das sogenannte »Doppel-Boehm«-System (siehe die Darstellung auf Seite 65). Hier galten die Experimente nicht den kurzen Tönen, sondern den Haupt-Tonlöchern der linken Hand. Zugrunde liegt die theoretische Überlegung, daß es unlogisch ist, für dieselben Intervalle in den beiden Händen verschiedene Griffolgen anzuwenden. Beim normalen Boehm-System erhöht das Heben der rechten Finger nacheinander, mit dem untersten beginnend, die Tonhöhe um einen Ganzton, gefolgt von einem Halbton, dann von einem Ganzton. Die Sequenz der linken Hand ergibt Ganzton, Ganzton, Halbton. Bei der Normalgriffweise der rechten Hand bildet man den fehlenden Halbton zwischen der dritten Stufe und dem darüberliegenden Ton einfach, wenn auch unvollkommen, durch einen Gabelgriff. Beim Doppel-Boehm-System gilt dasselbe Prinzip für die linke Hand, so daß e ein gegabelter Ton (zweiter Finger allein) und es nicht gegabelt (erster Finger) ist. Das erleichtert natürlich wesentlich jede Passage, die beispielsweise den gebrochenen c-Moll-Akkord verlangt, kompliziert hingegen alles, was C-Dur oder dessen Paralleltonarten erfordert. Ferner verstärkt es das »Handgemenge« auf der Klarinette um einen weiteren »gegabelten« Ton, während die meisten Bläser und Instrumentenbauer lieber einen weniger hätten. Zugleich sei aber eingeräumt, daß dieses experimentelle System durchaus ernsthafte Prüfung verdient. Eine interessante Begleiterscheinung des Doppel-Boehm-Systems könnte man durchaus als einen Vorteil betrachten, und das ist die Aufhebung der Verbindung zwischen Ober- und Unterstück. Man kommt nämlich an die Duodezime es-b wesentlich besser heran und braucht dazu in keiner Weise die rechte Hand. Das Schema hat zweifellos viel Logik. Allerdings benötigt man für e–h nunmehr dieselbe Klappe, die zuvor für es–b erforderlich war, das heißt die vierte »Triller«-Klappe unten am Oberstück. Eine auffallende Abweichung ist auch die viel engere Anordnung der Tonlöcher der linken Hand, die dadurch für große Hände zu dicht beieinanderliegen, den jungen Spieler aber eher begünstigen. Diese Stellung bedingt viel längere Klappen für die kurzen Töne a und gis, was deren Bedienung zwar erleichtert, gleichzeitig aber die Abstandskorrektur merklich erschwert. Diese Löcher können jetzt auch größer sein. Nach Ansicht der Hersteller bringt das System eine beträchtliche Klangverbesserung im zweiten Überblasregister (vom hohen e aufwärts) besonders im *pp*, weil das Schema der linken Hand logischer ist, sowie infolge der

größeren Tonlöcher für a und gis einen bedeutenden Zugewinn an Klangqualität für das b'. Schließlich folgt aus der Ausschaltung der Verbindung zwischen Ober- und Unterstück, daß die am ungünstigsten liegende Klappe, die Cis-Gis-Klappe des kleinen Fingers, nunmehr richtiger plaziert werden kann, ohne ihre normale Form und Funktion zu ändern.
Noch bleibt Raum für künftige wechselseitige Befruchtung der neueren Systeme. Es ist lange her, seit Klosé die Klarinette nach dem Boehm-System umgestaltet hat. Man erblickt durchaus eine Existenzberechtigung für eine wirklich moderne Klarinette mit praktischerem Klappenmechanismus, besseren Verschlußvorrichtungen, besserer Klangansprache und allgemein besseren künstlerischen Möglichkeiten. Es gibt mehrere – zumeist wirtschaftliche – Gründe dafür, daß eine solche Klarinette derzeit noch fehlt. Aber es ist ganz und gar nicht von der Hand zu weisen, daß die Beseitigung einiger Unzulänglichkeiten – im Gegensatz zu einer Verbesserungsarbeit, die solche Tücken nur mildert – das Instrument so unpersönlich machen könnte, wie das Klarinettenregister der computerisierten elektronischen Orgel. Wie dem auch sei, die Entwicklung der Klarinette ist noch längst nicht abgeschlossen; ihr Klangreichtum rückt sie in den Mittelpunkt eines Interesses, das einfach alle vorstellbaren Möglichkeiten ausloten muß.

Drittes Kapitel
Akustische Merkmale

Für die meisten Klarinettisten sind die akustischen Eigenschaften ihres Instruments ein lästiges Thema, bei dem sie sich gleich wieder ins Klassenzimmer zurückversetzt fühlen, sobald solche scheinbar abseitigen Details wie Dezibel, Einheiten, Frequenz, Perioden pro Sekunde, »Phasenumkehrungen«, Schwingungsknoten, Schwingungsbauch und dergleichen erörtert werden oder sogar mathematische Formeln herangezogen werden, um zu zeigen, was unter bestimmten Bedingungen geschieht, wenn eine Klarinette gespielt wird.
An diesem Punkt gibt der Klarinettist meist auf, weniger besiegt als entmutigt, weil er den Eindruck hat, daß das ja alles in die falsche Richtung ziele. Er will wissen, wie man die Klarinette spielt, nicht die Wirkung dessen, was er tut, mit wissenschaftlicher Präzision untersuchen. Aber daß er hier streikt, ist bedauerlich, denn das Verständnis für die physikalische Seite seines Tuns ist nicht nur wichtig, sondern es kann unabdingbar werden, wenn er den Weg von der Elementarstufe zur ernsthaften Kunstausübung bewältigen will. Vielleicht ist er vom Glück begünstigt und meistert sein Instrument instinktiv, ohne solcher Kenntnisse zu bedürfen. Sie werden ihm dann aber nicht schaden, sondern ihn eher weiterbringen, weil man sagen kann, daß an diesem Punkt das wirkliche Verständnis der Klarinette beginnt. Es gibt Dinge, die er wissen sollte.
Fangen wir beim Grundlegenden an. Schall ist eine Erregung des Trommelfells infolge der Energie der Luftschwingungen (oder Wellen). Eine Maßeinheit für die Lautstärke ist das Dezibel (db). Ein Schallereignis von 1 db ist gerade noch hörbar, 140 db werden von den meisten Menschen als schmerzhaft empfunden. Den Klarinettisten interessiert daran hauptsächlich, daß der Klarinette ein größerer Ausschnitt dieses dynamischen Spektrums zur Verfügung steht als den anderen Holzblasinstrumenten. Sie kann 1 db leisten, da sie bei einem *diminuendo al niente* schwächer zu werden vermag bis zum Verstummen. Andererseits kann sie zweifellos die Flöte und das Fagott, ja fast immer auch die Oboe an Lautstärke überstrahlen.
Nach der Frage von laut und leise wenden wir uns der »Tiefe« und »Höhe« der Töne zu. Obgleich als Beschreibung unwissenschaftlich, ist diese bildliche Vorstellung durchaus plastisch und leicht verständlich. Hier kommt als Maßeinheit für Schallschwingungen das Hertz

(Hz) ins Spiel. Wir veranschaulichen es uns vielleicht am besten an einer schwingenden Geigensaite, bei der eine Periode die Bewegung von einem Zentralpunkt (Ruhelage) zu einem anderen Zentralpunkt ist:

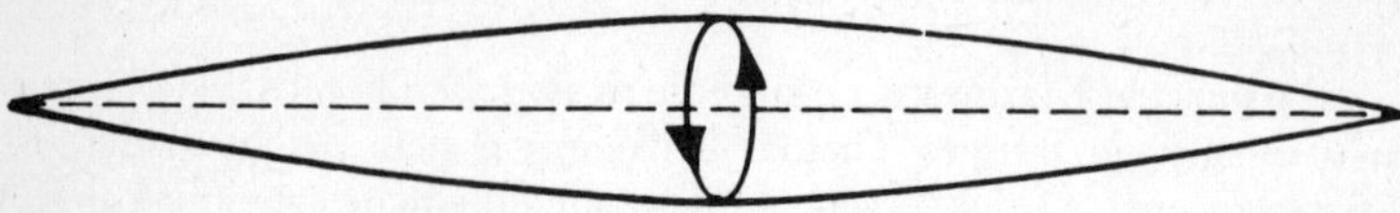

Diese Schwingungsart, die einfachste, gleicht der Bewegung eines Pendels von Seite zu Seite. Als Pendelbewegung berücksichtigt sie nicht den Zeitverlauf. Den können wir uns verdeutlichen, indem wir uns vorstellen, daß der Weg des schwingenden Pendels auf einem Blatt Papier aufgezeichnet wird, welches unter ihm fortgleitet. So bekommen wir eine Schwingungswelle oder Sinuskurve. Die Sinuskurve ist ein Bild des reinen Tons ohne Obertöne und sieht so aus:

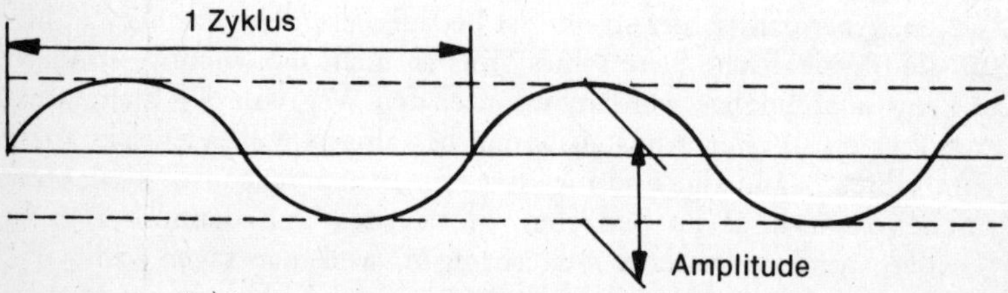

Der tiefste für das menschliche Ohr wahrnehmbare Ton entsteht bei etwa 25 solchen Impulsen in der Sekunde und wird als 25 Hz bezeichnet. Mit wachsender Impulszahl wird der Ton höher, bis er endlich die Hörgrenze erreicht, die für das menschliche Ohr etwa 20000 Hz beträgt. Hunde und Fledermäuse beispielsweise können noch Schallereignisse jenseits dieser Grenze hören, sind aber in der Regel nicht von Natur musikalisch.
Außer diesen gewiß nicht allzu komplizierten Tatsachen müssen wir uns vergegenwärtigen, wie sich zwei äußere Bedingungen auf Schallereignisse auswirken. Die erste ist die Temperatur. Luft schwingt bei höherer Temperatur schneller, so daß der erzeugte Ton höher ist. Wenn das doch den Erbauern der meisten Konzertsäle geläufig wäre! Faktum Nummer zwei: Die Dichte der Luft wirkt sich merklich auf die Tonhöhe aus. Da die Luftdichte beträchtlich zunimmt, wenn der Wassergehalt der Luft steigt, beeinflußt dies auch die Klarinette,

sobald die Atemluft-Kondensation wirksam wird, und das geschieht bald, nachdem man zu spielen begonnen hat. Feuchte Luft vibriert schneller und läßt die Höhe der erzeugten Töne ansteigen.

Das Blatt

Was eigentlich erzeugt dieses Schallereignis, wenn eine Klarinette geblasen wird? (Was es »genau« ist, sei hier nicht gefragt, weil in streng wissenschaftlicher Sicht mehrere Nebenerscheinungen mitspielen, auf die wir nicht eingehen wollen, da sie, soweit es den Klarinettisten betrifft, die Hauptsache eher verunklaren.)
Als ersten Punkt müssen wir festhalten, daß nicht die Klarinette schwingt, sondern die Luftsäule innerhalb der Röhre. Form, Proportionen und Länge dieser Säule bestimmen die Art des Schallereignisses sowie seine Höhe. Die Luftsäule einer Klarinette ist fast über ihre gesamte Länge hin zylindrisch, die der Oboe ist konisch (siehe Abbildung 21). Daraus ergibt sich der Wesensunterschied zwischen den beiden Instrumenten.
Wie die Röhre auch immer gestaltet sein mag, wir brauchen eine äußere Schwingungsquelle, um die Luftsäule in Vibration zu versetzen. Das ist bei der konischen Oboe das Doppelrohr, bei der zylindrischen Klarinette das Blatt.
Das Blatt eines Blasinstruments ist wissenschaftlich gesehen einfach ein Ventil, das heißt etwas, das sich öffnet und schließt und dadurch die Luftzufuhr zu der Säule im Inneren des Instruments ermöglicht oder abschneidet (siehe unten). Der Grund für dieses Verhalten ist in der Luftdynamik zu suchen. Das Blatt wird durch die darüber hinstreichende Luft gebogen, so daß es die Luftzufuhr abriegelt. Da es de facto eine Holzfeder ist, kehrt es sofort in seine Ausgangsposition (offene Stellung) zurück, und so wiederholt sich der Zyklus. Auf diese Weise werden der Luftsäule im Instrument in schneller Folge Luftschübe zugeführt. Diese Luftstöße enthalten die Grundpotentiale für verschiedene Obertonmuster. Ihre Geschwindigkeit wechselt je nach der Form und Größe des Rohres, an der das Blatt befestigt ist. Von entscheidender Bedeutung ist nun, wie lange das Ventil geschlossen bleibt. Wenn es sich sehr schnell öffnet und schließt, kann es Luft nur für rund $\frac{1}{20}$ einer Schwingung durchlassen. Tut es dies, so besitzt es das Potential zur Erzeugung der vollen Obertonreihe, die auf dem Instrument möglich ist. Andererseits kann es sich so langsam öffnen und schließen, daß Luft für ein volles Achtel eines Zyklus hindurchgelangt. In diesem Falle ist die mögliche Partialtonreihe sehr viel

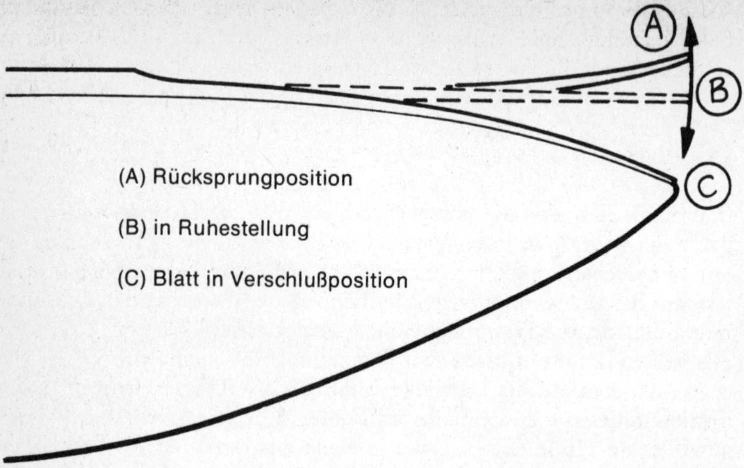

Das schwingende Blatt

beschränkter. In der Praxis, wenn die Klarinette unter normalen Bedingungen gespielt wird, öffnet und schließt sich das Blatt im Rahmen seines Zyklus mehr oder weniger rasch, wie es der Bläser will, der den Dämpfungseffekt seiner weichen Unterlippe sowie die dadurch kontrollierte größere oder geringere Spannung des Blattes als Feder ausnutzt, um den gewünschten Klang hervorzubringen. Allgemein gesagt entstehen helle Töne durch stärkere Spannung und schnelleren Wechsel des Zyklus, weichere, vollere durch Verlangsamen des Öffnungs- und Schließvorgangs. Das ist der wichtigste Aspekt für das Spielen eines Rohrblattinstruments, weil dieses Phänomen bewirkt, daß das Spiel eines Bläsers völlig anders »klingt« als das eines anderen – und es ist einfach eine Frage der Kontrolle, die man über die Schwingungen des Blattes ausübt, sowie der unbegrenzten Variationsmöglichkeiten innerhalb des Spannungs- und Geschwindigkeitsbereichs der Blatt-Bewegung von seiner offenen bis zu seiner geschlossenen Position. Man muß diese Tatsache nicht unbedingt wissen, da sie schon seit den Tagen der ersten Klarinettisten stets mehr eine Angelegenheit des »Fühlens« als des Nachdenkens ist, aber sie stellt doch einen faszinierenden Aspekt in unserer Untersuchung über die Tonbildung auf Holzblasinstrumenten dar und kann dazu viele neue Gesichtspunkte aufzeigen.

Natürlich besteht ein wesentlicher Unterschied zwischen einem Oboenrohr und einem Klarinettenblatt. Das Oboenrohr ist ein selbstän-

diger Klangerzeuger, während das Klarinettenblatt an sich stumm ist und lediglich das Potential zur Erzeugung der entscheidenden Schwingungen besitzt. Jeder Musiker wird das charakteristische »Krähen« eines Oboenrohres kennen – einer der aufreizendsten Klänge im Präludieren des Orchesters vor dem Beginn einer Probe. Will der Klarinettist einen ähnlichen (sogar größeren) Klang erzielen, so muß er das komplette Mundstück samt Blatt abnehmen. Dann hält er das exakte Gegenstück eines Oboenrohres in Händen, nämlich den Schwingungserreger seines Instruments. Den nun setzt er mit seinem Atem in Bewegung. So banal diese Bemerkung klingt, sie bezieht sich auf ein recht bemerkenswertes Phänomen. Um das ventilartige Blatt zu seinen raschen zyklischen Öffnungs- und Schließbewegungen zu bringen, muß die »Feder« (das Blatt) gespannt werden. Dies erfolgt durch Ansatzdruck, das heißt dadurch, daß der Bläser die Unterlippe um das Mundstück an einem Punkt anspannt, der der Spitze näher liegt als dem Ende der Mundstücksbahn.
Betrachten wir das Mundstück in den untenstehenden Zeichnungen.

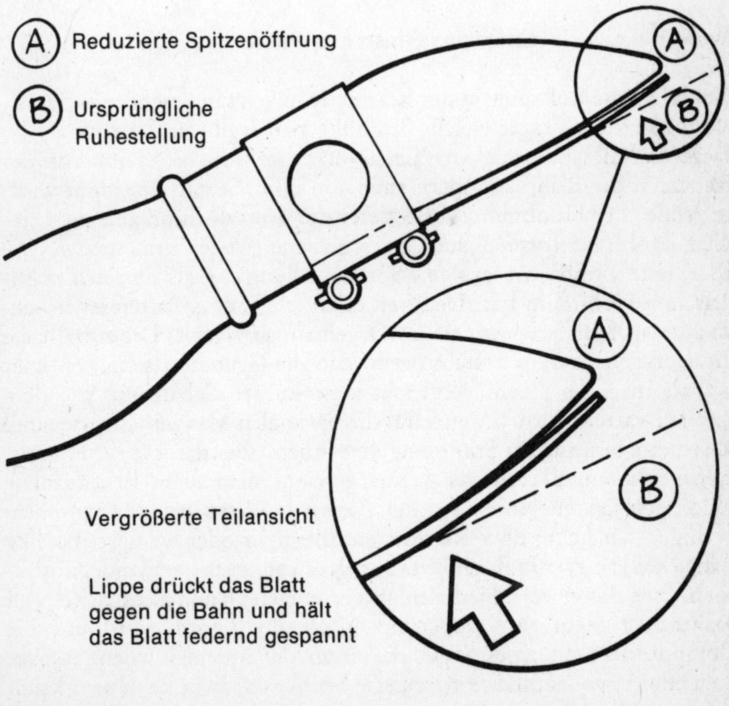

Wenn sich das Blatt in Ruhestellung befindet, kann es das Mundstück nicht verschließen. Folglich wird der Luftstrom diese Öffnung mit einem pfeifenden Geräusch passieren, bis das Blatt durch Druck »gespannt« oder in Spielposition gebracht wird. Der Punkt, wo die Lippen das Blatt fest auf das Mundstück drücken, ist durch die Krümmung der Bahn bestimmt und von ausschlaggebender Bedeutung nicht nur für ein bequemes Blasen, sondern auch für die Klangpalette, die dem Bläser zur Verfügung steht. Aber damit beschäftigen wir uns besser später, wenn wir künstlerische Fragen des Klarinettenspiels erörtern. Wir erwähnen es hier nur, weil es möglicherweise die Vielfalt der Klarinettentonerzeugung am stärksten mitbestimmt. Gespannt wie eine Feder, ist der Schwingungserreger bereit, die Luftsäule der Klarinette in Vibration zu versetzen. Dazu muß nun lediglich Luft zwischen Blatt und Mundstück hindurchströmen, wenn die beschriebene Ventilbewegung beginnt. Wie auf S. 75 veranschaulicht, wird das Blatt dabei an jedem Punkt wesentlich über die Ruhestellung hinaus gebogen.

Wellenformen in einer verschlossenen Pfeife

Nachdem die Luftsäule in der Klarinette in Schwingungen versetzt ist, erhebt sich die Frage, welche Tonhöhe sich ergibt und warum.
Dazu ist zu sagen, daß der tiefste erzeugte Ton nicht nur von der Kapazität der Röhre, sondern auch von ihrer Gestalt bestimmt wird. Je größer der Hohlraum, desto tiefer der Ton; doch prägen verschiedene Hohlraumformen auch verschiedene Wellenformen aus. Die Klarinette nimmt insofern eine Sonderstellung ein, als sie einen zylindrischen Hohlraum hat. Dadurch erhält sie Eigenschaften einer »gedackten« Pfeife, wie man sie im Orgelbau verwendet. Die auffälligste dieser Eigenschaften besteht darin, daß ihr Grundton sehr viel tiefer ist, als man bei einem vergleichsweise kurzen Schallrohr wie dem ihren erwarten würde. Man kann die optimalen Maßverhältnisse einer Klarinette bestimmter Stimmung berechnen, aber das ist sehr komplizierte Mathematik. In der Praxis gewinnt man diese Erkenntnisse schon seit langen Jahren auf der Basis von Versuch und Irrtum. So verfügen wir heute über Klarinetten, die mehr oder weniger dieselbe Länge haben, aber in ihren Bohrungen um einiges voneinander abweichen. Jede dieser verschiedenen »Stimmungen« hat in akustischer und praktischer Sicht ihre Vor- und Nachteile. Gewiß wird uns die Computertechnik eines Tages die unter diesem oder jenem Aspekt vollendet proportionierte Klarinette bescheren. Man kann sich kaum

recht vorstellen, daß sie allgemeine Zustimmung finden wird, denn die Menschen verlangen von ihren Instrumenten offenbar stark divergierende Merkmale – ein keineswegs beklagenswerter Umstand, solange wir Aufführungen von individuellem, deutlich erkennbarem Charakter hören wollen. Auf jeden Fall wird sich die Klarinette auch weiterhin ungefähr wie eine »gedackte« Pfeife verhalten und die entsprechenden akustischen Eigenarten bewahren.
Die Impulse, die die Basis der Schwingungen in einer Röhre abgeben, werden durch Verdichtung der Luftmoleküle mit unmittelbar anschließender, rascher Verdünnung infolge der Verschlußwirkung des zurückschnellenden Blattes gebildet. Diese Impulse durchlaufen die Röhre, bis sie auf die offene Luft am Ende treffen und dort einer nach dem anderen das Rohr verlassen. An diesem Punkt prallen sie an der Außenluft ab, die ihrerseits auf sie reagiert und eine Gegenwelle in das Rohr hineinschickt. Interessant ist an dieser Widerstandswelle, daß sie eine direkte Umkehrung der äußeren Welle ist: Die Verdichtungen sind zu Verdünnungen geworden, und umgekehrt. Man kann das so darstellen:

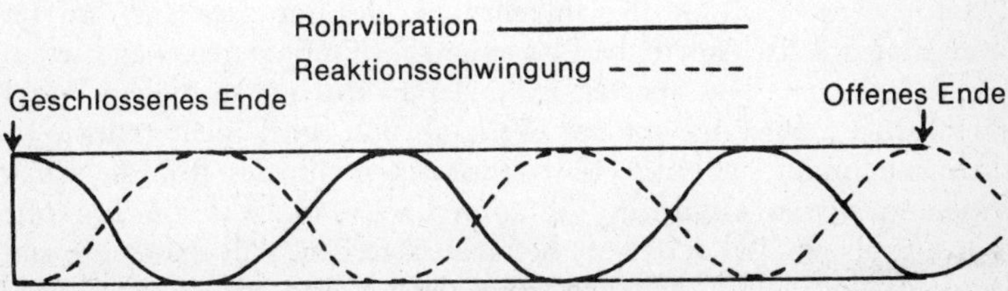

Das ist die Wellenform in einer offenen Pfeife, doch sieht man deutlich, daß die Gegenwirkung das ganze Rohr bis zum *geschlossenen* Ende durchläuft, welches sowohl bei der Oboe als auch bei der Klarinette die Rohr- und Blatt-Spalte ist. Aber die Komplexität der Vibration endet hier nicht, weil nämlich die Schwingung vom geschlossenen Ende als eine Gegenwelle zurückgeworfen wird, wobei sich abermals Verdichtung und Verdünnung vertauschen (Phasenwechsel), bevor sie zum offenen Ende zurückläuft und von dort erneut zum Blatt zurückkehrt. Diese äußerst komplexe Wellenform können wir hier nur annähernd und sehr schematisch skizzieren:

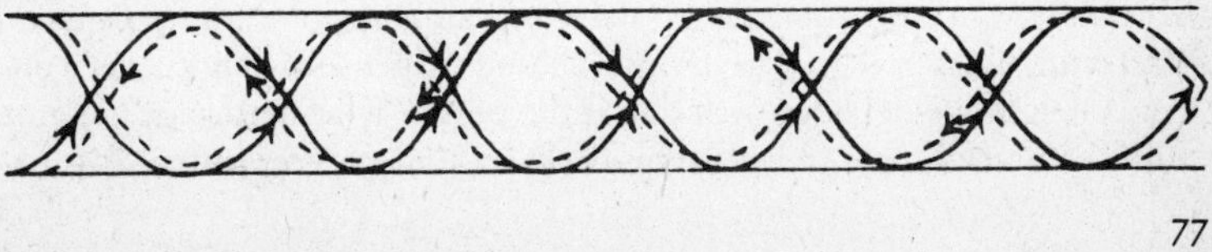

Somit hat eine einfache offene Röhre zu jeder Zeit zwei Reihen von gegenphasigen Wellen, eine gehende und eine kommende, während eine verschlossene Pfeife vier Gruppen hat, zwei von hinauslaufender Phase und zwei von einlaufender Phase. Wie gesagt, die Klarinette ist eine an dem einen Ende durch das Blatt »verschlossene« Pfeife und liefert daher frequenzmäßig gesehen die gleiche Klangart wie eine »gedackte« Orgelpfeife. Die Oboe andererseits ist zwar ebenfalls eine verschlossene Pfeife, reagiert jedoch in der Praxis wie eine offene, als sei das Rohr(blatt) nicht vorhanden. Warum das so ist, wäre nur mit viel wissenschaftlichem Untersuchungs- und Denkaufwand zu erklären; aber da diese Details für den Laien unverständlich und vor allem für den Klarinettisten völlig entbehrlich sind, lassen wir sie hier beiseite. Jedenfalls scheint gesichert, daß die Oboe in der Praxis deshalb als offene Pfeife reagiert, weil sie eine konische Bohrung besitzt, während sich die Klarinette mit ihrer zylindrischen Bohrung wie eine verschlossene Pfeife verhält.

Die besagte Vier-Wellen-Form kennt nur eine wichtige Veränderung, die wir hier nicht übergehen dürfen. Theoretisch sollte das Pfeifenende in der freien Luft der Umkehrpunkt des Impulses sein, und der Richtungswechsel sowie die Phasenumkehr müßten genau an diesem Punkt erfolgen. Das aber ist nicht der Fall; denn an diesem Punkt fließt einige Energie von der Welle ab und wird nicht reflektiert. Daher befindet sich auch Luft etwas außerhalb des Rohres bis zu einem gewissen Grade in Vibration und muß, was die Tonhöhe betrifft, als ein Teil der Pfeife betrachtet werden. Aus diesem Grund erzeugt eine Pfeife stets einen etwas tieferen Ton, als sie theoretisch sollte. Dieser Faktor ist ein wichtiger Aspekt im Klarinettenbau. Übrigens besitzen diese Endwellen meist eine sphärische (gekrümmte) Form und sind der Grund für die Gestalt des Schallbechers der Klarinette, der dazu beiträgt, daß sie weich und ohne unnötigen Gegendruck ausgestrahlt werden. Es sei betont, daß die »Mündungskorrektur« als Phänomen nicht nur das Rohrende betrifft, sondern auch die Luft über jedem Tonloch des Instruments, und daß sie in Erscheinung tritt, wenn dieses Tonloch das tiefste der benutzten Tonlöcher ist. Unter diesen Umständen ist die Luft über den Tonlöchern in Wirklichkeit ein Teil des Rohres selbst, so daß lochnahe Polster oder Finger einen Dämpfungseffekt haben können. Deshalb suchen die besten Instrumentenbauer mit viel Sorgfalt den richtigen Abstand zwischen Loch und Polsterung zu erreichen und möglichst Polsterungsmaterial mit »reflektierenden« Eigenschaften zu verwenden. Gleichfalls befassen sich damit die besten Klarinettisten, die eine Fülle von tonlichen Abstufungseffekten und interessanten Intonationskorrekturen erzielen, indem sie die Finger in unterschiedlichen Abständen über den Löchern einsetzen.

Die Obertöne

Wenn man die äußerst komplexe Wellenform der Klarinette untersucht, erkennt man, warum das Instrument ein so wundervoll reiches Klangspektrum, neben vielen charakteristischen akustischen Vorteilen aber auch Nachteile hat.
Der erste Vorzug besteht in der Tiefe der Töne, die man auf der Klarinette mit relativ kurzer Schallröhre zustande bringt. Für das eingestrichene C

auf der B-Klarinette)

braucht die Klarinette rund 30 cm Schallröhre, die Oboe etwas über 60 cm Schallröhre. Demzufolge reicht die Klarinette – die nur wenig länger ist als die Oboe – sechs Ganztöne tiefer hinab und ist in diesem unteren Tonraum ein Gegenstück zur Viola, während die Oboe nicht einmal die Tiefe der Violine erzielt, da sie deren g nur bis zu ihrem eigenen tiefen b nahekommt. Auch in der Höhe kann sich die Klarinette behaupten. Zwar vermögen außergewöhnlich gute Oboisten heute in der höchsten Lage ein Spitzen-c herauszubringen, doch schaffen das gute Klarinettisten ebenfalls (mit dem notierten Spitzen-d), und in den fünf darunterliegenden Tönen akzeptieren viele moderne Komponisten die Klarinette zweifellos bereitwilliger als die Oboe. Darin also liegt der große Vorteil der Klarinette – dank ihrer »Gedackt«-Akustik hat sie einen sehr großen Tonumfang.
Nun zu der auffälligsten ungünstigen Eigenschaft der Klarinette. Da sie einen so tiefen Ton mit Hilfe eines verhältnismäßig kurzen Rohres erzeugt, muß die aufsteigende Skala darüber aus Unterteilungen bestehen, die selbst klein sind und daher Berechnung und Konstruktion der sie erzeugenden Löcher zu heiklen Problemen machen. Anders ausgedrückt, für die Klarinette ist ein Irrtum von plus/minus 0,001 cm naturgemäß gefährlicher als für die Oboe und unvergleichlich störender als für ein Fagott. Es geht aber noch weiter. Wenn nämlich das tiefe Register verlassen wird und das Überblasen der oberen Partialtöne beginnt, muß der Klarinettist Obertöne hervorbringen, die viel weiter entfernt sind als bei den anderen Instrumenten und sich daher schlechter kontrollieren lassen. Doch diese Erörterung

hat noch etwas Zeit. Befassen wir uns zunächst kurz mit den Obertonverhältnissen der Klarinette.
Kein Klang, jedenfalls kein anständiger instrumentaler, besteht nur aus einem Ton. Technisch-wissenschaftlich kann man einen einzelnen, von anderen Tönen freien Ton erzeugen, und das mag sogar von Nutzen sein. Aber musikalisch ist dies unsinnig und unergiebig. Die gewöhnliche Stimmgabel klingt ungefähr so, und doch ist auch ihr Klang nicht frei von Beimischungen, die sie dem musikalischen Ohr zumindest erträglich machen. Wenn man auf einem Musikinstrument einen tiefen, vollen Ton erzeugt und ihm lange genug lauscht, werden uns in diesem Klang bald andere, höhere Töne hörbar und bewußt. Die meisten davon wirken harmonisch befriedigend, nur ein paar sind ein wenig dissonant.
Nehmen wir als Anschauungsbeispiel den Klang einer tiefen Glocke. So eindrucksvoll sie zu hören sein mag, oben in ihrem Klangspektrum schrillen oft ohrenzerreißende Partialtöne mit, die die Verwendung der Glocke als Orchesterinstrument unter Intonationsgesichtspunkten ziemlich unmöglich machen. Der Hauptton mag völlig einwandfrei in der Stimmung sein – die Obertöne sind es nicht. Dies aber gilt nun keineswegs für die akustische Wirkung eines tiefen Klarinettentons. Hier klingt über dem Grundton eine ganze Obertonreihe mit, und zwar eine andere als bei einem tiefen Flöten- oder Oboenton. Unangenehm für das Ohr ist diese Reihe nicht. Sie verleiht dem Klarinettenton seinen typischen Klangcharakter, der sich von dem einer Flöte oder einer Oboe unterscheidet. Das vollständige Spektrum der möglichen Obertöne baut sich bei jedem Ton aus derselben Intervallreihe auf, wie wir sie hier am Hauptton C zeigen:

Wenn der Hauptton gespielt wird, sind alle diese Töne präsent, aber in verschiedenen Tönen klingen sie unterschiedlich (das heißt mehr oder weniger) stark mit. Bei manchen Instrumenten fehlen viele praktisch ganz.
Im Falle der Klarinette kann man die Partialtöne 10 bis 13 außer acht lassen, soweit man sie nicht für bizarre Wirkungen braucht, wie sie heute (leider) oft verlangt werden.

Die Obertöne der Klarinette

Das Obertonspektrum einer Klarinette, die c′ (in diesem Fall den notierten Ton, nicht klingend c′) spielt, läßt sich ohne Schwierigkeiten untersuchen und bestätigt unsere frühere Bemerkung über die nicht erkennbaren oberen Partialtöne. Wenn man einfach den Hauptton greift, ohne die Duodezim-Klappe zu öffnen sowie ohne Mithilfe eines offenen Tonlochs unter dem Zeigefinger, kann man 1, 3, 5 und 7 durch Lippendruck erzeugen. Unmöglich zu bilden sind 2, 4 oder 6. Auch das entspricht weitgehend der Theorie, denn es ist das Verhalten einer »gedackten« Pfeife.

Aus diesem einfachen Experiment ergeben sich zwei Dinge. Erstens: Teilton 7 erweist sich nicht als ein hohes b, wie es die Theorie verlangt, sondern ist ein gewöhnlich gut stimmendes a. Das klingt zunächst verwirrend, wird aber klar, wenn man erkennt, daß es sich de facto um ein wirklich stark erniedrigtes b handelt. Vielleicht kann man es als einen Glücksumstand betrachten, daß durch dieses zu tiefe b ein so akkurates a entsteht, denn es ist auf den meisten Klarinetten das einzige, das sich erzielen läßt.

Zweitens ist an dieser Reihe zu beobachten, daß 1, 3 und 5 zusammen einen sehr klaren Dreiklang ergeben. Das erklärt, warum Komponisten zur Barockzeit und später die pikardische Terz (den Dur-Schluß bei Stücken in Moll) häufig verwendeten. Denn wenn beispielsweise eine Reihe gedackter Orgelpfeifen ihren Grundton mitsamt der in ihm enthaltenen Dur-Terz erklingen lassen, ist der Durakkord bereits vorhanden und die Moll-Terz eine stark kontrastierende Dissonanz. Dieser Effekt kommt bei massiert spielenden Klarinetten, ihres Spektrums wegen, besonders kräftig zur Geltung.

Die hier angegebenen Obertöne werden natürlich alle durch Verwendung der Duodezim-Klappe unterstützt, und bei vielen hilft auch das Heben des ersten linken Fingers mit. Ferner sei betont, daß dies bloß ein Oberton-*Schema* ist und daß theoretisch dieselbe Intervallreihe über jedem einzelnen Halbton der Grund- oder Chalumeau-Skala gebildet werden kann. Der erste Sprung ist eine Duodezime, der zweite um eine Sext höher, da die Klarinette nur die ungeradzahligen Obertöne (1 bis 7 oder 9) wirklich zum Klingen zu bringen vermag. An diesem Punkt gehen Theorie und Praxis auseinander. Die Duodezimen sind meist recht annehmbar, viele Sexten dagegen sind es nicht, und was noch schlimmer ist: sie schwanken nicht nur gemäß der benutzten Schallrohrlänge, sondern von Klarinette zu Klarinette. In dieser Beziehung können selbst zwischen hervorragenden Klarinettisten große Unterschiede auftreten. Das zeigt sich besonders an Klarinetten mit verschiedener Bohrung, deren Weiteskala sich bei heutigen Instrumenten von 1,46 cm bis 1,52 cm und darüber hinaus erstreckt. Diese zweite überblasene Reihe variiert auch entsprechend der unterschiedlich konischen Gestalt, die viele Instrumentenbauer heute der Bohrung ihrer Klarinette verleihen, um das überaus wichtige Verhältnis zwischen dem Chalumeau und der darüberliegenden Duodezime zu korrigieren. Die Folge: Während die meisten dieser Duodezimen ohne Griffänderung (abgesehen von der Hinzunahme der Duodezim-Klappe) ziemlich sauber und akzeptabel gelingen, läßt die dritte Reihe – eine Sext darüber – vieles zu wünschen übrig. Zum Glück werden viele dieser Töne nicht verwendet oder benötigt. Das lange h ergibt, wenn überblasen, ein sehr böiges g, das ein gis sein sollte – ein typischer Hornklang. Das Oberton-a des darüberliegenden c ist auch meist schlecht und etwas sehr direkt. Dasselbe gilt für das Oberton-h über dem d, das de facto recht gut als der Oberton über cis realisierbar ist und als Verzierung mit großem Gewinn in Passagen wie

angewendet werden kann. Erst mit dem Oberton auf e, dem heute üblichen hohen cis, kommen wir zu den richtig beherrschten Obertönen. Dieser Ton ist auf manchen Klarinetten sehr tief und muß durch Hinzufügung der Es-Klappe (vierter Finger der rechten Hand) angehoben werden, ebenso das hohe d, Oberton des darunterliegenden f, und das e über dem g. Dieser Tatbestand scheint Instrumentenhersteller ganz unnötigerweise mit Befriedigung, ja mit Stolz zu erfüllen. Zweifellos ist es besser, wenn dieser zusätzliche Finger nicht gebraucht wird, denn bei schnellen Passagen kann das den Unterschied zwischen Gelingen und Mißlingen bedeuten.
Das hohe f über as hat gewöhnlich mehr Stabilität, nur führen hier die Bohrungen verschiedener Größen zu weit auseinanderklaffenden Ergebnissen. Bei Klarinetten mit kleiner Bohrung tendiert der Teilton nach unten, bei Instrumenten mit größerer Bohrung nach oben. Letzteres ist wahrscheinlich das geringere Übel, weil eine abwärtsgerichtete Ansatzkontrolle keine Schwierigkeiten bereitet und der Ton durch Lippendruck allein nicht hochgetrieben werden kann. Beiläufig sei erwähnt, daß auf den meisten Klarinetten mit einfachem System ein sehr gutes hohes f als Partialton des darunterliegenden a zu

erzielen ist – es sollte ein f sein, aber das geht wiederum an der Sache vorbei. Diesen besonderen Abschnitt des Oberton-Spektrums der Klarinette nutzt man eben aus, so gut es sich machen läßt.
Wir kommen nun zum Oberton auf b (4. Partialton)

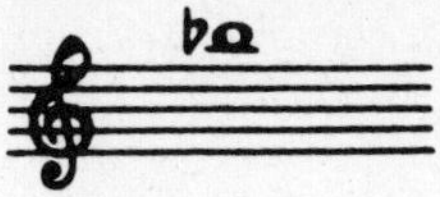

Theoretisch hätte das ein hohes g zu sein, doch ist es auf den meisten Instrumenten mit großer Bohrung ein ausgezeichnetes fis und sollte viel öfter verwendet werden. Besonders nützlich ist es in Messiaens »Quatuor pour la fin du temps«, wenn es einem ermöglicht, die beiden völlig unzusammenhängenden Töne (siehe Markierung)

mit demselben Griff zu spielen. Der Partialton über h im Klarinetten-Register ist wieder ein sehr erniedrigter 5. Oberton. Theoretisch sollte er ein gis sein, aber auf vielen Instrumenten kommt er als ein schönes, helltoniges und leicht ansprechendes g heraus. Auf Instrumenten kleiner Bohrung ist er enttäuschend tief und nicht zu hören.
Nun gilt es, mehrere wichtige Lehren zu ziehen. Erstens: Selbst das erste Überblas-Register kann viel Anpassung und Nachgiebigkeit erfordern, um es als musikalischen Tonraum zu beleben. Darüber hinaus gibt es kein festes Schema, an das sich zu halten man versuchen sollte. In diesem dritten Register beansprucht die Klarinette Nachsicht für »Charakterschwächen« und Unberechenbarkeiten sowie beträchtliche Findigkeit, um diese Mängel phantasievoll und einfallsreich wettzumachen. Hier verläuft eine Grenze, die der Instrumentenbauer nicht überschreiten sollte. Obgleich die Schwächen der Klarinette in ihrer Obertonstruktur ohne weiteres zu verstehen und zu verzeihen sind, muß man sie doch soweit wie möglich beherrschen lernen. In ihrer vollendetsten Form ist die Klarinette wie ein fremdes wildes Tier – wenn unvollkommen, so auch völlig unzähmbar.
Die meisten Klarinettisten scheinen heute das allerwichtigste Charakteristikum der Klarinette in ihrer Flexibilität zu erblicken. »Wider-

spricht« die Klarinette, wenn man sie entschlossen zu korrigieren sucht, handelt es sich um ein sehr schlechtes Instrument. Eine gute Klarinette hat ein kompliziertes akustisches Repertoire, ist aber berechenbar.

Die kurzen Töne

In unserer Erörterung haben wir bislang das eine Register vernachlässigt, in dem die meisten Klarinettisten denjenigen Teil ihres Instruments sehen, der die größte Aufmerksamkeit erheischt. Es besteht aus den Tönen:

Von diesem speziellen Bereich des Instruments nimmt mancher nicht an, daß er am normalen akustischen Schema der Klarinette beteiligt ist. Er wird nicht wie gewohnt überblasen, wiewohl jeder fortgeschrittene Klarinettist seine Partialtöne mit Vergnügen benutzt. Das Grundregister dieses Abschnitts des Instruments ist so wichtig, daß wir es gesondert behandeln müssen.

An dieser Stelle wollen wir einmal innehalten und uns überlegen, warum die Klarinette bislang hinter ihren wissenschaftlichen Entwicklungsmöglichkeiten zurückgeblieben ist.

Ohne Zweifel krankt die Klarinette in mancher Hinsicht – ich nenne Größe und Position der Tonlöcher, Klappenkorrektur und Resonanzausgleich – noch immer an den Ergebnissen unausgegorener Experimente der Frühzeit. Von Generation zu Generation wurde eine durch Erfahrung gewonnene Kunstfertigkeit weitergereicht, die kluge Einsicht längst hätte ausmerzen sollen. Hier nur ein kleines Beispiel (auch wenn es nicht in eine akustische Erörterung hineinpaßt) – der typische Anblick, wie der Klarinettist aus seiner Cis-Gis-Klappe das Wasser herauspustet, kurz bevor er zu einem Solo ansetzt oder nachdem es ihm das Solo verpatzt hat. Auf den allermeisten Klarinetten saß diese Klappe schon immer an der falschen Stelle, nämlich an der Unterseite, unten, wo ohne weiteres Wasser hineinlaufen kann. Dies ist ein heute noch verbreiteter Übelstand – aber beileibe nicht der einzige. Die Klarinette hat noch eine Menge anderer Schwächen, darunter einige akustische, die seit Jahrzehnten behoben werden sollten. Künftige Entwicklungen werden hier durch Beseitigen vieler gegenwärtiger

Mängel Abhilfe schaffen, doch wollen wir hoffen, daß es geschieht, ohne den Charakter des Instruments tiefgreifend zu verändern.
Das erste dieser Probleme hängt damit zusammen, daß das Duodezim-Klappenloch bis auf den heutigen Tag fast durchweg als Tonloch für das b′ benutzt wird. Das begann bereits sehr früh und endete keineswegs, als die Klarinette ihr langes h bekam. Damals etablierten sich die beiden Klappen oben am Instrument als die A- und B-Klappen, die sie bis heute geblieben sind. In jener Zeit konnte man sich nichts Besseres erhoffen. Aber heute stellt es einfach einen Widersinn dar, mit dem die moderne Technologie schon lange Schluß gemacht haben sollte. Jeder Klarinettist kennt die augenfälligen Ergebnisse dieser betagten Praxis. Dieses b ist bei weitem der schlechteste Ton auf der Klarinette, und zwar hauptsächlich wegen der extrem kleinen Größe des vermeintlichen »Tonlochs«, das in Wirklichkeit aber noch als Duodezim-Loch zu dienen hat. Für ein gutes Duodezim-Loch ist es viel zu groß; es müßte wesentlich kleiner sein und näher beim Mundstück liegen. Als Tonloch für den Ton b hingegen sollte es nicht nur größer sein, sondern auch ein gutes Stück vom Mundstück wegrücken. Hier müssen also zwei Funktionen getrennt werden. Gebraucht wird ein besonderes Tonloch für b sowie ein richtiges Duodezim-Loch, beide wie bisher vom linken Daumen bedient. Das haben verschiedene Klarinettenbauer mit viel Phantasie und zum Teil bestem Erfolg verwirklicht, wie wir im zweiten Kapitel erwähnten. Nur kann man nicht behaupten, daß sich ihre gelungenen Lösungen durchgesetzt haben. Möglicherweise entbehren bis zu 98 Prozent aller Klarinetten solcher akustischer Hilfen – wir müssen die Dinge schon sehen, wie sie sind. Damit will ich in keiner Weise das Werk eines so einfallsreichen Erfinders wie William Stubbins schmälern, der unter anderem das Problem nicht nur des richtig plazierten b, sondern auch das des richtig dimensionierten und angebrachten Duodezim-Lochs gelöst hat. Diese Faktoren, das darf man sagen, haben den Weg zur Beseitigung der Fehler gewiesen, die wir in diesem Kapitel detailliert behandeln. Den gleichen Anspruch kann Rosario Mazzeo erheben, der mit einer etwas anderen Methode dasselbe anstrebte (siehe zweites Kapitel). Leider sind solche Neuerungen für die breite Praxis noch weitgehend »Zukunftsmusik«.
Es gibt heute mehrere Möglichkeiten zur Überwindung der Unzulänglichkeiten, die die Klarinetten der meisten Spieler unserer Zeit aufweisen, seien es nun Instrumente des sogenannten Boehm-Systems oder eines deutschen Typs. Das Problem des schwächlichen b fällt nicht so arg ins Gewicht. Viel gravierender ist das des Duodezim-Lochs, das diesen Ton erzeugt und das für seine anderen Aufgaben an

der akustisch falschen Stelle sitzt. In ihm haben wir den Hauptschuldigen an der Verschiebung der oberen Partialtöne des Instruments vor uns, der auch die meisten jener Griffprobleme heraufbeschwört, auf die wir später eingehen werden.
Hinsichtlich des b ergibt sich die Lösung von selbst, wenn man seine Schwäche erkennt. Es müßte größer und weiter vom Mundstück entfernt sein, das heißt, es sollte sich dort befinden, wo gegenwärtig die sogenannte B-Triller-Klappe liegt, und deren Größe haben. Also ist die Lösung ganz einfach: Man lerne, diese Triller-Klappe als Melodieton einzusetzen statt als Beiwerk. Erfreulicherweise haben die meisten jungen Klarinettisten diesen Griff in den letzten Jahren übernommen und bedienen sich seiner mit großer Fertigkeit und Sicherheit. Noch vor dreißig Jahren benutzte man sie fast ausschließlich als Triller-Klappe und mißtraute gewöhnlich jeder anderen Verwendung. Dann begannen ein paar wagemutige Klarinettisten, sie als Melodieton einzubeziehen, und entwickelten die Methode, die von Anfang an nahegelegen hätte: Man berührt die Fingerauflage der Klappe mit dem zweiten Knöchelgelenk des ersten rechten Fingers in einer Art Rollbewegung. So läßt sie sich mit entsprechender Behutsamkeit und Vorsicht für die meisten Legato-Phrasen nutzen, da die Finger der rechten Hand nicht von den Löchern und Klappen des Unterstücks fortgenommen zu werden brauchen und selbst für Passagen wie

× Bs, an der Seite gegriffen

sofort einsatzbereit sind, von viel offensichtlicheren Verwendungsmöglichkeiten in Passagen, die ein länger ausgehaltenes b verlangen, gar nicht zu reden. Diese Praxis verdient Ermunterung; jeder fortgeschrittene Bläser sollte sie in seine Technik einbeziehen. Wenn man sie beherrscht, ist sie gegebenenfalls die perfekte Lösung.
Allerdings entstehen immer wieder jene unangenehmen Situationen, in denen man an die »Triller«-Klappe einfach nicht herankommt und die alte, traditionelle Griffweise anwenden muß. Doch selbst dann ist noch nichts verloren; denn man kann sich mit Resonanzkorrekturen mit Hilfe besonderer Griffe behelfen, die den Charakter des Tones so verbessern, daß man ihn nicht mehr wiedererkennt. Stellen wir uns für einen Moment vor, was geschieht, wenn wir einen Ton auf dem

Xylophon anschlagen. Fehlt eine Resonanzröhre, so ist der Klang stumpf und ohne Leben. Doch wenn man das Instrument mit einem zusätzlichen Resonanzkörper der richtigen Länge versieht (eine Metallröhre, deren Querschnitt sich genau mit der Breite des Stabes deckt, unter dem sie hängt, ohne mit ihm in Kontakt zu sein), ist die Wirkung unmittelbar, befriedigend und beeindruckend. Es entsteht ein runder musikalischer Klang von bestimmter Tonhöhe und sogar meßbarer Dauer. Diese Sorte Resonanzelement brauchen wir, um aus unserem b′ einen anständig klingenden Ton zu machen. Und wie geht das vor sich? Die Resonatorröhre haben wir – die Klarinettenröhre nämlich. Aber infolge ihrer vielen Löcher wirkt sie nicht als Resonator. Dazu müssen wir erst die Löcher mit zusätzlichen Fingern abdecken. Doch wenn sie komplett verschlossen ist, wird es wiederum nichts, und zwar wegen des »Mündungskorrektur«-Effekts. Das b klingt hoffnungslos abgewürgt, wenn das F- oder Fis-Loch bedeckt ist, aber von da ab bis zur Stürze hat der Bläser Finger zur Verfügung, die er auflegen oder nicht auflegen kann – er muß nur herausfinden, wie er unter den gegebenen Umständen am besten zu Rande kommt. Das hängt nicht zuletzt von seinem Instrument, der Temperatur, dem Typ des Blattes, dem Mundstücktyp sowie eventuell von noch einflußreicheren Faktoren ab und kann sich von Mal zu Mal ändern. Ein solcher empfehlenswerter Griff ist folgender:

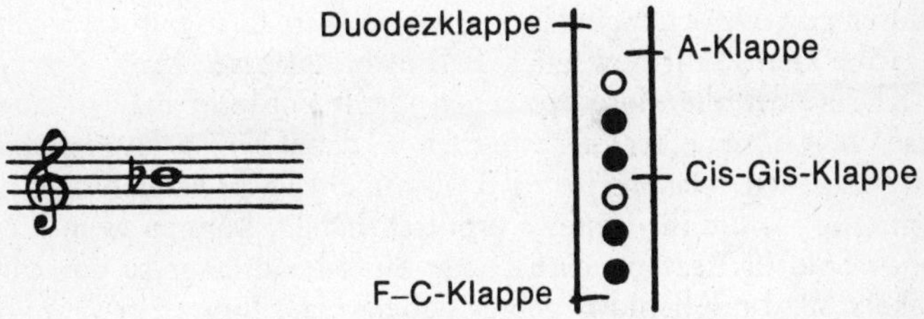

Dies kann aber nur eine Richtschnur sein; denn jeder Klarinettist muß sich mit den Resonanzverhältnissen seines wichtigsten Tons selbst auseinandersetzen und seine eigenen Entdeckungen machen. Was ein anderer Bläser herausgefunden hat, braucht für ihn ganz und gar nicht bindend zu sein. Wenn er nun sein kostbares korrigiertes b hat, wird ihm zweifellos sein a und sein as nicht mehr gefallen. Auch da muß er grifftechnisch experimentieren, bis ihn das Klangresultat zufriedenstellt. Hier zwei Griffe, die sich in der Praxis bewährt haben, aber sicherlich nicht jedermanns Zustimmung finden werden:

Dann wird der Bläser vermutlich bemerken, daß ein bestimmter Ton glanzlos klingt, von dem er entschieden mehr Helligkeit erwartete – das sogenannte leere g. Zwei brauchbare Griffe sind:

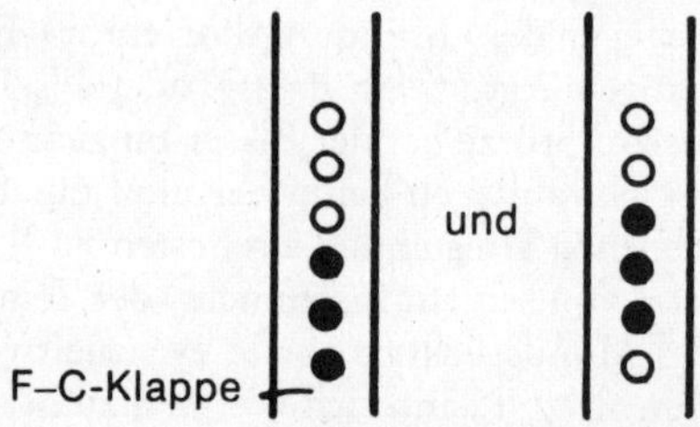

Indessen gibt es noch mehrere, viel komplexere Griffe, mit denen man die Höhe dieses sehr beweglichen Tons beeinflussen kann. Nachdem der Klarinettist alle diese optimalen Griffe entdeckt hat, muß er sie konsequent in seine Technik einarbeiten, damit sie ihm in Fleisch und Blut übergehen. Das dürfte zu Beginn nicht leicht sein. Nur wenige Klarinettisten, die ihr bestes a ermittelt haben, können es in diesem kleinen Solo in Beethovens Sechster Sinfonie anfangs so anwenden, daß kein allzu mißliches Ergebnis dabei herauskommt:

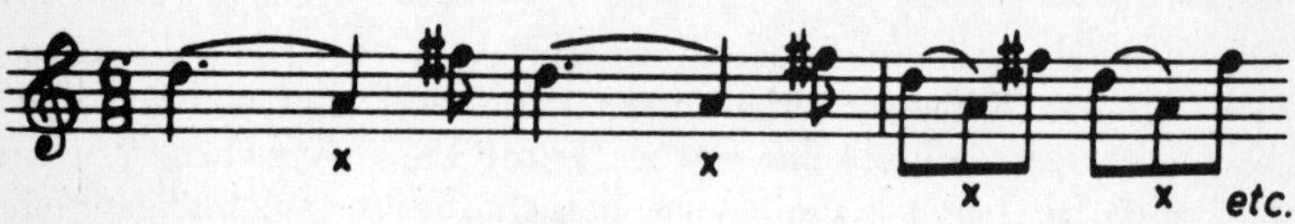

»Wenden wir uns nunmehr der Frage zu, wie sich die ungünstige Position des Duodezim-Lochs auf die Duodezimen des Instruments auswirken. Seit Jahren bemühen sich die Klarinettenbauer um eine Vervollkommnung dieser Duodezimen. Daß sie notwendig ist, wissen sie schon lange, und sie haben bereits viele der Mängel mildern können, indem sie den Bohrungsverlauf an verschiedenen Stellen in unterschiedlichen Längen und Stärken konisch gestalteten und die trichterförmige Erweiterung der Stürze, das Gewicht von Birne und Schallbecher sowie die sanfte Rundung änderten, die gewöhnlich gleich unter dem Loch für den dritten Finger am Unterstück beginnt und im Becher in genau abgestimmter Weise endet. Unermüdlich haben sie das Innere des Mundstücks umkonstruiert und sogar mit der Wirkung verschiedener Blattbreiten experimentiert. Eine weitere Verbesserung, das Unterschneiden der Tonlöcher, entdeckt man am Instrument höchstens, wenn man es genau untersucht, weil dieses Charakteristikum nur von innen zu sehen ist, und selbst dazu bedarf es eines an die Größe der ursprünglichen zylindrischen Löcher gewöhnten Auges. Ein Tonloch kann alle möglichen Formen haben, von zylindrisch

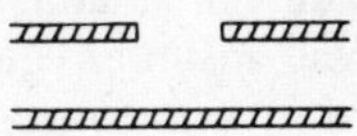

bis extrem unterschnitten

Infolge des Unterschneidens wird der von dem Loch erzeugte Ton wesentlich flexibler und beweglicher in seiner Höhe, bisweilen aber auch diffuser und resonanzschwächer. Jedenfalls sind hier große Sorgfalt und viel Feingefühl geboten.

Ungeachtet aller Bemühungen ist es keinem Instrumentenbauer wirklich gelungen, sämtliche »Erbsünden« der Klarinette zu tilgen. Noch immer hat sie viele Intonationsschwächen. Den besten Ansatzpunkt für die Erörterung dieser Mängel bietet die Mittellage der Klarinette, der Tonbereich

Es gibt keine stichhaltige Entschuldigung dafür, daß diese Duodezime nicht »stimmt«. Sie ist so *natürlich,* daß man praktisch nicht den Eindruck eines großen Sprunges hat, wenn das Intervall erklingt. Hérold wußte das, als er seine Ouverture zu »Zampa« schrieb, in der ein berühmtes Solo mit dieser Duodezime anfängt:

Dies spielt sich, aus dem erwähnten Grunde, wunderbar leicht. Nachdem wir wissen, daß diese Duodezime perfekt ist, bleiben folgende Tatsachen zu bedenken: 1. Duodezimen sind weiter unten auf dem Instrument gewöhnlich enger; 2. weiter oben sind sie gewöhnlich weiter. Dies stellt den Instrumentenbauer vor mehrere interessante Probleme. Setzt er seinen Stolz in die Vervollkommnung seines Chalumeau-Registers, wird er ein unten sehr mattes und oben unangenehm scharfes Klarinetten-Register bekommen. Gilt ihm das Klarinetten-Register als das intonationsmäßig wichtigere (was durchaus etwas für sich haben kann: ein zu hohes c im Klarinetten-Register ist für die meisten Leute viel anstoßerregender als ein zu tiefes f im Chalumeau-Register), wird er ein derart mangelhaftes Chalumeau-Register produzieren, daß selbst der Anfänger, der sich mit diesem Register eben erst vertraut macht, ihn für einen Narren halten wird. Das alles könnte einen interessanten historischen Hintergrund haben. Es gibt mehrere Werke, die sowohl Klarinetten als auch Chalumeaux verlangen. Wie an anderer Stelle bereits bemerkt, ist es erstaunlich, daß in den meisten Museen zwar ausgezeichnete Exemplare von Klarinetten (teils sogar aus der in Rede stehenden Zeit) vorhanden sind, nicht jedoch Chalumeaux. Könnte es nun nicht sein, daß manche dieser Museumsexemplare nie als Klarinetten benutzt wurden, sondern als Chalumeaux gestimmt waren, das heißt, ohne ein richtiges überblasenes Register? Einige scheinen in dieser Art anzusprechen, wenn man sie zu spielen versucht, während andere sich als Klarinette recht ordentlich, im Chalumeau-Register jedoch miserabel verhalten. Freilich wäre dies ein arg kurzes Kapitel in der Geschichte des Instruments, denn sehr bald schrieb man Werke, die den gesamten Umfang der Klarinette ausnutzen – aber es ist immerhin eine Möglichkeit, die mehrere mysteriöse historische Fakten erklären könnte, darunter das Verschwinden des Chalumeaus in seiner einfachsten Form. Natürlich ist das alles sehr hypothetisch. Für den Instrumentenbauer wie für den Instrumentalisten zählt in erster Linie die Tatsache, daß die Duodezimen unvollkommen sind. Und da der Instrumentenbauer meist ein kluger Kopf ist, läßt er es bei einer unvollkommenen, aber eben voraussagbar unvollkommenen Klarinette bewenden. Fassen wir an dieser Stelle zusammen, wie es heute ungefähr um die ersten zwei Register steht, nachdem die kunstfertigsten Instrumentenbauer ihr Bestes versucht haben, sie auszugleichen.

Diese Fehler haben alle Klarinetten, nur in verschiedenem Grade. Eine gute Klarinette ist diejenige, bei der sie zwar vorhanden, aber minimal und auch korrigierbar sind. Der Instrumentenbauer hat im Rahmen der gegenwärtigen Praxis das Seine getan. Nun ist es am Klarinettisten, ein Gleiches zu tun. Die Methode behandeln wir detailliert im fünften Kapitel im Zusammenhang mit künstlerischen Fragen.

Die erste Methode zur Beeinflussung der Tonhöhe ist natürlich die Ansatzkontrolle, das Anspannen oder Lockern der Mundstück und Blatt umschließenden Lippen, um die Tonhöhe nach oben oder unten zu regulieren. In der Tat wird erreicht, daß das Blatt zu einem größeren oder kleineren Teil schwingt. Diese Technik entspricht den normalen Gesetzen der Akustik: Ein kleiner schwingender Körper hat ein höheres Schwingungspotential als ein größerer und erzeugt daher einen höheren Ton. Ein fester Ansatz also, der das Blatt näher zur Spitze dämpft, läßt die Tonhöhe ansteigen. Die Wirkung ist allerdings nicht sehr ausgeprägt, weil die meisten guten Bläser finden, daß gerade ein ziemlich fester Ansatz eine Tonbildung ermöglicht, die ihnen zusagt, und nach oben hin ist da wenig Spielraum. Ein Lockern des Ansatzes wirkt sich viel markanter aus; der Ton bewegt sich leicht, und wenn die Bahn es gestattet, läßt sich der Ton fast um einen Halbton nach unten drücken – allerdings, das sei hinzugefügt, verliert er dabei entschieden an Schönheit und Klarheit. Ein geübter Klarinettist kann die Intonation auf diese Weise ziemlich unauffällig von Ton zu Ton weitgehend ausgleichen. Wenn Töne schon Mängel haben müssen, dann sind ihm etwas zu scharfe Töne immer noch lieber als zu matte.

Griffkorrekturen

Intonationsprobleme sollte man nicht allein durch Ansatzveränderung zu lösen versuchen. Es gibt noch eine andere Methode, die die meisten Klarinettisten außer im oberen Register, wo sie unerläßlich ist, erstaunlich wenig anwenden, nämlich Griffkorrekturen. Dabei ignoriert man die übliche, schon auf der Elementarstufe erlernte Grifftabelle zugunsten von besonderen Griffen, Halblochabdeckung und dem *Erfinden* von Griffen für Töne, wo es nötig wird. Einige solcher Griffe habe ich auf den Seiten 93–98 zusammengestellt. Diese Liste lohnt eingehendes Studium, ist aber nur ein Beginn. In dieser Hinsicht muß der Klarinettist der Tradition der besten Blockflötisten folgen und darf sicher sein, damit in die Fußstapfen der größten Klarinettisten der Vergangenheit zu treten. Noch heute wird von vielen

der 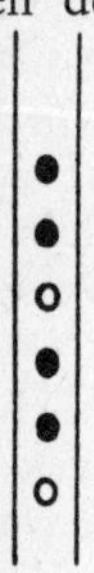 Griff für den Ton 

verwendet, wenn es eine unmögliche Bindung so verlangt.
Dabei nun wenden diese Bläser den einzigen Griff an, den es für die ersten, je gebauten Klarinetten überhaupt gab. Warum also sollte der moderne Bläser so selten mit gleicher Zuversicht

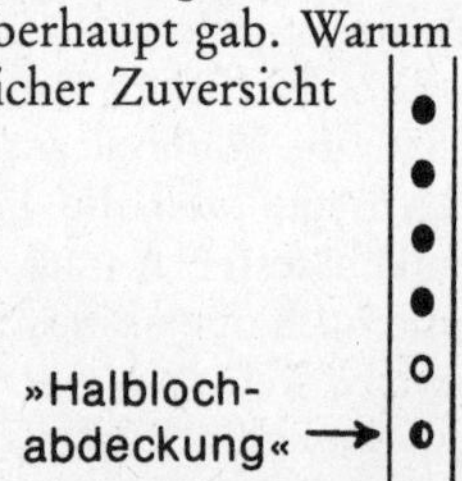

greifen, um ein zu scharfes 

zu korrigieren, wenn es erforderlich ist?
Grundsätzlich gilt: Ein Griff ist für einen Ton geeignet, solange er ihn bringt. Die folgenden Vorschläge stammen aus dem Erfahrungsschatz eines Klarinettisten. Sicherlich werden andere noch vieles hinzufügen können, denn Klarinettist zu sein heißt ja, Klarinettengriffe zu erfinden.

Hilfsgriffe (Boehm-System)

Einige der folgenden Griffe sind spieltechnische Erleichterungen, aber die meisten sollen die Tonqualität oder die Tonhöhe verbessern helfen. Man nehme sie nur als Anleitung, da es bei Klarinetten nicht nur Unterschiede in Bauart und Bohrung gibt, sondern auch individuelle Unterschiede zwischen einzelnen Instrumenten. Die angegebenen Klappennummern beziehen sich auf die Zeichnung S. 105 am Schluß des Kapitels.

Gewöhnlich zu hoch. Zwecks Erniedrigung 8d oder 8e hinzunehmen.

Zwecks Erniedrigung 8c hinzunehmen oder 5., 6. und 7. Finger dicht ans Loch halten. Zwecks Erhöhung 8b oder 7a hinzunehmen.

Zwecks markanter Erniedrigung 6 oder 7 hinzufügen. Zwecks leichter Erniedrigung linkes Handgelenk senken und 3. Finger in gestreckter Haltung dicht ans Loch halten.

Zwecks Erniedrigung Fingerhaltung wie für d anwenden oder 6 und 7 hinzunehmen.

Gewöhnlich zu tief. Zwecks Erhöhung 5d hinzunehmen.

Gewöhnlich zu tief. Gleiches Vorgehen wie bei e.

Müßte stimmen, wenn mit dem ersten Finger allein genommen, ist aber ein Gabelton. Wenn nicht, Hersteller kontaktieren und Daumenlagerschale ändern. Bei Nichtgelingen erniedrigen durch Hinzunahme des 3. Fingers, erhöhen durch Hinzunahme von 5d.

Zur Verbesserung (Intonationskorrektur) 5, 6, 7 oder 3, 5, 6 hinzunehmen.

Zur Verbesserung 5, 6 oder 3, 5, 6 hinzunehmen.

Zur Verbesserung 2, 3, 6, 7 und 8d hinzunehmen (manchmal auch 5, wenn intonationsmäßig vertretbar).

Zur Verbesserung wie a plus 4.

Normaler Griff plus Gis-Klappe für das Ansprechen im ppp. Merke: Gilt nicht für c.

Zwecks starker Erniedrigung 4c hinzunehmen.

Zwecks Erhöhung 8b hinzunehmen.
Zwecks Erniedrigung 8a hinzunehmen.

Regulieren wie oben bei e. Kann stärker reguliert werden, da weniger riskant.

Zwecks Erhöhung 8b hinzunehmen.
Zwecks Erniedrigung 8c hinzunehmen.

Tiefer, aber weniger klangvoll, wenn
{ D. 1, 2, 3/5, 6 genommen werden.
{ Dk.

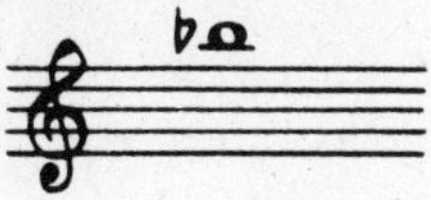

Eine Menge Griffe, gewöhnlich verschiedener Tonhöhen. Nach dem Zusammenhang auswählen, weniger nach Bequemlichkeit. Herausfinden, welche zu tief oder zu hoch klingen.

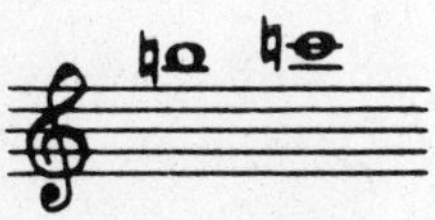

Können als Obertöne 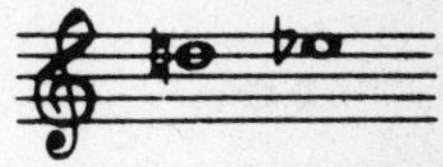 von gespielt werden; sie sind ziemlich rauh.

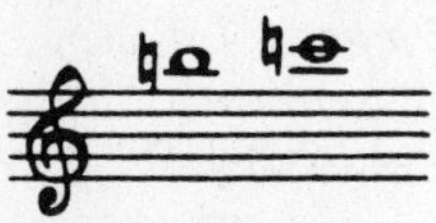

Haben ein anderes Obertonspektrum, wenn 5, 6, 7 hinzugenommen werden, und klingen weicher.

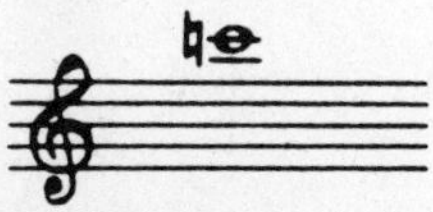

Brauchbares pp-Ansprechen durch
{ D. 1, 2 und 5c, 5d
{ Dk.

Kann melodisch mit Hilfe seines »Triller«-Griffs gespielt werden, wenn zwecks Erniedrigung 3 hinzugenommen wird, also
{ D. 5c, 5d und 3
{ Dk.

»Leeres« d (gespielt als Oberton des leeren g) nützlich bei Eile. Gelegentlich anwendbar sind
{ D. 5b und   { D. und as
{ Dk.   { Dk.

Halblochabdeckung des ersten Fingers mit dem gewöhnlichen Griff erniedrigt recht passabel. Auf manchen Instrumenten gehört 8b zum Normalgriff. Das ist lästig und sollte nicht sein.

Mehrere nützliche Varianten:

(a) D. – 2, 3, 7, 8a
Dk.

(b) D. a – höchst brauchbarer Griff
Dk.
Nicht hinreichend bekannt

(c) D. as 2, 3, 5–8a zwecks Erniedrigen
Dk.

(d) Dito mit 6 statt 5 zwecks Erhöhen

Einer der variabelsten Töne auf der Klarinette.

(a) D. as, 1, 2, 3 zwecks Erniedrigen
Dk.

(b) D. a und as 1, 2, 3 zwecks Erhöhen
Dk.

(c) D. a und 5b (ausgezeichneter Triller
Dk.
mit (b) des es)

(d) D. 1, 2, 3, 4, 5, 7a – (etwas zu tief)
Dk.

1. D. 1, 2, 3, 4, 5, 6, 7 das
Dk.
»geschlossene« f – etwas zu tief auf den meisten Klarinetten und stabil

2. D. a 2, 3, 5b – ein zu hoher Griff
Dk.

3. D. as 2, 3, 4, 8b – etwas zu hoch
Dk.
auf den meisten Klarinetten.

Normalen Griff meiden, das heißt:
D. 2 wann immer möglich
Dk.

Besser sind:

(a) D. 1, 2, 5, 6, 7, 8a (klingt maskiert)
Dk.

(b) D. 1, 2, 5d (hellklingend)
Dk.

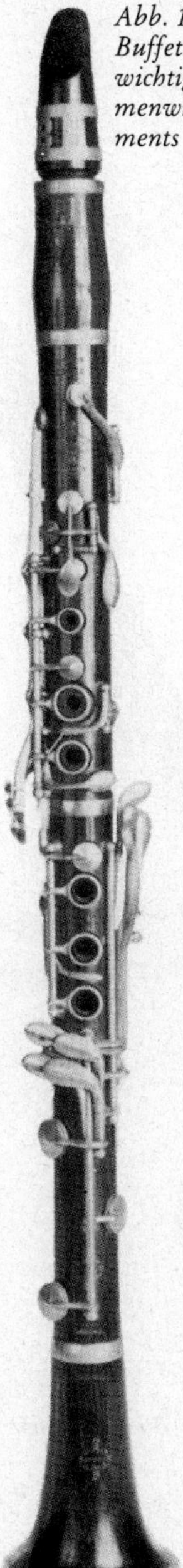

Abb. 12 links: Frühe Klarinette nach dem Klosé-System von Buffet-Crampon; Kokosholz; 1870. Unten: Die überaus wichtigen Hebelklappen der Klosé-Klarinette, deren Zusammenwirken mit Klappen an der anderen Seite des Instruments Griffalternativen ermöglichen. (Modernes Exemplar).

Abb. 13 Mitte: Unterstück einer modernen Klarinette mit dem Boehm-System sowie der Acton-Patent-Mechanik zur Vermeidung von Gabelgriffen.
Abb. 14: Größere moderne Klarinetten, Boehm-System. Links: Bassetthorn in F. Rechts: Baß-Klarinette in B.

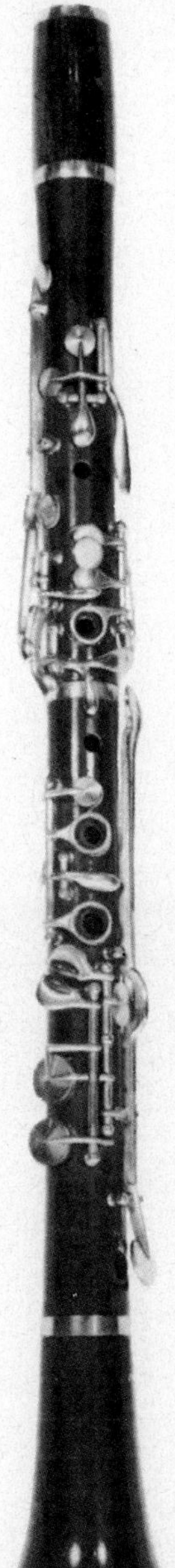

Abb. 15: Klarinette von Quilter, London. 14 Klappen; frühes 20. Jahrhundert; mit Patent-Cis-Mechanik (die beiden untersten Löcher links auf der Abb.).

Abb. 16: Der »S. K.«-Mechanismus zur Trennung der Funktionen von Duodezklappe und dem Ton B (eingestr. B).

Abb. 17: Klarinetten aus der ersten Hälfte des 19. Jahrhunderts von links nach rechts. (a) d'Almaine, London, um 1805; sechs Klappen. (b) Key, London, um 1830; elf Silberklappen; Ebenholz und Elfenbein. (c) Camp, London, um 1840; zwölf Klappen. (d) Anonym, um 1845; dreizehn Klappen, Aufhängung und Arrangement weitgehend in der Müllerschen Art.

Abb. 18: Klarinetten aus der Mitte des 19. Jahrhunderts von links nach rechts. (a) F. Schutz, Deutschland, Mitte des 19. Jahrhunderts; Stahlschrauben, wunderschön geformte Klappendeckel; große Tonlöcher, keine Nadelfedern; interessante Extra-Klappen, darunter As-Es-Klappen für die linke Hand. Fortschrittliches Instrument für seine Zeit. (b) Boosé, London; 13 gravierte Silberklappen; gebaut für die Ausstellung 1851. Spielt sich hervorragend. (c) Breton, Klarinette in C; 14 Messingklappen; um 1850.

Abb. 19: Klarinetten aus dem späten 19. Jahrhundert von links nach rechts. (a) Henry Distin, London, vor 1857; 12 Klappen; sehr frühes Beispiel einer Klarinette aus Messing von einem berühmten Blechinstrumentenbauer. (b) Clinton, London, vor 1871; 13 Klappen, moderne Form. (c) Quilter, London; merkwürdiges Instrument mit Boehm-System-Unterstück und Barret-Patent-Oberstück; um 1890. (d) Clinton, London; einfache Systeme. Hier wurde versucht, ein Instrument zu bauen, das von der A- zur B-Stimmung wechseln kann; zum Umstimmen wird eine konzentrische Silberröhre mit vorbereiteten Löchern gedreht. Angefertigt von Albert, Brüssel; um 1899.

Abb. 20: Interessante neuere Klarinetten. (a) Besson, London; Kontrabaß-Klarinette, um 1910; Ahorn, einfaches System, Versuchsmodell mit drei Duodezklappen. (b) Clinton-Boehm, Boosey & Co., London; Körper in einem Stück, interessante Kombination aus Klosé, Müller und Barret; 1890 und später. (c) Boosey & Co., Voll-Boehm mit Erweiterung bis tief Es. Gebaut für Manuel Gomez mit mehreren Zusatzklappen nach dessen Entwürfen; frühes 20. Jahrhundert.

Viele mögliche Griffe. Zu den nützlichsten gehören:

1. D. 1 (ein »offener«, aber spröder Klang)
   Dk.
2. D. 1, 3, 5, 7, 8b (nützlich für Legatospiel)
   Dk.
3. D. 1, 5, 6, 7, 8b (etwas zu tief)
   Dk.

Üblichen Griff D. 2, 3, 6 Dk.
wenn möglich vermeiden.
Besser sind:

1. D. 2, 3, 5, 6, 7, 8a (etwas höher ohne 6)
   Dk.
2. D. 1, 5c, 5d (kann spröde sein)
   Dk.
3. D 2, 3, 5, 7a, 8b (zu hoch)
   Dk.
4. D. 2, 3, 5, 8a (zu hoch)
   Dk.
5. D. 3, 5, 8b (schön weich)
   Dk.

Zum Normalgriff zwecks Erhöhung 5d, zwecks Erniedrigung 8a, b, c oder d hinzunehmen.

1. D. 1, 2, 3, 4/5, 6, 8, 8d
   Dk.
   (für den Normalgebrauch am besten geeignet)
2. D. as, 2, 3, 4, 8b (zu tief)
   Dk.
3. Dk. 1, 2, 3, 5, 6, 7, 8d
   (leichtes Ansprechen)

D. 3, 7, 8a
Dk.

D. – 2, 3, 5, 6, 7, 8c.
Dk.
Ein fester und brauchbarer Ton.

D. – 2 – 5
Dk.
Fast unmöglich,
höchstens vom d aus erreichbar.

Soviel zum Intonationsaspekt der Klarinettenakustik. Zu behandeln bleibt eine Seite ihrer Eigenschaften, die zunächst nicht sonderlich auffällt, sich aber stark auf die Ausführung auswirkt. Es ist die markante »Druck«-Ungleichheit zwischen den verschiedenen Registern und den verschiedenen Bohrungsabschnitten. Auf sie geht der Irrtum zurück, verschiedene Bereiche der Klarinettenskala müßten auch verschieden klingen. Diese chamäleonhafte Eigenschaft hat aber keine wesentliche Bedeutung. Man kann die Klarinette durchaus von unten bis oben wie ein einheitliches Instrument klingen lassen, aber nur, wenn man ihre unausgeglichenen Druckverhältnisse berücksichtigt. In der Überwindung dieser Schwierigkeiten liegt der Schlüssel zum Geheimnis des ausgewogenen Klarinettenklangs.
Die Ungleichheiten entstehen aus den Bohrungsproportionen im Instrument und lassen sich am besten dadurch veranschaulichen, daß wir noch einmal die Mängel der kurzen Töne untersuchen. Nachdem wir das b, wie oben vorgeschlagen, durch klangverbessernde Griffe korrigiert haben, müssen wir nun ebenso das a, das as und das leere g korrigieren. Nötig ist dies allerdings aus einem anderen Grunde als beim b. Für diese anderen Töne haben die Tonlöcher die richtige Größe und die richtige Position. Wahrscheinlich sind sie die einzigen Löcher, die der Instrumentenbauer völlig nach seinem Belieben anordnen kann, denn sie erfüllen nur eine Funktion und werden normalerweise nicht überblasen. Daß man mit ihnen gewöhnlich schlechte Klangergebnisse erzielt, liegt an dem extrem niedrigen Druck in diesem Teil der Klarinette, der auf die Bohrungsproportionen dort zurückgeht.
Anders als bei der Oboe und beim Fagott, das sei hier angemerkt, ändert sich das Verhältnis der Weite zur Länge der Bohrung bei der Klarinette von oben bis unten sehr wesentlich. Bei der Oboe ist das Verhältnis infolge ihrer konischen Konstruktion nahezu konstant und

liegt etwa bei 21:1. Das heißt: Wenn man am oberen Ende der Oboe ein etwa 12,7 cm vom Rohr entferntes Tonloch öffnet, mag die Bohrung dort etwa 6,3 mm betragen. Spielt man einen viel tieferen Ton mit einer benötigten Schallrohrlänge von etwa 50,8 cm an, beträgt die Bohrung etwa 2,5 cm. (Der Leser möge bedenken, daß dies kein Buch über die Oboe ist und die Maßangaben nicht genau sind, sondern nur Verhältnisse veranschaulichen sollen.) Das Verhältnis zwischen Länge und Weite bewegt sich daher für die gesamte Bohrung des Instruments in der Größenordnung 20:1.

Bei der Klarinette mit ihrer zylindrischen Bohrung ist das alles ganz anders. Spielt man das a', so nutzt man ein Schallröhrenstück von etwas über 12,7 cm Länge und 12,7 mm Durchmesser. Das Hub-Bohrungsverhältnis, wie ein Kfz-Mechaniker sagen würde, ist 10:1. Wenn wir nun den Ton d im Überblasbereich des Instruments nehmen, spricht ein ungefähr 50,8 cm langes Schallröhrenstück an, aber die Bohrung beträgt immer noch nur etwas über 12,7 mm. So ist das Verhältnis 40:1. Dieser Verhältnisunterschied ist der wirkliche Grund für den sogenannten Registerwechsel im Tonraum der Klarinette, nicht der Wechsel von der tiefsten zur Überblas-Region des Instruments und die daraus resultierende Einführung eines ganz neuen Obertonbereichs. Wenn diese Töne dieselbe Art von Widerstandskraft hätten wie die Töne unter ihnen, bestünde kein Problem. Aber das ist nicht so. Den Fingern bereitet das Überwinden des Griffsprungs keine wirklichen Schwierigkeiten, weil der Spieler rasch erfaßt, daß er die Finger bereits auf den für das h erforderlichen Löchern und Klappen haben muß, während er das a bläst. Er könnte lernen, rasch und glatt vom einen zum anderen zu wechseln, wenn es da nicht eine böse Klippe gäbe. Anfangs entzieht sich ihm das h. Es spricht viel zu spät an, und die Musik wartet ja nicht auf ihn.

Was er nämlich außer acht gelassen hat, ist der Druckunterschied zwischen den beiden Tönen. Dieses Phänomen will erkannt sein, weil davon das Legato zwischen dem a und dem h abhängt. Da das a aus einem dicken, kurzen Schallrohrstück hervorgeht, hat es einen sehr niedrigen atmosphärischen Druck. Um den Ton zu stabilisieren, muß man nicht nur die oben vorgeschlagenen Fingerkorrekturen vornehmen, sondern auch ein beträchtliches Luftvolumen durch das Rohr schicken, damit der niedrige Druck ansteigt. Das ist kein Blasvorgang, sondern ein geschwindes, kontrolliertes Ausatmen der Art, daß der Widerstand gegen den Druck knapp gespürt und überwunden wird. Der nächste Ton dagegen, das h mit seinem Länge-Bohrungsverhältnis von 48:1, ist ein sehr fester Ton mit einem naturgegebenen hohen Druck. Wenn man ihn spielt, hat man das Gefühl, es gehe eigentlich

gar nicht darum, Luft durch das Rohr zu blasen; der Ton scheint vielmehr zu verlangen, daß die Luft im Instrument bleibe, um es zu füllen und dadurch den ihm gemäßen hohen Druck aufrechtzuerhalten. Es gibt sofort einen winzigen Zwerchfell-»Ruck«, wenn dieses Intervall richtig überbrückt wird. Ist das nicht der Fall, wird der Ton nicht nur zu langsam ansprechen, sondern auch sehr »bauchig« klingen, wenn er anspricht, und so allein schon durch seine plumpe Schwere einen krassen Gegensatz zum a bilden. Doch hat der Bläser das Intervall erst einmal richtig gespürt, gelingt ihm der Druckunterschied, mit dem er es regulieren und überbrücken muß, bald ganz instinktiv. Fortan wird er den Registerwechsel überwinden können, und er wird das nicht mehr verlernen.
Diese Lösung für das Problem des Dichteverhältnisses von Tönen hat einen Aspekt, der zunächst verwirrt. Die Töne am unteren Ende des Instruments klingen sehr weich und angenehm, die am oberen Ende dagegen, deren zugeführte Luft sich schneller bewegt, bekommen oft etwas Zischendes. Das braucht den Bläser nicht zu beunruhigen, denn sicherlich merkt er das selbst viel mehr als jeder andere, da das Nebengeräusch in jeder akustisch halbwegs vernünftigen Umgebung schon in einer Entfernung von einem Meter nicht mehr zu hören ist und sogar von den empfindlichsten Mikrofonen kaum erfaßt wird. Zweifellos trägt es weniger als das deutliche Schwirren des Blattes beim Tonausgleich nach einer anderen Methode, nämlich unter Verwendung eines sehr leichten Blattes. Damit aber maskiert man die Ungleichheiten nur, indem man sie mit Blattgeräuschen überdeckt, was den Ton unvariabel und monoton macht. Von dieser Methode kann man sagen, daß sie dem wahren Sachverhalt ausweicht: Sie ignoriert das Problem durch Vertuschen und verhindert damit manche Ausdrucksnuancen, die sich aus seiner wirklichen Bewältigung ergeben können. Den auffälligsten Druckunterschied haben wir oben untersucht – das Überwinden des Griffsprungs von a bis h. Aber es gibt noch mehr Beispiele. Da die Klarinette nicht in die Oktave überbläst, ist die Verteilung der Druckbereiche in ihrem Tonraum in hohem Maße vom Zufall bestimmt. Rein gefühlsmäßig könnte man die Anordnung ganz logisch finden, daß Töne »oben« weniger Druck, »unten« mehr Druck benötigen. Aber wenn man sie der Reihe nach betrachtet, ist das Erscheinungsbild höchst komplex:

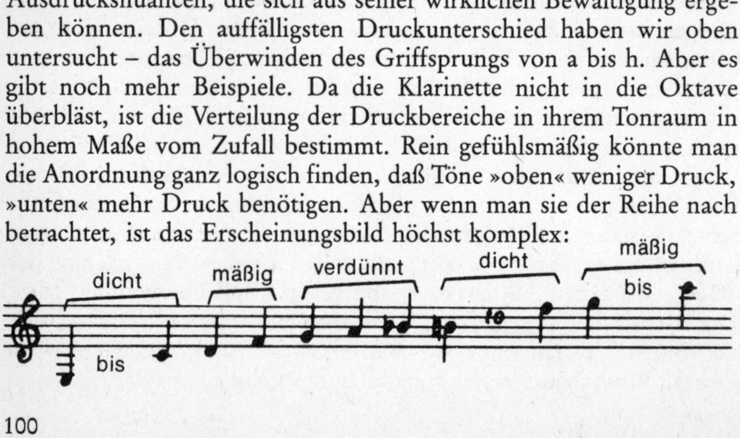

Diese Druckbereiche müssen gründlich studiert und sorgfältig korrigiert werden, wie wir es für das Meistern des Griffsprungs zuvor beschrieben haben. Es gibt nur eine Möglichkeit, ihnen ausbalancierte musikalische Fortschreitungen abzulisten – man muß erkennen, was von jedem anvisierten Ton zu erwarten ist, und ihn dann durch behutsame Zwerchfellstütze in ein ausgeglichenes Verhältnis zum vorhergehenden Ton bringen. Das klingt nach einer ziemlich verwickelten Operation. Nehmen wir die Resonanzkorrekturen durch Grifftechnik hinzu, die wir bereits besprachen, so wird sie noch komplizierter. Zum Glück geht sie einem ziemlich bald in Fleisch und Blut über. Die Hauptschwierigkeit besteht im Grunde darin, daß man sich dazu durchringen muß, in diesen neuen Bahnen zu denken. Zweifellos ist genau das das Entscheidende für wirkliches Klarinettenspiel, das ja mit einem schülerhaften Herunterleiern von Noten nichts mehr zu tun hat.

Klarinetten sind transponierende Instrumente

In unserer Erörterung akustischer Probleme der Klarinette sollten wir uns jetzt mit der anscheinend so simplen Frage befassen, was denn nun eine B-Klarinette ist und worin sie sich von einer in A, Es oder sonst einer Stimmung unterscheidet.
Die ebenso simple Antwort lautet: Die B-Klarinette ist ein Instrument, das in Wirklichkeit die B-Dur-Tonleiter des Klaviers spielt, wenn ihre eigene C-Dur-Skala (ihre einfachste) gegriffen wird. Eine A-Klarinette spielt demgemäß die A-Dur-Tonleiter, und so geht es weiter durch alle Tonarten, in denen Klarinetten stehen.
Die Verwendung von zumindest drei verschiedenen Klarinetten findet sich schon früh in der Geschichte des Instruments. Das hat einen triftigen Grund. Infolge enormer Intonationsschwierigkeiten der Klarinette bei den erhöhten und erniedrigten Tönen entfernter Tonarten war es fast unmöglich, diese zu blasen. Diatonisch ließ sich das Instrument bei zwei oder drei Vorzeichen ganz gut spielen, chromatisch aber versagte es so ziemlich, auch wenn der Bläser noch so viele Griff- und Ansatztricks beherrschte. Also setzte man zunächst Instrumente ein, deren Stimmung der vom Komponisten vorgeschriebenen Tonart entsprach, das heißt, für C-Dur benutzte man eine C-Klarinette usw. Was bedeutete das in der Praxis? Es bedeutete, daß der Bläser in jedem Falle kein einziges Kreuz oder Be zu sehen bekam. Er spielte einfach unentwegt in C-Dur, genau wie auf der B-Klarinette B-Dur, auf der A-Klarinette A-Dur (usw.) gespielt wurde. Soweit ein ganz einfaches Prinzip.

Da aber Musik in allen Tonarten geschrieben wird und deshalb ein ganzes Regal voller Klarinetten in den verschiedenen Stimmungen erfordern würde, stößt dieses Prinzip sehr bald an seine Grenzen. Wir kommen damit zu der Möglichkeit, daß einige Klarinetten für die Tonarten eingesetzt werden, die ihnen die geringsten Schwierigkeiten bereiten. Natürlich ging man bald davon ab, einfach immer nur in C-Dur zu spielen. Jedoch schlug man nun von allen Wegen, die zur Erfüllung der Wünsche des Komponisten führen, den kürzesten ein. Nehmen wir als Beispiel ein Stück in Es. Wenn keine Es-Klarinette zur Verfügung steht, wird man sich vielleicht zwischen einer B- und einer A-Klarinette entscheiden müssen. Wir erinnern uns: Wenn man auf der B-Klarinette deren C-Dur spielt, führt man in Wirklichkeit das B-Dur des Komponisten aus. Er muß also seine Komposition einen Ton höher notieren, als es klanglich verlangt ist. Die A-Klarinette muß drei Halbtöne höher, als sie klingen soll, notiert werden. In einer vom Komponisten in Es geschriebenen Partitur spielt also die B-Klarinette in F und die A-Klarinette in Ges. Kein Zweifel also, daß für ein Stück in Es die B-Klarinette verwendet wird. Und steht eine Komposition in E-Dur, so muß sich die B-Klarinette mit den Vorzeichen für Fis-Dur herumschlagen, während die A-Klarinette mit einem schlichten G-Dur davonkommt. Also wird man für dieses Stück besser die A-Klarinette nehmen.
Diese Erklärung erscheint Klarinettisten logisch, und die dahinterstehenden Tatsachen gehören für sie zu den Annehmlichkeiten des Lebens, weil sie es ihnen in praktischer Hinsicht entschieden leichter machen. Der Laie dagegen findet das alles höchst vertrackt und gänzlich unverständlich. Für die Praxis des Komponisten, der gut für die Klarinette schreiben möchte, bedeutet der geschilderte Tatbestand: Wenn man in seinen Tonartvorzeichnungen nicht zu weit gehen will, das heißt, sich etwa auf maximal vier Kreuze oder vier Be beschränkt, kann man mit der vernünftigen Verwendung einer B- oder A-Klarinette alle gängigen Tonarten bedienen. Das sei hier besonders deshalb betont, weil es ein weitverbreiteter Irrtum ist zu glauben, für die moderne Klarinette sei die Frage der Tonartvorzeichnung kein ernstes Problem mehr. Sie ist es doch, und zwar in einem viel höheren Grade als für Flöte und Oboe. Wer dies bezweifelt, beobachte einmal genau die Reaktionen eines ausgezeichneten Klarinettisten, der auf Saxophon umsattelt. Garantiert musiziert er binnen weniger Monate auf dem Saxophon in den entferntesten Tonarten (beim Saxophon liegt das obere Register wie das der anderen Holzblasinstrumente eine Oktave, nicht wie bei der Klarinette eine Duodezime über dem tieferen Register), und zwar mit einer Leichtigkeit, die

er auf der Klarinette bis ans Ende seiner Karriere nicht erreichen würde. Moderne Komponisten, die täglich die extravagantesten Ansprüche an die Technik jedes Holzbläsers stellen, bemerken oft, daß sie besser geringfügige Retuschen vornehmen sollten, wenn sie von sämtlichen Holzbläsern denselben Effekt bekommen wollen. Solche Korrekturen bedeuten im Falle der Klarinette gewöhnlich, rasch wiederholte unangenehme Intervalle zu vermeiden, die einfach nicht zur rechten Zeit kommen, weil die Klarinette außerstande ist, Intervalle mit extrem vielen Versetzungszeichen zu meistern. Weniger fortschrittsbeflissene Komponisten, zu deren Musikanschauung noch immer Tonartzentren gehören, dürfen sich mit folgenden Fakten trösten: Die B-Klarinette bewältigt mühelos die Tonarten C, F, B, Es, As und Des sowie G und D und natürlich die parallelen Molltonarten. A überläßt man am besten der A-Klarinette (sie spielt dann C-Dur), dazu E-Dur (gespielt: G-Dur), H-Dur (gespielt: D-Dur) und selbst F-Dur (gespielt: As-Dur). Damit sind eindeutig alle Tonarten erfaßt, ohne daß man über vier Kreuze oder vier Be hinausgehen müßte. Dies scheint ein recht bequemer Ausweg für Faule zu sein. Tatsächlich vertritt eine Denkschule die Meinung, es sei ein archaisches Überbleibsel; der Komponist solle seine Partitur einfach in C notieren und das übrige dem Kopisten überlassen. Die Methode könnte ausgezeichnet funktionieren, wenn der Kopist wirklich erfahren und sachkundig ist; nur darf der Komponist nicht allzu wählerisch hinsichtlich der Art von Legato sein, die man ihm dann bieten wird. Wie dem auch sei, es ist eine Tatsache, daß die Schwierigkeiten, die den Anstoß zur Verwendung transponierender Klarinetten gaben, auch heute noch nicht völlig ausgeräumt sind. Dem sehr scharf beobachtenden Konzertbesucher wird beispielsweise kaum entgehen, daß manche der besten Klarinettisten unserer Tage dann und wann rasch die Klarinette wechseln. Sie tun das, auch wenn es der Komponist gar nicht ausdrücklich vorgeschrieben hat, denn sie wissen sehr gut, was nötig ist, um den von ihm beabsichtigten Effekt herauszubringen, wohingegen er das vielleicht nicht weiß. Es handelt sich dabei um ganz spezielle Fachkenntnisse, um Dinge, die sich der Klarinettist gründlich überlegt haben wird, wenn er ein ernsthafter und versierter Künstler ist. Er sollte auch dafür sorgen, daß er das Instrument früh genug wechselt, wenn akute Schwierigkeiten anstehen, und daß ihm genügend Zeit nicht nur für dieses Auswechseln bleibt, sondern auch für ein paar Einspieltöne, bis die entscheidende Passage kommt. Elgar hatte das voll und ganz begriffen. In seinen Werken braucht man kaum jemals einen Einsatz der Solo-Baßklarinette völlig »kalt« zu bringen; gewöhnlich findet man bei ihm ein paar Töne, die man – wahrscheinlich

unhörbar – spielen kann, um das wichtige Solo vorzubereiten, so daß man eine Chance hat, in der richtigen Stimmung einzusetzen.
Wir haben festgestellt, daß B- wie A-Klarinette notwendig sind, und worin ihre jeweiligen Vorzüge in bestimmten Situationen liegen. Nun erhebt sich eine andere, knifflige Frage, aber diesmal wissen wir keine Antwort. Sie lautet ganz einfach: »Glauben Sie, daß zwischen dem Klang der B- und dem der A-Klarinette wirklich ein fundamentaler Unterschied besteht?« Darauf wird es immer vielerlei Antworten geben, weil sich in der Sache keine zwei Klarinettisten einig sind. Wer beide Klarinetten spielt, hat den Unterschied zweifellos im Gefühl: Die B-Klarinette besitzt den leuchtenderen Ton, die A-Klarinette klingt sanfter. Aber das mag ein sehr subjektives Urteil sein. Eine logische Begründung dieses Unterschieds liegt nicht auf der Hand, und vielleicht gibt es gar keine.
Zunächst einmal kann man diesen Vergleich nicht als identisch betrachten mit dem, der zwischen der B- und der Es- oder gar der C-Klarinette möglich ist. In diesen beiden Fällen dreht es sich um eine andere Bohrung, ein anderes Mundstück und ein schmaleres Blatt. Das alles trägt zu dem großen Unterschied im Gefühl und in der Wirkung bei. Für die B- und die A-Klarinette wird dasselbe Mundstück und gewöhnlich auch dieselbe Birne genommen. Die Bohrung stimmt überein, und so ist es einfach eine Frage der abweichenden Anordnung der Tonlöcher, wird doch für den einzelnen Ton die Schallröhre jeweils in derselben Länge benutzt, während in der Größe des Tonlochs, mit dem sie endet, einige Unterschiede bestehen können. Auch die Gesamtlänge des Instruments liefert keine Begründung für den Unterschied, von dessen Existenz mancher überzeugt ist: denn auch wenn die B-Klarinette über eine tiefe Es-Klappe verfügt und die A-Klarinette nicht, was die Regel ist, scheinen beide Instrumente trotz ihrer nunmehr identischen Länge ihre charakteristischen Eigenschaften zu behalten. Hier liegt die Betonung auf dem Wörtchen »scheinen«, denn jeder, der einmal eine Aufnahme von sich aufmerksam abgehört hat und wußte, daß er aus diesem oder jenem Grunde zwischendurch die Klarinetten gewechselt hat, wird bestätigen, daß er selber kaum mehr feststellen kann, wo der Wechsel erfolgte. Wenn er weiter zuhört und währenddessen an die Griffe auf dem anderen Instrument denkt, ist er sich vielleicht nicht einmal mehr bewußt, daß er den Wechsel überhaupt vollzogen hat.
Noch undurchsichtiger wird die Sache, sobald wir untersuchen, wie Komponisten die verschiedenen Klarinetten eingesetzt haben. Viele scheinen dasjenige Instrument zu verwenden, welches die Tonartvorzeichnung vereinfacht, aber manche – zum Beispiel Schumann in

seinen Fantasiestücken op. 73 – benutzen die A-Klarinette offensichtlich des Tones wegen, den sie nach ihrer Meinung hergibt.
Obgleich man also nach wissenschaftlicher Methode nachweisen kann, daß B- und A-Klarinette im Klang identisch sind, bleibt für viele Klarinettisten wie Hörer das B-Instrument das brillante und das A-Instrument das weich-romantische. Möglicherweise haben sie recht. Auf jeden Fall muß der Bläser die akustischen Gegebenheiten beider Instrumente kennen und berücksichtigen, wenn er sich selbst und den Werken, die er interpretieren will, Gerechtigkeit widerfahren lassen möchte.

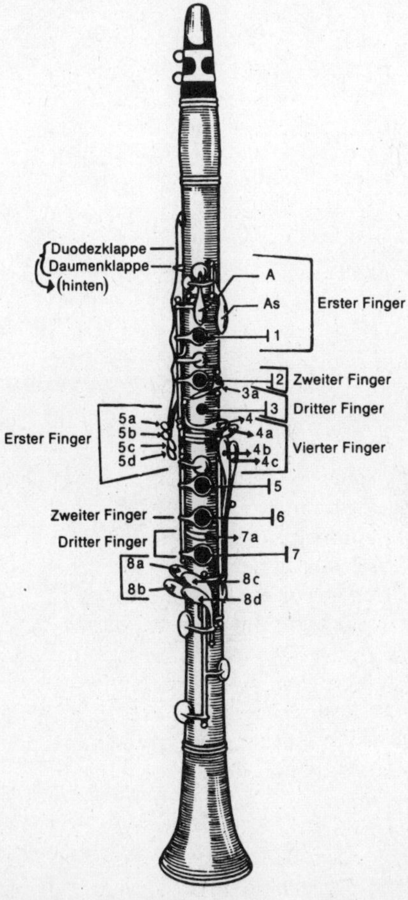

Viertes Kapitel
Die Klarinette in der Praxis

Es kann kein Zweifel daran bestehen, daß das Spielen eines Blasinstruments ein physikalischer Vorgang ist, wie der geistige Überbau auch immer aussehen mag, und daß Kenntnisse der einschlägigen mechanischen Probleme der Beherrschung eines so komplizierten Geräts nur förderlich sein können. Daß ein Konzert mit Holzblasinstrumenten nicht eine Kette von Katastrophen wird, will einem als ein kleines Wunder erscheinen, wenn man die Vielzahl der winzigen mechanischen Teile bedenkt, die feinen Blätter und Federn, die subtil justierten Polster, und wenn man weiß, was Atemkondenswasser hier anrichten kann. Gewöhnlich geht es glimpflich ab, und darauf darf der Instrumentenbauer oder derjenige, der das Instrument instand gesetzt hat, wirklich stolz sein. Es kann aber auch durchaus das Verdienst des Bläsers sein, der eine Katastrophe vermied, indem er noch wenige Minuten vor der Aufführung da ein Stückchen Kork oder dort ein Gummiband als Ersatzfeder anbrachte. Darauf sollte er sich verstehen; er sollte überhaupt mit dem Arbeitsgerät seines Berufs vertraut sein und sich auf seine diesbezüglichen Kenntnisse verlassen können. Das tut seinem Künstlertum, wie immer er es einschätzt, garantiert keinen Abbruch. Hier ein paar nützliche Ratschläge.

Klappen und Bohrungsdimension

Wir nehmen an, daß der Klarinettist sich darüber klargeworden ist, welche Art von Bohrung er vorzieht – die kleine französische mit ihrem engen Klang, die mittlere amerikanisch-französische mit ihrer Wandlungsfähigkeit, die große deutsche mit ihrem weiten Klang, ihrem kleinen Mundstück und dem von Hand gefertigten Blatt, oder die große englische Bohrung mit ihrem französischen Mundstück, ihrer großen Flexibilität und der kennzeichnenden Eigenschaft, sich von der Musikerpersönlichkeit formen zu lassen.
Welche dieser Bohrungen er auch benutzt, er braucht ein Klappenwerk, das seinen Ansprüchen und Bedürfnissen gerecht wird. Hier nun ist die Auswahl sehr groß, wenn auch nicht mehr so groß wie früher, da Klappenwerke heute meist Gesenkschmiedearbeit mit dem Grundmaterial Neusilber (einst auch deutsches Silber genannt) sind

(siehe Abbildung 22). Dieses Material ist freilich kein Silber, sondern eine Legierung auf der Basis Kupfer-Nickel-Zink, wobei eine Legierung besserer Güte mehr Nickel enthält als die einer geringeren Güte. Beim Gesenkschmieden fällt ein riesiges Gewicht aus großer Höhe auf den dünnen Metallstab und drückt ihn in eine Hohlform (das Gesenk). Dieser Vorgang formt und härtet das Werkstück, doch wird es nicht so hart wie beim Handschmieden (Freiformschmieden), das noch vor ein paar Generationen üblich war, und es ist auch biegsamer als die früheren Sandgußstücke, hergestellt durch Ausgießen des flüssigen Metalls in eine Sandform. Infolge seiner Weichheit kann das Teil sich ziemlich schnell abnutzen, wenn es nicht von bester Qualität ist. Allerdings hat es oft einen galvanischen Überzug, der ihm zusätzliche Festigkeit verleiht und es natürlich auch äußerlich verschönert.

Üblich sind zwei Überzugsmaterialien – Nickel, das sehr dünn, aber auch reichlich aufgetragen sein kann, und Silber, das oft für die hochwertigsten Instrumente Verwendung findet. Manchmal wird auch verchromt, aber eine Verchromung hat den Nachteil, daß die Auflage abblättern kann, wenn sich die Klappe verbiegt, was ja doch nicht ganz auszuschließen ist. Andererseits ist das Material hervorragend geeignet für Auflageflächen und sehr praktisch, soweit einen seine Glätte nicht weiter stört. Silber hingegen, zumal jenes »schweren Kalibers«, das man für die besten Klarinetten nimmt, neigt dazu, an den Fingern zu »kleben«. Bei Nichtbehandlung läuft es außerdem binnen acht bis vierzehn Tagen schwärzlich an; durch fortgesetztes Putzen wiederum wird es mit der Zeit recht dünn. Im großen und ganzen scheinen sich also doch Klappen mit gutem Nickelüberzug zu empfehlen: Sie werden nicht schwarz, »kleben« oder »rutschen« nicht und haben eine schöne Oberfläche.

An einem Instrument mit flexiblem gesenkgeschmiedetem Klappenwerk sind eine Menge Nach- und Feineinstellungen möglich, die der Bläser zum großen Teil selbst vornehmen kann, wenn er sich über sein Material vergewissert hat. Klappen können kalt gebogen werden, was allerdings sehr behutsam geschehen muß. Man benutzt dazu eine kleine Zange, deren Backen zur Schonung der Klappenoberfläche mit einem Staubtuch bedeckt werden. So kann man den Abstand von der Klappe zum Tonloch regulieren, indem man die Klappe so einstellt, daß die Polsterung nicht zu nahe am Loch ist (sonst kann der Ton »dumpf« und verschwommen werden). Alles in allem sollten die Klappen für den Bläser so handgerecht wie möglich eingerichtet sein. Das läßt sich mit Hilfe des zweiten Faktors erzielen:

Das Korken

Man kann Klappen nicht nur durch Biegen justieren. Am Ende ihres Mechanismus hat die Klappe – gleichgültig, ob ihre Ruhestellung die offene oder die geschlossene ist – einen Korkpuffer, der das ansonsten unvermeidliche »Klappern« verhindert (siehe Abbildung 24). Die Stärke der Korkauflage ist sehr wichtig. Man kann sie dünner oder stärker machen und dadurch den Abstand der Klappe zum Tonloch variieren. Doch sei hier zur Vorsicht geraten: Da viele Klappen voneinander abhängen, besteht Gefahr, daß man durch Modifizieren der einen eine andere außer Betrieb setzt oder ihren Abstand zum Tonloch in unerwünschter Weise verändert. Man muß einfach wissen, was die Korkauflage leistet (und sie spielt eine wichtige Rolle!) – das gehört zu den Grundlagen, ohne die man sein Instrument nicht richtig verstehen wird. Die Korkauflage dient nicht nur zur Aufschlaggeräuschdämpfung. Sie hat eine wesentliche Bedeutung für die Ausgewogenheit des Klappensystems und muß von feinster Qualität sowie perfekt proportioniert sein. Sektkorken sind für Reparaturzwecke gut geeignet. Man teilt mit einer Rasierklinge eine entsprechend dünne Scheibe ab und befestigt sie mittels Klebstoff an der Klappe. Die heutigen, modernen Kontaktkleber haften an dem galvanischen Überzug recht zuverlässig. Ich möchte aber darauf hinweisen, daß man diese Millimeterarbeit nach Möglichkeit einem sachkundigen Reparateur überlassen sollte, wenn ein Vertreter dieses inzwischen sehr selten gewordenen Fachs aufzutreiben ist. Hat man einen zur Verfügung, so vertraue man ihm am besten alle Wartungs- und Instandsetzungsarbeiten an, die wir in diesem Kapitel erwähnen; zumindest empfiehlt sich dringend, das Instrument von ihm alle zwei Jahre völlig auseinandernehmen und mit allem Zubehör überholen zu lassen. Das braucht natürlich seine Zeit und setzt daher voraus, daß man das Instrument solange entbehren kann. Die Stärke der Korkauflage hat große akustische Konsequenzen; deshalb sollte der Klarinettist eine Stunde oder zwei für einen Werkstattbesuch vorsehen, um sich an Ort und Stelle mit dem Reparateur zu beraten, wenn letzte Hand angelegt wird.

Die Federn

Entscheidende Bedeutung für Leistung, »Klappengefühl« und Ausgeglichenheit der Klarinette kommt auch der Federung der Klappen zu. Die Federn müssen so justiert sein, daß die Fingerauflage der Klappe dem Finger in jedem Falle den gleichen Widerstand entgegensetzt, ungeachtet des Umstands, daß sich die Klappen im Gewicht, in der Bewegungsrichtung und sogar in der Funktion stark unterscheiden. Verwendet werden hauptsächlich zwei aus mehreren verschiedenen Materialien hergestellte Federtypen. Die eine, die Nadelfeder, ist eine kräftige Stahlnadel aus angelassenem Stahl von meist blauer Färbung. Ihr eines Ende ist abgeplattet, denn dieses Stück wird in ein durchgehendes Loch im Bock eingeführt und muß dort unverrückbar festsitzen (Abbildung 23). Die Nadel weist eine Biegung auf, so daß sie in Ruhelage in einem Winkel zur Klappenachse steht. Nadelfedern benutzt man für »Hebel«-Klappen, also für diejenigen, die an einem Ende einen Hebel und am anderen einen Arm besitzen, damit die Bewegung an den das Loch bedeckenden Deckel übermittelt werden kann. Hebelklappen gibt es in vielen verschiedenen Größen. Sie gliedern sich in offene und geschlossene Formen. Denn manche Löcher müssen offenbleiben, um den Ton zu produzieren, und andere müssen geschlossen sein. Die Löcher, die in Ruhestellung geschlossen sind, bestimmen die größtmögliche Leichtigkeit der Federung; denn wenn sie nicht kräftig genug festgehalten werden, kann ein energischer Spieler sie mit der Blasluft »aufdrücken«. Nachdem man in der Praxis durch Versuch und Irrtum herausgefunden hat, was dieser für ein sicheres Gegenhalten der Feder unerläßliche Mindestdruck alles mit sich bringt, kann man die Federung der offenen Löcher sorgsam darauf einstellen.

Der zweite Federtyp an der Klarinette wird für den einfacheren (und historisch ältesten) Klappentyp benutzt. Diese Klappe wippt über einem zentralen Drehzapfen; die Klappe hat an dem einen Ende die Fingerauflage, am anderen den Klappendeckel. Ihre Feder ist eine gebogene, konische Blattfeder, deren eines Ende an der Klappenunterseite mit einer Schraube am Klappendeckelende befestigt ist, während das andere Ende unter dem Drehzapfen zum Finger hinweist und in einer meist mit Metall ausgekleideten Rinne liegt (siehe Abbildung 22). Diese – an der normalen Boehm-Klarinette sieben – Wippklappen dienen alle zur Kontrolle »geschlossener« Klappen und sind sämtlich am Oberstück angebracht. Bei ihnen ist die Feineinstellung einfacher und gefahrloser zu bewerkstelligen als bei den Nadelfedern, weil sie robuster sind. Ihre Federkraft nimmt natürlich zu, wenn man sie von der Klappenbasis wegbiegt, und das schafft auch der Nichtfachmann, ohne daß die Feder bricht, was ihm bei derselben Arbeit an Nadelfedern nur selten gelingt. Heute baut der eine oder andere wagemutige Instrumentenmacher auch schon Nadelfedern ein, bei denen dieses Risiko nicht mehr so groß ist, da sie aus einem weicheren, weniger spröden Material wie Beryllium bestehen und sich gefahrloser biegen lassen. Allerdings muß der Bläser selbst entscheiden, ob er diese Federn haben möchte oder nicht; denn manche Klarinettisten entdekken einen Unterschied in der Reaktionsgeschwindigkeit (oder glauben, ihn zu spüren, und das zählt wahrscheinlich nicht minder). Die allermeisten Klarinetten werden immer noch mit den üblichen Stahlfedern ausgerüstet, und die meisten Berufsklarinettisten scheinen diese zu bevorzugen. Richtig eingestellt, können diese Nadel- und Blattfedern den Fingern einen bemerkenswert gleichmäßigen Widerstand entgegensetzen. Ein wirklich geschickter Mechaniker vermag sie extrem leichtgängig zu machen, ohne daß sie dem Spieler danach »schlaffer« vorkommen oder das geschlossene Polster weniger gut gegen Luftdruck absichern.

Polsterung

Der dritte Faktor in der mechanischen Ausrüstung der modernen Klarinette ist das Polster, jene »Verlängerung« der Fingerkuppe, deren Funktion es, ein gutes Stück von der Druckquelle entfernt, übernimmt. Am vollständigen Verschluß des Tonlochs wirken mehrere Faktoren mit, die sehr sorgfältig reguliert werden müssen. Erstens läßt sich das Tonloch besser und leichter abdecken, wenn es ein versenktes Polsterbett mit einem abgeschrägten Rand hat (siehe Abbildung 25). Zweitens muß das Polster am Berührungspunkt völlig parallel zur Oberfläche des Polsterbettes liegen, trotz der Tatsache, daß seine Bewegung im Falle der Hebelklappen radial und im Falle der Wippklappen einfach winklig ist. Drittens muß es fest und zugleich weich sein, damit sich der abgeschrägte Rand bleibend eindrückt. Es darf sich nicht verziehen oder muß, wenn das geschieht, sofort wieder seine ursprüngliche Gestalt annehmen. Es muß Feuchtigkeit abweisen, damit es sich nicht einfach vollsaugt. Bildet sich ein kleines Loch in der Polsterhaut, so muß es Feuchtigkeit ohne wesentliche Verformung absorbieren und sollte austrocknen, ohne hart oder rissig zu werden. Das sind ziemlich hohe Ansprüche, und man kann nur staunen, daß sie von mehreren Polstertypen weitgehend erfüllt werden.

Eine noch ziemlich junge Neuentwicklung, das Kunstharzpreßstoff-Polster, könnte eine große Zukunft haben. Es ist wasserundurchlässig, äußerst haltbar und kann aus Material von jedem erforderlichen Elastizitätsgrad sowie in jeder Form, die eine vollkommene Abdeckfläche bietet, hergestellt werden. Noch wird es von den besten Instrumentenbauern nicht allgemein für ihre Spitzeninstrumente verwendet, und auch die Nachfrage seitens der besten Klarinettisten hält sich in Grenzen. Vielleicht liegt das an einem Vorurteil – das Wort Kunststoff (oder »Plastik«) hat einen üblen Beigeschmack von billigem Zeug und Massenproduktion. Indessen spricht nichts wirklich gegen die Möglichkeit, daß uns die Zukunft eines Tages das perfekte Polster aus einem ganz besonderen Spezialkunststoff bescheren wird. Aber wie wir im zweiten Kapitel schon andeuteten, spricht auch nichts wirklich dagegen, das Polster ganz abzuschaffen, woraus sich für die Klarinette vielleicht umwälzende Veränderungen ergeben. Vorerst jedoch scheint das herkömmliche Polster, das sich seit hundert Jahren praktisch nicht gewandelt hat, seine Stellung zu behaupten. Das traditionelle Polster besteht aus drei Teilen – einer leichten Trägerschicht aus Papier oder dünner Pappe, einer Filzscheibe von angemessener Stärke (die so weich und zugleich so fest ist, daß sich der Lochrand darin eindrücken kann) und einer flexiblen Deckschicht aus feinem Leder, Tierblasen-Haut oder dünnem Kunststoff. Alle drei haben verschiedene Vorzüge. Die Haut ist das am besten »reflektierende« Material: Sie ist annähernd so blank wie die Innenwände der ausgebohrten Klarinette und besitzt die besten Resonanzeigenschaften. Allerdings muß sie sorgfältig eingepaßt werden und hat zwei Schwächen: a) sie bekommt leicht Löcher, und wenn das geschieht, kann sie Wasser aufsaugen und die Klarinette außer Betrieb setzen; b) sie kann sich von der Unterlage so weit lösen, daß sie als eine Membran wirkt und bestimmte Schwingungen des Instruments laut summend mitmacht (wobei diese Vibrationen nicht immer zu denen des benutzten Tonlochs gehören, was die Lokalisierung des Defekts erschwert). Bei dem dünnen Kunststoffbelag steht dieser Membraneffekt nicht im selben Maße zu befürchten, nur ist das Material nicht steif genug, um gegenüber der Unterlage an Ort und Stelle zu bleiben. Demzufolge vermittelt das Kunststoffpolster kein so »bestimmtes« Gefühl wie das Hauptpolster, und mag es auch resonanzmäßig im Grunde nicht schlechter als dieses reagieren, so wird diese Eigenschaft doch dadurch geschmälert, daß es das Loch nicht straff genug verschließt und beim Abheben vom Lochrand oft ein bißchen »hängenbleibt«. Diese Sorgen bereitet das Polster mit Lederbezug nicht. Dafür hat es einen anderen Nachteil: Da seine Oberfläche nicht ganz so perfekt reflektiert, ist seine Resonanz etwas geringer. Allerdings zeichnet es sich durch außerordentliche Verschleißfestigkeit und Beständigkeit aus. Es wird von sehr vielen Klarinettisten mit Erfolg benutzt. Überdies nimmt Leder einen vollkommenen Randeindruck auf und ist in mancher Hinsicht leichter anzubringen, so daß es auch ein gutes Ersatzpolster abgibt, das man für Notfälle zur Hand haben sollte. Das gilt nicht im gleichen Maße von dem heute (zumindest in den USA) wahrscheinlich modischsten Polster, dem aus Kork. Aus einem sehr hochwertigen Korkmaterial gefertigt, vereinigt dieses Polster in sich die Tugenden aller obengenannten Typen. Es ist wasserundurchlässig, formstabil, befriedigend resonanzgebend, geräuschlos und langlebig. Indessen verlangt es größte Sorgfalt beim Einpassen und muß hervorragend gearbeitet sein, da man es weder durch Fingerdruck noch mit irgendeiner anderen Methode dazu bringen kann, sich wie andere Materialien auf das Loch einzustellen, ein Mangel, den das Kunststoffpolster ebenfalls hat. Zweifellos kann die Güte der Polsterung die Möglichkeiten einer Klarinette ausschlaggebend beeinflussen, da gerade die Polsterung weitgehend das Resonanzverhalten des Instruments mitbestimmt. Dieser Aspekt der Klarinette bietet eindeutig Raum für künftige Verbesserungen.

Böcke

Ein wichtiges Element jeder Klappe ist ihre Haltevorrichtung, der Bock (siehe Abbildung 27). Das Ausrichten des Bocks, die Leichtigkeit, mit der sich die Klappe bewegen kann, sind erfolgentscheidende Faktoren. Hinsichtlich ihrer Konstruktion und Anbringung werfen die Böcke durchaus Probleme auf. Sie müssen sicher montiert sein und fest verankert bleiben, selbst wenn sich das Schallrohr unter Temperatur- oder Feuchtigkeitseinfluß ausdehnt oder zusammenzieht. Die Böcke können zwar in das Holz eingeschraubt werden, doch darf man dabei nicht vergessen, daß das Schallrohr des Instruments eine ziemlich dünne Wandung hat – je dünner, desto besser für die Resonanz, sagen manche, allerdings unter der Voraussetzung, daß es sich um sehr gutes Holz handelt. Da die Holzdicke bei den meisten Klarinetten weniger als 6,3 mm beträgt, besteht bei einem Bock von 3,1 mm Eindringtiefe eine gewisse Durchbruchsgefahr. Letztere läßt sich in hervorragender Weise durch verankerte Böcke vermeiden (siehe Abbildung 27), bei denen nur ein kurzer Stift in ein Loch in der Rohroberfläche eingelassen ist, aber eine schmale, mit einer oder zwei Schrauben an der Oberfläche des Rohres befestigte Sockelplatte verhindert, daß sich das Ganze um die eigene Achse dreht. Die Lösung ist etwas kompliziert und teuer, jedoch sehr zu begrüßen. Wenn ein solcher Bock richtig stabil sein soll, muß er allerdings sehr gut konstruiert sein.
Es gibt drei Möglichkeiten, wie man die schwenkbaren Klappen an den Böcken aufhängen kann. Möglichkeit Nummer eins ist die

Schraubstange, die im Inneren der Klappenwalze von Bock zu Bock verläuft. So sind an jeder Klarinette die mit Blattfeder ausgerüsteten Klappen montiert, deren Schraubstange gewöhnlich weniger als 12,7 mm lang ist. Bei den längeren Klappen, zum Beispiel den Hebelklappen des Unterstücks und bei den Ringklappen-Aufhängungen an Ober- und Unterstück, wendet man häufig andere Methoden an; doch wo man das nicht tut, sondern lange Stäbe (oft über 12,7 cm lang) einsetzt, ist die Tragfläche so groß, daß die Klappe voraussichtlich vierzig Jahre oder länger einwandfrei funktionieren wird. Gegen diese Lösung bringt man oft den Einwand vor, bei einem versehentlichen Stoß gegen das Instrument könne sich die Stange in der Klappenwalze verbiegen, so daß die Klappe klemmt und sich nur schwer zurückbewegt. Das kommt aber nur selten vor, und ein Mißgeschick, das einen solchen Defekt zur Folge hat, dürfte den meisten Klarinettisten in ihrem ganzen Leben noch nicht passiert sein – ganz abgesehen davon, daß die Klarinette dann wahrscheinlich sowieso schlimmen Schaden nimmt. Übliche Stöße, wie sie das Instrument Tag für Tag aushält, scheinen diesen Mechanismus jedenfalls nicht zu beeinträchtigen. Man kann damit rechnen, daß er bei normaler Beanspruchung dreimal länger hält als jedes andere System.

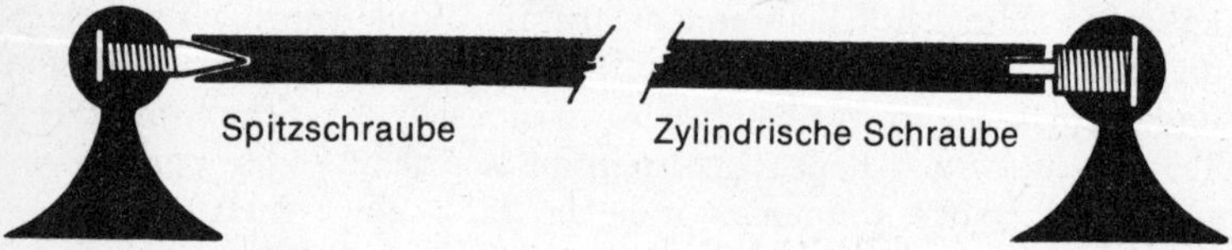

Aufhängungen

Möglichkeit Nummer zwei – nach dieser Methode montiert man die längeren Klappen – sind in die Böcke eingelassene, spitz zulaufende Schrauben (in der Zeichnung oben links). So ergeben sich aber außerordentlich kleine Auflageflächen, und da dabei Neusilber in Berührung mit hartem Stahl kommt, beginnt bald der Verschleiß. Dem läßt sich mittels Einlagen aus härterem Metall in den Klappenwalzenenden vorbeugen. Wenn auch diese sich abnutzen, ist immer noch Abhilfe möglich. Entweder setzt man längere Spitzschrauben ein, die den Spielraum in den Klappenwalzenenden ausgleichen, oder man senkt die vorhandenen Schrauben etwas tiefer in ihre Böcke ein, womit man im Endeffekt dasselbe Resultat erzielt. Diese Aufhängung ist die billigste und hinsichtlich allgemeiner Brauchbarkeit wohl die praktischste.

Möglichkeit Nummer drei, die modernste Methode, ist eine Kombination aus den beiden vorerwähnten Systemen. Die Aufhängung erfolgt an (Dreh-)Zapfenschrauben, die nicht konisch, sondern zylindrisch sind. Sie bieten eine ähnliche Auflagefläche wie die Schraubstangen, aber eine von höchstens etwa 3/16 Zoll (ca. 0,47 cm) Länge (in der Zeichnung rechts). Da Zapfen und Klappenwalzenbohrung identisch sind, entsteht ein wesentlich geringerer Materialverschleiß, was bedeutet, daß die Pausen zwischen Überholungsarbeiten entsprechend länger sind. Der Nachteil dieser Kompromißlösung besteht in folgendem: Wenn Abnutzungserscheinungen auftreten, sind (Dreh-) Zapfenschrauben von Übergröße der einzige Ausweg, denn die Möglichkeit einer Endjustierung ist nicht gegeben.
Man kann auch etwas anderes für die Klappenaufhängung und das geräuschlose Funktionieren des Mechanismus tun – nämlich Nylonbuchsen in die Klappenwalzenenden einsetzen. Dieser Weg wird derzeit noch ziemlich selten beschritten, und man muß abwarten, ob er sich bewährt. Für den Klarinettisten ist der wichtigste Aspekt im Hinblick auf die Böcke seines Instruments, daß sie möglichst wenig Spiel haben, aber auch nicht zu schwergängig sein sollen, weil das seine Technik verlangsamen kann. Hier hilft gegebenenfalls ein Tröpfchen hochwertigen Öls auf alle Auflageflächen. Gefährlich ist die Notlösung, lockere Gelenke mit Papier oder Zellophan herzurichten, denn dadurch kann der Mechanismus gehemmt werden und sich völlig festfahren.

Bohrungsfragen

Von allen Konstruktionsvarianten im Klarinettenbau sind die mit der Bohrung zusammenhängenden die folgenschwersten. Wir erörtern diese Fragen besser unter einem akustischen Blickwinkel, weil es hier nicht nur um Wirkungen auf die Leistung des Instruments geht, sondern um das ganze Wesen der Klarinette. Wie immer die Bohrung des Instruments formal gestaltet sein mag, sie muß gewisse Eigenschaften haben, die sie möglichst nicht verlieren soll. Ihre Oberfläche muß so glatt sein wie irgend erzielbar, am besten spiegelglatt; es dürfen keine Unebenheiten vorhanden sein, es darf sich kein Schmutz festsetzen, es darf dort kein Material angebracht werden, das diese hervorragend reflektierende Oberfläche beeinträchtigt. Sie sollte einen geradezu blenden, wenn man sie mit dem Ende voran gegen normales Oberlicht betrachtet. Zweitens muß sie wasserabweisend sein, damit sich Feuchtigkeit gegebenenfalls auf der Oberfläche in Kügelchen sammelt und zum Schallbecher hin abfließt. Es muß eine gute Chance bestehen, daß diese Gießbäche en miniature unterwegs nicht in ein Tonloch eindringen und ein vibrierendes Gurgeln am Polster hervorrufen, sobald es geöffnet wird. Wenn sich Feuchtigkeit in einer Lache ansammelt, ist das der Beweis, daß sie de facto in das Holz einsickert; die resultierenden Ausdehnungserscheinungen sind außerordentlich schlecht für die akustischen Proportionen und die mechanische Zuverlässigkeit des Instruments. Kondenswasserkügelchen entfernt man am besten, ehe sie zu groß oder zu zahlreich werden. Dazu soll man einen Wischer von genau richtiger Größe benutzen. Gestalt und Konstruktion dieser Wischer sind ein von den Klarinettenbauern sträflich vernachlässigter Aspekt der Klarinettenwartung, und meist muß sich der Klarinettist hier selber weiterhelfen. Der harte, haarige Wischer mit Drahtstiel, der durch jedes Einzelstück der Klarinette hindurchgeschoben wird, ist geradezu gefährlich, weil dieses Verfahren die Bohrung erweitert. Im übrigen verteilt man damit das Wasser nur gleichmäßiger über die Fläche, da man die Kügelchen zerstört; außerdem können kurze Fasern zurückbleiben, die sich in Tonlöchern festsetzen. Die meisten kommerziellen Instrumentenbauer liefern dieses fatale Gerät möglicherweise in finsterer Berechnung hinsichtlich Verschleiß und damit zusammenhängender künftiger Geschäftsentwicklung. Am besten eignet sich für die Klarinette ein »Durchzug« (Reinigungsschnur). Das ist ein dreieckiges Stück Baumwollstoff von halber Taschentuchgröße, dessen Spitze an ein etwa 30 cm langes Band angenäht – nicht angeknotet! – sein soll, welches am Ende mit einem eingelassenen kleinen Gewicht (etwa mit einem 2,5 cm langen, abgeplatteten Stück Bleistange) beschwert ist. Dieses Gewicht gleitet leicht durch die Bohrung und ermöglicht es, die Feuchtigkeit mit einmaligem Hindurchziehen wegzuwischen. Dabei führt man das Gerät am besten vom Mundstück zur Stürze hin, da sich Kondenswasser zuallererst im Oberstück bildet. Es gibt einen Instrumentenbauer, der einen solchen »Durchzug« anbietet. Aber in den Instrumentenkoffern der meisten Bläser tummeln sich vielerlei Eigenbaukonstruktionen, die dem beschriebenen Modell nur entfernt ähneln. Da wird zum Beispiel mit schlüssel- oder nagelbeschwertem Bindfaden gearbeitet, an dem man ein altes Taschentuch festgeknotet hat. Oftmals ist das Tuch so groß, daß es mit Gewalt in die Bohrung hineingezwängt werden muß und dort dann nicht selten festsitzt, zumal, wenn sich der Knoten löst. Gelegentlich opfert ein stolzer Klarinettenbesitzer auch mal ein schönes seidenes oder kunstseidenes Taschentuch für diesen Zweck, aber das ist Großzügigkeit an der falschen Stelle, weil das Gewebe aufgrund seiner Faserhärte zu einem erstklassigen Schmirgelband wird, das die Bohrung ausschleift – und obendrein nur sehr wenig Feuchtigkeit aufnimmt. Empfehlenswert ist wirklich nur *eine* Variante des »Hausgemachten«, nämlich ein kleiner Wischer aus Sämischleder, genauso konstruiert wie der Baumwollwischer, nur wesentlich kleiner. Man muß das Leder allerdings ziemlich häufig wechseln, da es beim Auswaschen sein natürliches Öl verliert und danach nicht mehr viel leistet. Gerade die Ölhaltigkeit ist das Erfolgsgeheimnis dieses Leders – beim Durchziehen bleiben winzige Ölreste in der Bohrung zurück, was sich sehr günstig auswirkt. Tatsächlich könnte das überhaupt die beste Methode sein, der Bohrung alles erforderliche Öl zuzuführen; denn zweifellos neigen die meisten Klarinettisten dazu, die Bohrung ihrer Instrumente entschieden zu stark zu ölen, und das ist der reflektierenden Bohrungsoberfläche abträglich.

Das Ölen der Bohrung

Über das Ölen der Klarinette und das, was damit zusammenhängt, kann man sich lange unterhalten. Viele große Instrumentenbaufirmen hüllen sich bezüglich ihrer Herstellungsmethoden in Schweigen. Zweifellos verwenden manche unter anderem Öl zur Behandlung des Holzes, das sie verarbeiten, und das ist heutzutage fast immer Grenadille, ein hartes afrikanisches Ebenholz. Diese Behandlung kann unter beträchtlichem oder gar keinem Druck in jeder beliebigen Produktionsphase erfolgen, beginnend beim rohen, vom Klotz abgesägten oder abgespaltenen Scheit bis hin zum fertigen Instrument. In jedem Fall ist es die Absicht, eine Klarinette herzustellen, die undurchlässig für Feuchtigkeit, daher formbeständig ist und weniger zu Rissen oder Sprüngen neigt.

Ein Wort darüber, wie man diese Scheite schneidet. Theoretisch erscheint es logisch, daß ein in Faserrichtung mit der Axt abgeteiltes Stück ein Schallrohr mit einer von Natur aus geradläufigeren Maserung ergibt als ein gesägtes Stück, und zwar ohne hervortretende Adern. So müßten Spannungsrisse auch dann ausbleiben, wenn das Holz quillt oder sich zusammenzieht. Aber offenbar ist das nicht immer so »logisch«.

Das gilt auch für das Ölen, sei es in frühen, mittleren oder späten Herstellungsphasen, aber auch für das Ölen des fertigen Instruments im Laufe seines langen Arbeitslebens. Rißbildung ist natürlich eine Katastrophe und kann die beste Klarinette völlig ruinieren. Wenn es ein »Oberflächenriß« ist, kann man ihn stiften, damit das Holz dort nicht weiterreißt; aber wenn der Riß bis zur Bohrung geht, und besonders, wenn er durch eines oder mehrere Tonlöcher verläuft, gibt

es kein anderes Mittel, als das betreffende Klarinettenstück auszuwechseln.
Das Auftreten von Rissen ist überhaupt eine merkwürdige Sache, die keine richtige Logik erkennen läßt. Den größten Pedanten, den emsigsten Ölern gehen Instrumente auf diese Weise kaputt, obgleich sie sie nach jeder Benutzung gewissenhaft auseinandernehmen und jedes Stück, jeden Zapfen trocknen, sie in feuchtigkeitsregulierten Kästen aufbewahren und immer pfleglich behandeln. Anderen dagegen, die ihre Instrumente offensichtlich vernachlässigen, scheinen solche Sorgen erspart zu bleiben. Aber es hat auch schon den Fall gegeben, daß ein so stiefmütterlich traktiertes Instrument nach 35 Jahren plötzlich doch riß und fortan nicht mehr aufhörte zu reißen. Zweifellos ist es die Pflicht und Schuldigkeit der Instrumentenmacher, ein Instrument zu liefern, das so rißsicher wie irgend möglich ist, und wenn sie das mit Öl erreichen zu können glauben, so werden sie es verwenden. Meist empfehlen sie auch dem Klarinettisten, das Instrument von Zeit zu Zeit zu ölen. Allerdings muß man dabei verhindern, daß sich Öl in der Bohrung ansammelt und klebrige Unebenheiten bildet, denn das tötet die Resonanz und verändert sogar die inneren Dimensionen. Selbst an der Oberfläche sind Ölrückstände unschön und fühlen sich nicht gut an, außerdem wirkt der Geruch des rohen Leinöls, um das es sich gewöhnlich handelt, keineswegs anregend auf den künstlerischen Höhenflug. Die Faustregel für das Ölen sollte also lauten: So wenig wie möglich, so oft wie nötig. Das Holz der Klarinette sollte sich wie das eines erlesenen Möbelstücks anfühlen. Dazu gehört auch die natürliche Patina, die es durch Handhabung und Benutzung bekommt. Grenadilleholz als solches ist wunderschön, und eine Klarinette aus ungefärbtem, nicht naturwidrig mit Öl behandeltem Grenadilleholz sieht äußerst attraktiv aus. Hier sei auch darauf hingewiesen, daß viele Bläser aus Erfahrung sagen: Je schwerer das Holz, desto besser die Resonanz. Allerdings folgt daraus nicht, daß eine schwere Klarinette immer die beste ist; denn ihr Gewicht kann auch das Resultat eines schweren Klappenmechanismus oder einer starken Überdosis Öl sein. Doch ist es eine Tatsache, daß von zwei identischen Instrumenten gewöhnlich dasjenige aus dem härteren Holz am besten den natürlichen »dunklen« Ton hervorbringt, der eine schöne Klarinette charakterisiert.

Das Mundstück

Auswahl, Gestalt und Pflege des Klarinettenmundstücks sind so wichtig, daß man ihre Bedeutung gar nicht genug betonen kann. Die Wirkung des Mundstücks in künstlerischer Hinsicht behandeln wir im fünften Kapitel. Hier mögen ein paar Konstruktionsdetails genügen (siehe Zeichnung S. 122). Gleichgültig, aus welchem Material das Mundstück besteht – es hat bestimmte Merkmale, die man gut kennen und regelmäßig überprüfen muß. Seine Hauptelemente macht die Abbildung 26 anschaulich.

a) Die Auflage muß völlig eben sein, da hier das Blatt aufliegt. Zwischen Blatt und Auflage darf keine Luft entweichen, und es soll auch keine Feuchtigkeit eindringen, denn sonst quillt das Blattunterteil. Manche Hersteller halten eine kleine Mulde in der Auflagemitte für wünschenswert, da sie das Blatt von der Mundstücksöffnung etwas abhebt und anscheinend seine Lebensdauer verlängert. Das ist schwer zu beweisen und führt ganz offensichtlich zu einem Blatt, das unter Spannung arbeitet. Eine Nachprüfung würde zweifellos ergeben, daß die Lieblingsmundstücke der meisten Klarinettisten eine flache Auflage haben.

b) Die Schenkel müssen auf beiden Seiten genau gleich sein und eine vollkommen parallele Krümmung für den Ansatz ergeben. Die Gestalt dieser Krümmung ist wahrscheinlich der individuellste Teils des Instruments. Es ist die Bahn des Mundstücks, und hier bestehen praktisch unbegrenzte Variationsmöglichkeiten. An der Spitze besteht zwischen ihr und dem Blatt eine Lücke von einem zehntel bis einem Millimeter, und die Länge der Öffnung von der Spitze bis zum Berührungspunkt in Ruhelage – das ist die Bahnlänge – kann alles von 9,5 mm bis 2,5 cm betragen. Zwischen diesen zwei Punkten kann die Krümmung fast jede beliebige Form haben, wiewohl sie gewöhnlich zur Spitze hin etwas steiler verläuft als an ihrem unteren Ende. Diese Krümmung ist vom Hersteller vorgegeben und fast immer von Hand gearbeitet, was viele Klarinettisten beinahe zu Glaubensfanatikern werden läßt, wenn sie sich auf der Suche nach dem vollendeten Exemplar befinden. Somit sind die Schenkel der veränderlichste Aspekt des Mundstücks, da sie die Bahn darstellen, auf der das Blatt schwingt. Zu ihr gehört auch die Fortsetzung um die Mundstücksspitze herum. Allgemein gesagt sind dünne Schenkel beliebter als dicke, doch sollten sie stets dick genug sein, um ein perfektes Verschließen und eine annehmbare Lebensdauer zu gewährleisten. Über die Wahl der Bahn sprechen wir eingehender im fünften Kapitel.

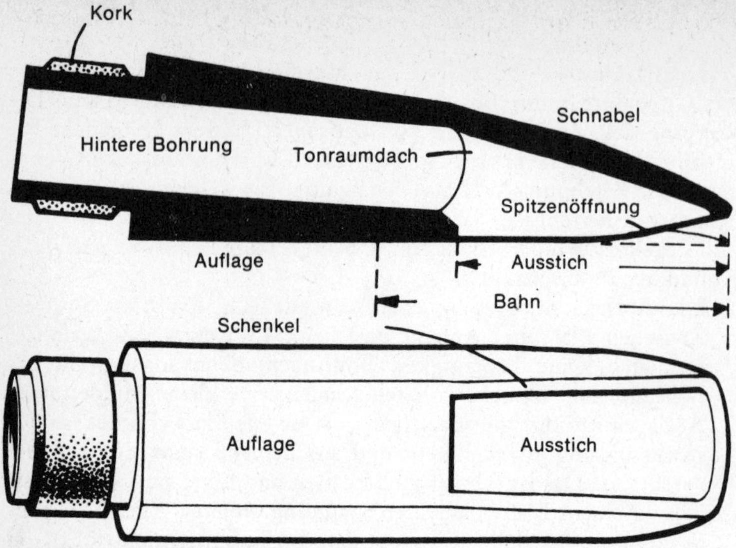

Mundstück

c) Das Dach der Tonkammer muß glatt sein und kann verschiedene Gestalt haben, je nachdem, welche Art von Klang sie erzeugen soll. Ein konvexes Kammerdach neigt zu einem brillanten Klang, ein konkaves zu einem dunklen.
d) Die Wände: Enge Wände geben Intensität, weite geben Flexibilität und einen eher breiten Klang. Manche Konstrukteure finden, daß ein Verengen der Wände von der Spitze bis zum Zapfen des Mundstücks den Klang besser führt.
e) Der Ausstich ist ein Konstruktionsdetail des Mundstücks, das meist zu wenig gewürdigt wird. Dabei leuchtet doch ein: Wenn der über die flache Blattunterseite passierende Luftstrom plötzlich gegen ein umfangreiches Hindernis am Ende des Ausstichs trifft, ergibt sich ein zusätzlicher, unproduktiver Widerstand. Folglich soll der Ausstich am Beginn der Auflage scharf und flach sein, mit ihr einen ziemlich spitzen Winkel bilden und in die Bohrung des Mundstücks am unteren Ende ohne die Spur einer Unebenheit einmünden.

Es läßt sich ohne weiteres einsehen, daß bei all den Variationsmöglichkeiten im Bereich dieser verschiedenen Mundstücksmerkmale die

Vielfalt der denkbaren Veränderungen enorm und jedes Mundstück im Grunde etwas Individuelles ist, individuell übrigens in viel höherem Grade als eine Klarinette, weil sich schon die kleinste Dimensionsabweichung beim Mundstück so viel stärker auswirkt als beim Instrument selbst. Es gibt fast keine feste Regel dafür, welche Sorte Mundstück man wählen soll. Mit der Zeit wird der Klarinettist schließlich herausfinden, welcher Mundstücktyp ihm am meisten »liegt«. Wenn dieser ihm gestattet, kontrolliert und ausdrucksvoll zu blasen, soll er ihn unbedingt benutzen, so kurios seine Entscheidung auch sein mag. Jedem Klarinettisten sei angeraten, bei seiner Wahl die ganze Fülle der Möglichkeiten auszuloten und sämtliche verfügbaren Materialien in Erwägung zu ziehen – Ebonit (Hartgummi), Glas, Kristall, Metall, Kunststoff. Alle diese Werkstoffe haben ihre guten und weniger guten Eigenschaften, und vielleicht sollte man nicht nur Mundstücke aus einem Material zur Verfügung haben, zumal heute so viele verschiedene Ansprüche an den Bläser gestellt werden.

Manche Klarinettisten haben deshalb Mundstücke aus verschiedenen Werkstoffen vorrätig. Die große Mehrheit der besten Klarinettisten benutzt jedoch Mundstücke aus Ebonit. Danach kommen Mundstükke aus Kristall (Glas), aus Kunststoff (ein billigerer Mundstückstyp) und endlich Ganzmetall- oder metallbelegte Mundstücke (sehr selten). Die große Beliebtheit von Ebonit erklärt sich daraus, daß es einen warmen Klang ergibt, sich leicht formen, ausschneiden oder schleifen läßt und den Vorzug besitzt, daß man das Blatt aufgrund des Farbkontrasts deutlich im Verhältnis zu den Schenkeln sieht. Glas gibt ebenfalls einen warmen, befriedigenden Klang und wird von manchen hervorragenden Bläsern mit großem Erfolg verwendet. Es hat zwei geringfügige Nachteile: Erstens sammelt sich leicht Kondenswasser an, wodurch der Ton »blubbernd« wird, und zweitens ist die Bahn schwer zu erkennen, da die Schenkel infolge ihrer Durchsichtigkeit verschwinden, was Anbringung und Justierung des Blattes erschwert.

Das Mundstück aus Metall ist in seinem Klang überraschenderweise viel wärmer und weicher, als man es von diesem Material erwarten würde. Bevorzugt wird Silber; man nimmt es oft für Einlagen in Ebonitmundstücken bis zu einer Tiefe von rund 3,1 mm, so daß dann sorgfältig eine Bahn aufgezogen werden kann. Der Klang eines solchen Mundstücks hängt wie der aller anderen von der genauen Führung der Bahnkrümmung ab, ist jedoch meist warm, angenehm zu hören, leicht zu erzeugen und leicht zu kontrollieren. Nachteilig ist nur das Gewicht, das störend wirken kann, wenn man das Mundstück in den Mund nimmt, ja sogar gefährlich wird, wenn man nicht aufpaßt

und damit gegen die Unterlippe schlägt. Aber das ist von untergeordneter Bedeutung. Jedenfalls scheint diese spezielle Mundstückausführung eine große Zukunft zu haben. Anders liegen die Dinge beim Ganzmetall-Mundstück. Mundstücke aus solidem Silber und sogar solche aus Gold sind theoretisch eine gute Idee, aber leider außerordentlich teuer und überdies so schwer, daß die Anbringung an der Klarinette Probleme aufwirft (sosehr sie sich auch für das Saxophon eignen mögen). Das gleiche gilt für das Messingmundstück, das gewöhnlich vergoldet oder versilbert ist. Den bestmöglichen Kompromiß stellt das sorgfältig ausgearbeitete Modell dar, bei dem die Hauptröhre des Mundstücks hohl ist und innen einen Stöpsel hat, so daß zwischen ihm und der Innenwandung eine beträchtliche Lücke bleibt, während der Rest aus solidem Silber besteht. Es gibt einige sehr gute Exemplare dieser Art von einem berühmten Hersteller handgemachter Mundstücke, und es scheint sicher, daß sie einen Weg in die Zukunft weisen.
Die verschiedenen Materialien weichen auch im Klang leicht voneinander ab, was reizvolle und interessante Schattierungen gestattet. Eine solche Kollektion bietet einen großen Flexibilitätsbereich und viele dynamische Kontrastmöglichkeiten. Wahrscheinlich werden zwei Sorten Ebonitmundstücke, eines mit Kristall und eines mit Silber oder Ebonit/Silber, für den Bläser der Zukunft eine ideale Zusammenstellung sein.

Die Blattschraube

Auf den ersten Blick scheint die Funktion der Blattschraube klar zu sein – mit ihr befestigt man das Blatt an seiner dicksten Stelle auf der Auflage, so daß es frei gegen die Bahn schwingen und dann in seine Ruhelage zurückkehren kann. William Stubbins betont: »Es ist ein Trugschluß, zu glauben, daß das Blatt auf seiner ganzen Länge schwingt und demgemäß locker am Mundstück sitzen sollte... Eine Blattschraube soll das Blatt auf dem Mundstück festhalten, ohne es zu verformen.«
Andere sind sich dessen nicht so sicher, obgleich sie vielleicht auch finden, daß die dritte Gruppe entschieden übers Ziel hinausschießt, wenn sie immer wieder behauptet, das Material der Blattschraube sei sehr wichtig, und nicht minder wichtig seien die verschiedenen Berührungspunkte mit dem Blatt, ihr jeweiliger Druck an diesen Stellen und der Umstand, daß sie sich in die ungeschnittene Oberfläche des untersten Blattendes eindrücken kann. Zweifellos mag ein Blatt, das an diesem Punkt tiefe Druckstellen in der Oberfläche hat, perfekt

funktionieren und ein anderes, schonender behandeltes sich spontan verdrehen oder verziehen. Aber häufig muß man die Position des Blattes auf der Auflage geringfügig ändern, und das machen solche Einkerbungen unter Umständen unmöglich. Jedenfalls scheint das Material um Mundstück und Blatt für viele Bläser ein – psychologisch oder anders bestimmter – Faktor zu sein, der die Klangqualität beeinflußt. Die Deutschen hegen in dieser Hinsicht keine Zweifel. Für sie ist ihre angestammte, seit Denners Tagen benutzte Schnurbindung die Lösung (siehe die Zeichnung S. 33). Sie bedienen sich ihrer mit großer Geschicklichkeit und befestigen auf diese Weise ihre handgemachten Blätter an Mündstücken, die für diesen Zweck passende Außenrillen tragen. Dieses System klappt einwandfrei. Alle übrigen Klarinettisten müssen herausfinden, wie sie eine Blattschraube aus Metall am vorteilhaftesten benützen können und welcher Typ sich für ihr glattes Mundstück am besten eignet. In einem absoluten Sinne läßt sich diese Frage nicht beantworten, weil offenbar viele Typen gute Dienste leisten. Es gibt Blattschrauben des Einzelschraubentyps mit einer Mittelplatte, die das Blatt zusammendrückt, ohne es zu kerben, es gibt den normalen Zweischraubentyp, der das Blatt kerbt, es gibt spezielle, dünne Metall-Blattschrauben mit erhabenen Stellen, die bewirken sollen, daß nur an zwei Punkten an jeder Seite des Blattes ein Kontakt entsteht, es gibt Kunststoffbänder, die so ähnlich konstruiert, aber angeblich sanfter sind, und es gibt Leder-Filz-Bindungen, die mittels Schuhriemen festgezurrt werden und vermutlich die allersanftesten sind.
Unter der Voraussetzung, daß a) das Blatt sicher und ohne Verspannung festgehalten wird und b) keine Luft und kein Wasser zwischen Blatt und Auflage kommt, ist jedes dieser Systeme brauchbar. Dasjenige, welches einem den besseren Klang zu geben scheint, sollte man benutzen. Abbildung 28 zeigt zwei Blattschraubentypen: a) Schrauben an der Blattseite des Mundstücks, b) Schrauben oben am Mundstück.

Das Klarinettenblatt

Über das Klarinettenblatt könnte man gewiß mehrere Bücher verfassen. An anderer Stelle lese man Details über die Handanfertigung von Blättern des deutschen wie des französischen Typs nach. Hier wollen wir lediglich den einfachsten Aspekt dieses vielberedeten Gegenstands untersuchen – das massenproduzierte Blatt, wie es die meisten Klarinettisten benutzen, die nicht zu den deutschen Schulen gehören.

a) Das Blatt wird aus dem Halm des Pfahlrohrs (Arundo donax) hergestellt, das in Südeuropa, Südafrika und Südamerika wächst. Die Pflanze ist hoch und von unterschiedlichem Durchmesser. Es liegt auf der Hand, daß der Querschnitt bestimmt, was für eine Sorte von Blatt daraus entstehen wird. Er kann groß genug sein für ein Baß-Saxophon oder eine Kontrabaß-Klarinette, oder klein genug für die Es-Klarinette. Zunächst wird ein Stück von der anderthalbfachen Länge des fertigen Blattes abgeschnitten, gewöhnlich der Länge nach in vier Streifen zerteilt, eben gehobelt und dann am Rücken oder innen auf die gewünschte Stärke gebracht (für Klarinetten möglichst 0,79 mm, für größere Blätter mehr). Doch zuvor und unabhängig von seiner Endgröße sollte das Stück nach dem Abschneiden drei Jahre lang in der Sonne abgelagert worden sein. Allerdings steht Herstellern, die bedeutende Mengen zu verarbeiten haben, auch ein künstliches Trocknungsverfahren zur Verfügung, welches die Sonnenablagerung ziemlich gut nachahmt. Infolge dieses Alterungsprozesses ändert sich gewöhnlich die Farbe, so daß man eine gute Rohrqualität oft an dem warmen Goldton erkennen kann. Grüne Blätter sind nicht richtig abgelagert, bräunliche sind »überreif« – ganz ähnlich wie bei manchen Früchten.

b) Wenn der »Rohling« vorliegt, muß ihn der Blattmacher in die sehr komplexe Form des Klarinettenblattes bringen. Es ist in keiner Richtung einfach konisch (siehe Zeichnung), sondern muß einen »Buckel« (Herz) in der Mitte und eine etwa fächerähnlich strukturierte Spitze von ausreichender, aber nicht zu großer Dünne aufweisen sowie hinlänglich flexible Seiten, damit die Ansatzkontrolle wirksam werden kann. Die Methode, wie man diese Form zurechtschneidet, wird meist geheimgehalten; möglicherweise werden rotierende Diamantschleifer genommen, die von der Spitze zum unteren Ende hin (oder in umgekehrter Richtung) arbeiten, oder die Zurichtung erfolgt mittels ferngelenkter Schneidemesser nach einem Formmodell. Das braucht uns hier nicht zu beschäftigen. Wichtig ist, daß die so gewonnenen Blätter in der Stärke unter Umständen längst nicht so perfekt ausfallen, wie der Hersteller sie haben möchte. Eine Schachtel mit mittelstarken Blättern kann 30 Prozent harte und 30 Prozent weiche enthalten, obwohl sich der Hersteller bemüht haben mag, sie mit federgespannten Lehren und ähnlichem Meßgerät zu testen. Ein Hersteller hat geäußert, die Endstärke seiner Blätter hänge nicht von den von ihm angestrebten Dimensionen ab, sondern von dem Widerstand, den das Rohr seinem Schneidewerkzeug entgegensetzt. Rohr ist ein Stoff von verschiedener Dichte, die sogar innerhalb eines einzelnen Stücks von Blattgröße wechseln kann. Der erwähnte Hersteller probiert seine Blätter auf dem Mundstück aus und sortiert sie danach akkurat. Zweifellos ist das der einzig gangbare Weg. Immerhin kann man daran erkennen, welchen Blatt-Typ man bevorzugen sollte. Hartes Rohr leistet zuviel Widerstand und klingt daher selbst nach dem Verdünnen spröde. Weiches Rohr ist auch in stärkerer Form »breiig«. Mittelstarke Blätter geben einen gleichmäßigeren Widerstand, und deshalb machen die meisten Bläser mit Blättern dieser Güteklasse die besten Erfahrungen.

c) Nun muß der Klarinettist das Blatt exakt auf seine Bedürfnisse »zuschneiden«. Dazu sollte er gleich alle Blätter ausrangieren, die er aufgrund ihrer unmöglichen Abmessungen nicht zum Klingen bringen kann. Das ist zum Beispiel der Fall, wenn das Herz beschädigt wurde und das Blatt daher keine »Substanz« mehr hat, oder wenn die Seiten so ungleichartig sind, daß sie nicht aufeinander abgestimmt werden können. Ist eine Seite des Blattes zu dünn, läßt sich das fehlende Material auf keine Weise ersetzen. Man kann die Ansprache eines vernünftig proportionierten Blattes sehr verbessern, wenn man ein paar simple Regeln beachtet.

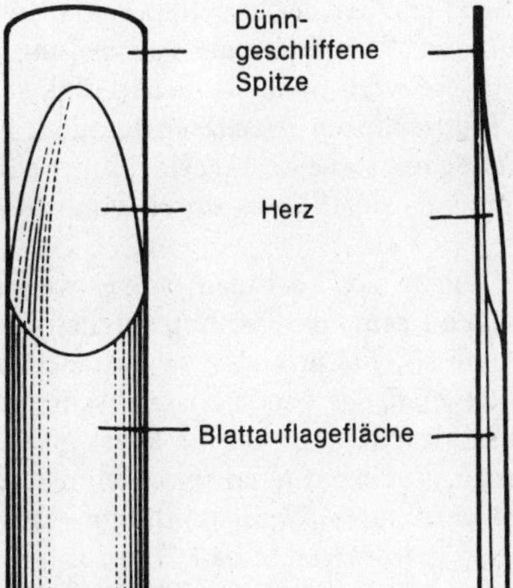

Die Form des Blattes. Das Blatt wird vom Herz zur Spitze hin sowie nach den Seiten hin flacher. An der Oberseite gibt es keine plane Fläche.

Die erste Regel: Niemals das Herz des Blattes anrühren, es sei denn, das Blatt ist insgesamt viel zu stark – aber dann wird es sich wahrscheinlich überhaupt nicht zufriedenstellend bearbeiten lassen. Sodann muß man feststellen, ob das Blatt im Hinblick auf Tonschönheit zu schwer oder zu leicht ist. Wenn es zu leicht ist, muß man die Spitze mit dem Blattabschneider (siehe Abbildung 32) so weit verkürzen, bis es entweder genau richtig (ein unwahrscheinlicher Fall) oder zu schwer geworden ist. Zu schwere Blätter haben den Nachteil, daß sie entweder zu hart zu blasen sind oder aufgrund ihrer Stärke durch den Ansatz nicht gegen die Bahn schließend in Spielposition gebracht werden können. Diese Fehler behebt man behutsam Schritt für Schritt, indem man die Blattoberfläche entweder mit einer scharfen Klinge, einem gefalteten Blatt Schmirgelpapier oder einem Stück Winterschachtelhalm abschleift. Winterschachtelhalm ist eine krautige, auch in Mitteleuropa gedeihende Pflanze, mit deren getrockneten oberirdischen Trieben man nach Ansicht vieler Klarinettisten Blätter besonders gut bearbeiten kann. Er ergibt eine glatte Oberfläche und scheint die Rohrfaser nicht aufzureißen. Unabhängig von der Art des verwendeten Schabgeräts ist es notwendig, nur jeweils sehr wenig Rohrsubstanz abzutragen, die Wirkung immer wieder nachzuprüfen und denjenigen Teil des Blattes zu behandeln, der den verlangten Effekt ergibt. Die Zeichnung gegenüber veranschaulicht die einzelnen Blattbereiche. Bei der Bearbeitung des Bereichs (a) muß man auf die Ausgewogenheit der Seiten bedacht sein; wenn man diese »Flanken« dünner macht, bläst sich das Blatt leichter. Aber schon etwas zuviel Verdünnung hat verheerende Folgen. Wird Substanz von den mit (b) bezeichneten Bereichen entfernt, so verschwinden Schwierigkeiten, die zuvor beim Schließen des Blattes durch Ansatz entstanden; hier braucht man beim Abtragen nicht ganz so heikel zu sein. Zum Schluß justiert man die »leichte Ansprache« des Blattes durch vorsichtiges Schaben im Bereich (c).

Sobald das Blatt seine korrekte Stärke hat, hört man, wie es wirklich klingt. Das kann sehr enttäuschend sein, da das ursprünglich harte Blatt eine Pseudo-»Helligkeit« besaß, die attraktiv, wenn auch unbrauchbar war. Womöglich muß man das ganze Blatt abschreiben. Nicht daß man es eigentlich ruiniert hätte – es hat nie etwas getaugt. Einen Rettungsversuch kann man immerhin noch unternehmen. Im Bereich (c) liegt die »Helligkeit« des Blattes. Wenn es »dumpf« klingt, schabe man nur in diesem Bereich ganz wenig Substanz ab. In dieser Phase ist nichts zu verlieren, und tatsächlich kann diese letzte Regulierung bisweilen Wunder wirken. Man muß sie nur innerhalb sehr enger Grenzen ausführen. In der kniffligen Frage des flachen Blattrückens und seiner richtigen Behandlung muß jeder Klarinettist nach eigenem Gutdünken verfahren. Oft ist diese Oberfläche – obwohl flach – rauh in der Struktur und mit einer zähen Schicht Blattstaub bedeckt. Genau diese Art Oberfläche erweist sich als Schmutzfänger und saugt Feuchtigkeit auf. Man entfernt sie behutsam durch Abwischen mit einem angefeuchteten Taschentuch, während das Blatt mit der anderen Seite fest auf einer harten, ebenen Unterlage aufliegt. Weiteres Polieren, zumal mit feinem Schleifmaterial, erbringt eine hochglänzende Oberfläche. Die aber ist unerwünscht, da Feuchtigkeit auf ihr Kügelchen bildet und ein »brutzelndes« Geräusch entsteht. Manche Bläser können ein Blatt dadurch leichter machen, daß sie es über ein feines Schmirgelpapier auf einer vollkommen ebenen Fläche (zum Beispiel einem Spiegel oder einem Stück Flachglas) ziehen. Gewöhnlich genügen zwei oder drei vorsichtige »Durchgänge«; das Abziehen wirkt sich auf die Spitze des Blattes noch stärker aus als auf die übrige Blattfläche, und dadurch kann die Spitze kaputtgehen.

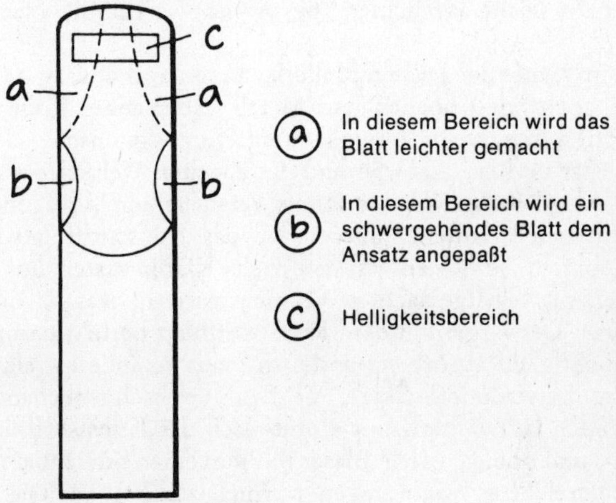

Blattbearbeitungsbereiche

Als ein weiterer Faktor bleibt die Feuchtigkeitsaufnahme des Blattes während der Benutzung zu erörtern. Zweifellos ist ein gutes Blatt in seinen ersten Lebensstunden meist nicht in seiner besten Verfassung. Es scheint sich gegen seinen neugefundenen Feuchtigkeitsgehalt zu sträuben und kann nach kurzer Zeit sogar »sumpfig« klingen. Seine Probe muß es später bestehen, nachdem es ausgetrocknet ist. Wenn es sich um ein feines Stück Rohr handelt, wird es gerade genug Feuchtigkeit bewahren, um geschmeidig und klangvoll zu werden. Bei sorgsamer Pflege müßte es viele Stunden einwandfrei funktionieren, ehe es ein blasses, steinartiges Aussehen annimmt, was anzeigt, daß es spröde wird. Dann bekommt es auch einen schneidenden Klang. Manche Blätter erreichen das klangvolle Stadium niemals und müssen als schlechtes Material in den Abfalleimer wandern. Über die beste Aufbewahrungsart für nicht benutzte Blätter gibt es verschiedene Ansichten. Manche Klarinettisten nehmen sie ab und tun sie in besondere Blattkästen, wo die Blätter flach liegen; andere trocknen sie ab und bringen sie mit großer Sorgfalt wieder in der ursprünglichen Position am Mundstück an; manche lassen sie unabgetrocknet an ihrem Platz, und auch das scheint sich zu bewähren. Doch unabhängig von der Methode ist wohl sicher, daß der Feuchtigkeitsgehalt, zumal mengenmäßig, große Bedeutung hat. Trocknet ein Blatt völlig aus, so wellt es sich und erholt sich davon oft nie mehr hundertprozentig. Folglich sollte man das Blatt – ob es nun auf der Bahn bleibt oder nicht – leicht anfeuchten, bevor man es für die Nacht wegschließt.

Man hat im Laufe der Jahre mit allerlei anderem Blattmaterial experimentiert, auch mit Knochen und Metall. Aber außer Rohr hat sich nichts recht durchgesetzt, obwohl es der Herzenswunsch vieler Klarinettisten war und ist. Als während des Zweiten Weltkrieges erstmals reichlich Akryl-Kunststoff für solche Versuche zur Verfügung stand, wurde mit einem lauten Fanfarenstoß das Kunststoffblatt auf den Markt gebracht. Indessen wußten viele Klarinettisten aus eigener Erfahrung mit selbstgemachten Versuchsblättern, was davon zu erwarten war. Der Ärger mit dem Kunststoffblatt besteht darin, daß es keine Feuchtigkeit absorbiert und sich nicht verändert – eine erbarmungslose Unveränderlichkeit, die den durchschnittlichen Ansatz bald ermüden läßt. Überhaupt »fühlt« sich das Kunststoffblatt ganz anders an, und obgleich viele Bläser mit ihm einen brauchbaren Klang erzielen, gereicht es nur wenigen wirklich zur Freude. Die meisten empfinden den Unterschied als den zwischen einer flachen, glatten Oberfläche und einem dichten Bündel hohler Fäden nach Art des Pfahlrohrstücks. Ein Spötter könnte sagen: Wenn man ein Klarinettenblatt brauchte, um eine H-Bombe zu zünden, würde man keinen Finanzaufwand scheuen und quasi über Nacht ein perfektes Kunststoffblatt produzieren. Ein noch größerer Spötter könnte vielleicht fortfahren: Und wenn das gelänge, wäre es sicher eine derart vollkommene Nachahmung, daß es genausowenig haltbar sein würde wie das Rohrblatt. Wie dem auch sei oder werden möge, vorläufig hat das Kunststoffblatt keine große Aussicht, sich bei ernsthaften Klarinettisten durchzusetzen.

Die Birne

Dieser Teil des Instruments ist im Grunde eine Erweiterung des Mundstücks. Ältere Klarinetten hatten keine Birne; manche besaßen ein längeres Mundstück, bei anderen war einfach das Oberstück etwas länger. Die Birne soll zum Stimmen dienen, da man das Klarinettenrohr verlängern kann, indem man die Birne an ihrem Zapfenanschluß auszieht. Aber das ist eine grobe Methode, das Instrument etwas tiefer zu stimmen, da sie sich auf die unten im Instrument erzeugten Töne kaum, auf die kurzen Töne jedoch verheerend stark auswirkt. Die Theorie, man könne das Instrument mit Hilfe verschieden langer Birnen in verschiedenen Stimmungen spielen, ist abwegig; denn eine Klarinette ist nur in der Stimmung zu blasen, in der sie ihrer Konstruktion nach steht. Allerdings ermöglicht die Einbeziehung der Birne in den Klarinettenbau es dem einzelnen Bläser, die Stimmung seines Instruments nach Bedarf ständig zu regulieren. Möchte ein Klarinettist seine Klarinette etwas tiefer haben, kann er eine lange Birne nehmen und dann die kurzen Töne, die er ruiniert hat, durch Benutzung anderer Griffe erhöhen. Möchte er das ganze Instrument etwas höher klingen lassen, so geht er den umgekehrten Weg – er bedeckt die Tonlöcher der betroffenen kurzen Töne mehr und verwendet eine kurze Birne.

Etwas kompliziert wird die Sache dadurch, daß manche Instrumentenbauer die Birne konisch bohren (das heißt, die Bohrung in Abwärtsrichtung reduzieren). Dies ist als Kontrollmöglichkeit gedacht, um die oberen Duodezimen der linken Hand zu erniedrigen. Doch von welcher Länge die verwendete Birne auch sein mag, die Bohrung an ihrer Anschlußstelle zum Oberteil darf keine »Stufe« bilden.

Aus Unterschieden in der Dichte des Materials und der Dicke der Birne scheinen Differenzen der Tonqualität zu resultieren. Die leichte Birne, zumal die aus Ebonit (Hartgummi), gibt dem Klang Leichtigkeit und Klarheit bei leichter Artikulation und einer kurzen Anwärmperiode, wenn in kaltem Zustand angeblasen wird. Die schwere, dicke Birne aus dichtem Holz ermöglicht einen »dunkleren«, kräftig-vollen, »holzigen« Klang mit einem schwereren, aber eindrucksvolleren Staccato. Sie braucht länger, um warm zu werden, hält aber ihre Temperatur und ist in mancher Hinsicht beständiger und sicherer. Jeder Klarinettist sollte ausprobieren, welcher Birnentyp sich für ihn am besten eignet – es lohnt die Mühe. Vielleicht kann er zwei Birnen mit verschiedenen Eigenschaften benutzen Unabhängig von dieser Entscheidung empfiehlt es sich, für ein Instrumentenpaar nur eine Birne zu benutzen, was natürlich voraussetzt, daß die Zapfen dementsprechend passen oder passend gemacht wurden. Die Vorteile: Ein größerer Teil der Klarinette hat Spieltemperatur, wenn der Wechsel erfolgt, und man schafft mit einem Handgriff viel, wenn in Eile gewechselt wird, wodurch im kritischen Moment das lästige Abnehmen von Blattschraube und Blatt entfällt.

Der Schallbecher (Stürze)

Form, Gewicht und Dichte des Schallbechers der Klarinette sind, jedes für sich, wichtig. Wir brauchen das hier nicht eingehend zu besprechen, weil alle Instrumentenbauer die Konstruktion dieser Komponente unermüdlich vervollkommnet haben und die nach ihrer Ansicht geeignetste Stürze liefern. Der Ring unten am Rand, für den Ton ohne Bedeutung, erhöht die Festigkeit des Bechers. Allerdings vermehrt er dessen Gewicht und stellt eine weitere Belastung für den geplagten rechten Daumen dar. Wenn der Ring sich lockert, was infolge Schrumpfens des Holzes oft passiert, kann er zu Klangvibrationen führen. Doch allgemein ist er ein ausgezeichneter Schutz für den Becherrand. Ein dichter Schallbecher, selbst ein ziemlich dicker, stabilisiert den erzeugten Klang, und zwar besonders die Töne, die im Mittelteil des Schallrohres entstehen. Die Stürze ist als Gewichtsfaktor lästig, indessen akustisch wertvoll. Die Innenabmessungen sind von entscheidender Bedeutung und schwierig zu prüfen. Der ganze Zweck der Stürze besteht darin, den Klang zu glätten und durch ihre gewichtige Anwesenheit für zusätzliche Resonanz zu sorgen. Es gibt Grund zu der Annahme, daß das Gewicht von Birne und Schallbecher – der Rohrenden – die Schwingungen des Instruments gleichmäßiger macht. Beide Teile sind wohl noch verbesserungsbedürftig. Die Abbildungen 29 und 30 zeigen Birnen und Schallbecher älterer und moderner Bauart.

Der Ansatz (Embouchure)

In jedem Kapitel über die praktischen Seiten des Klarinettenspiels muß auch das erörtert werden, was zum körpereigenen Rüstzeug des Bläsers gehört und nicht zum Instrument selbst. Mit Ansatz bezeichnet man die Methode, das Instrument zu blasen. Der französische Begriff Embouchure für Ansatz kommt von dem Wort *la bouche,* der Mund. Dieser Aspekt nun wird von Spielern wie Lehrern sehr häufig vergessen; denn fast immer stellt man die Funktion der Lippen allein in den Vordergrund – eine Funktion, die man vielleicht als »Labitur« oder sonstwie bezeichnen sollte, wenn man davon ausgeht, daß sie eine besondere Benennung verdient.

Freilich spielen die Lippen eine wichtige Rolle. Das tun auch die Zähne, die die Lippen dabei unterstützen. Es scheint möglich, daß ihr Muskeltonus, zumal der der Unterlippe (da sie mit dem Blatt in Berührung steht und dessen Schwingungen dämpft), unmittelbar damit zusammenhängt, was für eine Art von Klang der Bläser auf seinem Instrument erzeugt. Vielleicht wurzeln die unglaublich vielen persönlichen Klangvarianten, die man bei Klarinettisten ansonsten gleichen Könnens beobachten kann, gerade in diesem Faktor (siehe Abbildung 35).

Aber der Ansatz ist nicht nur eine Kombination aus Lippen- und Zahnfunktionen, sondern ein weit komplexeres Problem. Die Mundgröße, die vom Munde gebotenen resonanten Hohlräume, die Schlaffheit oder Spannung seiner Wände, die Stellung und Funktion der Zunge – das alles ist für die Bildung des Klarinettentons von größter Bedeutung. Aus Platzmangel können wir den Ansatz hier nicht unter allgemein- oder zahnmedizinischen Gesichtspunkten wissenschaftlich erörtern. Die Orthodontie hat der ausgezeichnete Zahnarzt und begeisterte Klarinettist Maurice Porter in seinem Buch »The Embouchure« als Fachmann maßgebend behandelt.

Die Gesichtspunkte des Laien sind unkomplizierter. Allgemein gesprochen, unterscheidet man beim Klarinettenansatz zwei Formen, den einfachen und den doppelten. Beim einfachen Ansatz liegt das Blatt auf der über die unteren Vorderzähne gezogenen Unterlippe. Dann wird der Mund geschlossen, so daß die oberen Zähne auf die Oberseite des Mundstücks beißen. Die Kiefermuskulatur preßt das Blatt zusammen, indem die unteren Zähne die Unterlippe dagegendrücken und es auf diese Weise nahe an die Bahn des Mundstücks heranbringen, so daß es sich leichter in Schwingung versetzen läßt. Der Doppelansatz arbeitet nach demselben Prinzip, nur wird bei ihm auch die Oberlippe zwischen oberen Zähnen und Mundstückoberseite eingezogen. Befürworter dieses Ansatztyps behaupten, daß er aufgrund des umfassenden Kontaktes lebenden Gewebes ein besseres Ansatzgefühl gibt, und zweifellos hat die Sache etwas mit »Fühlen« zu tun, da der Prozeß sehr viel schmerzhafter ist. Ebenso zweifellos erscheint der so erzeugte Klang dem Bläser oftmals weicher, da die Schwingungen des Mundstücks selbst, die anderenfalls durch die Knochenleitung zum Kopf gelangen, eine Dämpfung durch die Oberlippe erfahren. Allerdings existieren die Schwingungen weiter, auch wenn man sie nicht spürt. Ein Faktor bleibt noch zu bedenken – die Dicke der Oberlippe führt zweifellos eine größere Öffnung des Mundes und eine größere Resonanzhöhle herbei, was für den Klarinettenton, den sich die meisten Klarinettisten wünschen, sehr günstig ist. Man kann das jedoch auch auf andere Weise erreichen, zum Beispiel mit einem dickeren Mundstück oder durch bewußte Resonation auf einem Mundöffnungsvokal (siehe fünftes Kapitel).

Das soll nicht besagen, daß der Doppelansatz in irgendeiner Hinsicht fundamental falsch sei. Viele ausgezeichnete Klarinettisten haben ihn benutzt und benutzen ihn noch. Aber daß er in der Technik dem Einzelansatz überlegen wäre, der unter erstklassigen Klarinettisten wahrscheinlich noch mehr Anhänger und Befürworter hat, läßt sich auch nicht nachweisen. Wenn die Wirkungsgleichheit der beiden Methoden überhaupt etwas beweist, dann höchstens, daß die Lippen selbst gar nicht die entscheidend wichtigen Faktoren sind, als die sie oft hingestellt werden. Man sollte Klarinettisten ermutigen, sich ihre Methode danach zu wählen, wie leicht sie sie anwenden können. Jedenfalls gibt es viele Spieler, die ihre Oberlippe, da sie zu kurz ist, nicht über die Zähne zu ziehen vermögen. Auch wenn ein Klarinettist mit der einen Methode angefangen hat, sollte er den Wechsel zur anderen nicht scheuen, so er sie für sich geeigneter findet. Viele bedeutende Klarinettisten haben das getan, manche nach fünfzehnjähriger Praxis, und in keinem Fall stellte ihre Umgebung irgendeine Veränderung ihres Klarinettentons fest. Bei der Verwendung der Lippen geht es vor allem um Fragen der Bequemlichkeit und Ausdauer, und die Funktion der Lippen ist in der Tat sehr einfach, nämlich lediglich die eines beweglichen, unendlich anpassungsfähigen Gummibandes, das Blatt und Mundstück umgibt.

Dieses elastische Band hat einen doppelten Zweck. Es muß, wie oben beschrieben, Druck auf das Blatt ausüben und den Mund so weit schließen, daß die in ihm enthaltene, unter Druck stehende Luft in das Instrument geleitet wird und nicht entweicht. Es muß sich auf der Bahn des Mundstücks auf und ab bewegen können, um den schwingenden Teil des Blattes zu verändern, und es muß imstande sein, stärkeren oder schwächeren Druck darauf auszuüben. Wenn das gelingt, bleibt der Rest des komplexen Resonationsvorgangs – der wirkliche »Ansatz« – anderen Faktoren anheimgestellt, die die Tonbildung beeinflussen, gleichgültig, ob man nun einen »Einzel«- oder »Doppellippen«-Ansatz benutzt.

Neben der Lippenstellung und -aktivität gilt es noch drei wichtige Faktoren der Ansatzkontrolle zu berücksichtigen. Es sind:

a) Die Wangenmuskeln, die die Größe der Mundhöhle und ihre

reflektierenden Eigenschaften bestimmen, da sie die überaus wichtigen Seitenwände des Mundes bilden;

b) die Kiefermuskulatur, die zum einen den Druck auf das Blatt bestimmt, zum anderen die Größe des Resonanzraumes des Mundes durch bewußten Einsatz der Zungenwurzel in vertikaler Richtung verändern kann;

c) die Stellung und Muskelspannung der Zunge.

Über Punkt a) gibt es kaum eine Debatte, da auf der Hand liegt, daß der Wangenmuskel fest sein muß, um überhaupt eine Labialkontrolle zu ermöglichen. Werden die Backen aufgeblasen, so erweitert sich die Mundhöhle, doch wird dieser Effekt durch die Schlaffheit der umgebenden Wände aufgewogen, und das Nachlassen der Spannung beeinflußt weitgehend die Stützwirkung der Lippen. Daher sollten die Backen straff, aber nicht verkrampft sein und äußerlich kaum erkennen lassen, daß sie eine unter Druck stehende Luftsäule umschließen.

Zu Punkt b): Die Funktion der Kiefermuskulatur ist so komplex, daß wir sie besser im fünften Kapitel behandeln, wo sich ein Zusammenhang mit anderen Mundfunktionen in der Frage der Vokalklänge ergibt. Möglicherweise ist sie derjenige Ansatzaspekt, der sich von Ton zu Ton am meisten verändern kann. Auf ihr beruht zum großen Teil die Ausgewogenheit, die das Wesen der richtigen Tonbildung auf der Klarinette ausmacht.

Punkt c) betreffend muß daran erinnert werden, daß die Zunge ein Muskel ist und in ihrem Spannungs- und Entspannungsvermögen dieselben Eigenschaften besitzt wie andere willkürliche (motorische) Muskeln. Der Klarinettist braucht sie namentlich für seine verschiedenen Staccatoarten (Zungenstoß). Auch diesen Aspekt behandeln wir im fünften Kapitel. Die Ruhestellung der Zunge als Teil des hergestellten Ansatzes ist eine ganz simple: Die Zunge ist einfach tief in den Mund zurückgezogen und wahrt einen so großen Abstand zum Bewegungsspielraum des Blattes, wie es sich mit ihrer Aufgabe verträgt, erforderlichenfalls in einem Sekundenbruchteil zuzustoßen. Durch das Zurückziehen spannt sich die Zunge. Dadurch entsteht im Zusammenwirken mit dem straffen Wangenmuskel, dem harten Gaumen darüber, den Vorderzähnen und der festen Unterseite der Zunge eine große, resonante Höhlung, in der sich das schwingende Blatt befindet. Jeder Bläser, der seinem Instrument den schönstmöglichen Klang abgewinnen will, muß dafür sorgen, daß sein Ansatz diesen Anforderungen gerecht wird. Die Lippen sind wichtig – das übrige ist entscheidend.

Die Daumenstütze (Daumenhalter)

Dem Bau und der Position dieser Vorrichtung schenken Instrumentenmacher wie Instrumentalisten gewöhnlich längst nicht genug Beachtung. Historisch gesehen ist die Daumenstütze ziemlich jung. Die Originalklarinetten des 18. Jahrhunderts hatten keine, und zwar aus dem ganz einleuchtenden Grunde, daß die Buchsbaumklarinette mit ihren wenigen Klappen leicht war und ohne weitere Stütze mühelos auf dem Daumen balanciert werden konnte. Außerdem wurde der rechte Daumen mit der Zeit anders benutzt – ursprünglich oblag ihm die Bedienung der E-H-Klappe, derjenigen also, der die Klarinette ihre heutige Form verdankt. Auch auf dem Bassetthorn und der Bassettklarinette wurde der Daumen für die Reihe von Klappen eingesetzt, die den Tonumfang abwärts bis tief c erweiterten – zugegebenermaßen eine umständliche und riskante Funktion, aber doch eine, die sich offenbar erfüllen ließ. Als Müller und seine Zeitgenossen den Schauplatz betraten, wurde der Daumen arbeitslos, das heißt, er diente nur noch als Stützelement. Danach war es nicht nur vorteilhaft, sondern durch das Gewicht des Instruments geradezu geboten, eine Daumenstütze zu haben, was jedem klar wird, der von einer modernen Klarinette die Daumenstütze entfernt und das Instrument dann zu spielen versucht. Daher müssen wir der Konstruktion dieses unentbehrlichen Zubehörs unsere volle Aufmerksamkeit widmen. Bei vielen Klarinetten verdient sie wirklich nicht die Bezeichnung »Stütze«; sie weist nämlich, wie wenn das beabsichtigt wäre, an der Innenseite eine scharfe Kante auf, die sich sehr schmerzhaft in den Daumen eingräbt, wenn man nicht den einzig möglichen Ausweg beschreitet und das Handgelenk durchbiegt, was wiederum höchst unerwünscht ist. Deshalb sollte die Unterseite der Daumenstütze sinnvoll gewölbt und mit Kork belegt sein. Eine gelungene Konstruktion zeigt unsere Abbildung 33. Eine Klarinette mit einer weniger zufriedenstellenden Daumenstütze sollte auf keinen Fall weiterbenutzt werden, ohne entsprechende Abhilfe zu schaffen, denn sonst sind schlechte Griffgewohnheiten und lästige Druckstellen am Daumen die Folge. Man kann die Stütze aber leicht korrigieren, indem man sie abschraubt, mit der Zange (wenn möglich am Schraubstock) in die richtige Form bringt und danach unten mit dünnem Kork oder weichem Filz polstert. Wenn genügend Platz vorhanden ist (das heißt, wenn die Daumenstütze sowieso zu weit oben am Instrument sitzt), kann man einfach ein entsprechend dickes Stück Kork von optimal bequemer Fasson anbringen. Stärke und Gestalt des Korks ermittelt man durch Ausprobieren.

Das bringt uns auf einen anderen bedenkenswerten Aspekt der Daumenstütze, nämlich ihre Stellung. In einer Hinsicht dürfte sie kaum Anlaß zu Zweifeln geben: Sie sollte sich hinten an der Klarinette befinden, im Einklang mit dem Blatt, dem Daumenloch und der Daumenringklappe. Ihre vertikale Plazierung ist Geschmackssache und scheint wenig mit Vernunftgründen zusammenzuhängen. Wenn man die rechte Hand in lockerer Spielposition an das Instrument hält, könnte man meinen, die Daumenstütze sei unterhalb des Lochs für den ersten Finger am besten aufgehoben. Aber dann sitzt sie für den Spieler gewöhnlich zu hoch, da sich sein erster Finger nicht mehr leicht genug die Klarinette hinaufbewegen kann, um die Triller-Klappen am Oberstück zu bedienen. Möglich ist diese Bewegung meist, wenn die Daumenstütze dem Mittelpunkt des Loches des ersten Fingers gegenüber angeordnet ist, so daß der Daumen um etwa 4,7 mm tiefer liegt als dieser Finger in seiner Halteposition. Höher sollte die Daumenstütze auf keinen Fall angebracht sein. Der tiefstmögliche Punkt befindet sich wohl etwa 19 mm darunter, und nur der Klarinettist selbst kann entscheiden, an welcher Stelle zwischen den beiden Punkten die Daumenstütze für ihn bequem ist. Leider geht es technisch nicht an, unendlich viele Positionen auszuprobieren – man muß ja Löcher bohren. Nach etwa zwei mißlungenen Versuchen sollte man nicht weiterexperimentieren, wiewohl man die unbenutzten Bohrlöcher heute mit Epoxidharz-Fixativ wieder so füllen kann, daß dieses Stück der Klarinette wie neu wird. Das heikle Bohren für diesen Zweck überlasse man dem Fachmann, der eine ziemliche Gewähr bietet, daß das Instrument keinen dauernden Schaden nimmt.

Es ist erstaunlich, wie wenig die Hersteller bislang unternommen haben, um das Instrument mit einer verstellbaren Daumenstütze auszustatten. Beispiele für bequem um einen Drehpunkt schwenkbare Modelle sind aus dem vorigen Jahrhundert reichlich bekannt. Ein einfaches Höhenverstellungssystem wurde vor etwas über zehn Jahren erfunden, gelangte aber nicht in die Produktion (siehe Abbildung 33). Es bestand in einem Paar Laufschienen für die Daumenstütze, die ihrerseits mit einer außer Reichweite des Daumens befindlichen Madenschraube arretiert wurde. So konnte der Spieler ausgiebig experimentieren, bevor er sich entschied, welche Position ihm am meisten zusagte. Nachteilig ist an dieser Lösung, daß sie zu einer gewissen Unrast verführt und dazu, sich nicht auf eine bestimmte Position ein für allemal festzulegen. Doch richtig angewendet, könnte sie uns einen wichtigen Schritt voranbringen.

Die Zapfen

Die Klarinette normaler Bauart hat vier Zapfen in vier Fassungen. Dafür gibt es mehrere Gründe. Der erste Grund ist die handliche Größe der einzelnen Klarinettenteile – a) Mundstück, b) Birne, c) Oberstück, d) Unterstück und e) Schalltrichter –, von denen keines länger als etwa 25 cm ist. So kann man das Instrument in einem ziemlich kleinen Kasten verstauen und in einem Attaché-Koffer sogar einen Satz Klarinetten unterbringen. Der zweite Faktor ist die Tiefe des Holzblocks, aus dem die Teile geschnitten werden. Will man beispielsweise eine A-Klarinette in einem Stück bauen, so muß das dazu erforderliche Holzstück so groß sein, daß seine Handhabung schier übermenschliche Kräfte voraussetzen würde, und das schreckt Instrumentenmacher ab. Ein dritter Punkt: Wenn ein Teil der Klarinette reißt, dann besser ein kurzes, damit es sich einfacher und billiger ersetzen läßt. Und letztlich sind kurze Teilstücke besser zu reinigen und mechanisch besser instand zu halten.

Nachdem wir das gesagt haben, müssen wir sofort hinzufügen, daß Zapfen vom Akustischen her ganz und gar nicht erstrebenswert sind. Gerade an diesen Stellen treten oft »Lecks« auf, gerät die Ausrichtung des Klappenwerks in Gefahr. Das Instrument kann nicht richtig stimmen, wenn hier die Stücke nicht vollkommen gerade aneinander anschließen, und unsorgfältiges Zusammenfügen kann nicht nur Schäden am Klappenmechanismus, sondern auch Sprünge im Holz hervorrufen. Unter wechselnden atmosphärischen Bedingungen, bei Feuchtigkeit oder extremen Temperaturen können die Zapfen zu locker oder – was noch schlimmer ist – zu fest werden. Sie stellen also bestenfalls ein notwendiges Übel dar und sind unbedingt hervorragend zu pflegen.

Zunächst muß man das Auflagematerial des Zapfens untersuchen und prüfen, in was für ein Material die zylindrische Bohrung, in die er hineinpaßt, versenkt ist. Im Falle des Zapfens handelt es sich um Kork, im Falle der Bohrung um Holz. Beide Materialien können außerordentlich befriedigend sein, wenn sie dicht schließen und sich weich zusammensetzen lassen. Aber das bleibt nicht lange so. Gewöhnlich wird der Zapfen locker, wenn der Kork austrocknet und schrumpft, und durch weiteres Einfetten bekommt man das entstehende Luft-»Leck« nur in Grenzen wieder dicht. Verschiedene Korkfette ergeben unterschiedliche Resultate. Petroleumfett allein ist in seiner gereinigtsten Form schlecht. Besser, wenn auch in der Handhabung unsäuberlicher, sind die schwereren Wasserpumpenfette. Das geeignetste Schmiermittel sind zweifellos Fett und Talg in gründlicher Durchmi-

schung. Nur riecht diese Mixtur höchst unangenehm. Aber damit müssen sich der Besitzer des Instruments, seine Familie und seine Freunde abfinden, wenn ihm lose Zapfen keine Sorgen bereiten sollen. Doch selbst mit diesem Superfett ist nicht zu verhindern, daß Kork schließlich trocken, hart und unbrauchbar wird. Dann muß er ersetzt werden, was der durchschnittliche Klarinettist aber besser zu einem Fachmann überläßt. Ein geschickter Reparateur macht das ziemlich schnell und so, daß die Sicherheit der Tonbildung davon überraschend profitiert. Allerdings kann man sich im dringenden Notfall, wenn kein Experte zur Hand ist, auch mit einer anderen Methode behelfen. Kork dehnt sich unter Dampfeinwirkung aus. Man halte den Zapfen aber nicht in den Dampfstrahl eines Kessels mit kochendem Wasser, weil das Holz sich unweigerlich ausdehnt und platzen kann. Am besten verdickt man den Kork, indem man ihn gründlich anfeuchtet, in die Flamme einer Spirituslampe oder auch nur eines brennenden Streichholzes hält und rasch dreht. Er wird vielleicht ein wenig schwarz, quillt aber verblüffend gut auf; und wenn man ihn dann noch behutsam einfettet, ist der Zapfen meist entschieden brauchbarer geworden.
Eine andere Methode, der sich sehr viele stark beschäftigte Berufsklarinettisten bedienen, besteht darin, daß man die geschrumpfte Korkschicht mit einem in Fett getränkten Baumwollgarn umwickelt. Man nehme dazu feines Nähgarn. Von Zahnreinigungsfaden ist abzuraten, weil er so dick ist, daß er auf dem Zapfen bloß eine Reihe Grate bildet, und um diese Grate kann Luft entweichen. Den dünnen Baumwollfaden legt man so um den Zapfen, daß sich eine kontinuierliche Fläche ergibt. Nach richtigem Einfetten wird sie durch den Zapfendruck in die genaue Paßform gepreßt, so daß die Verbindungsstelle vollkommen abgedichtet ist. Man kann auch etwas Faden wegnehmen oder hinzufügen, bis das erwünschte Resultat vorliegt. Und natürlich läßt sich die Wicklung auf diese Weise auch ganz einfach weiter anpassen, wenn das Holz der zusammengesteckten Teile sich ausdehnt oder zusammenzieht. So kann man seine Korkauflage noch jahrelang mit sehr gutem Erfolg benutzen. Allerdings muß das Baumwollgarn nicht nur weich sein, sondern, wie bemerkt, auch gründlich eingefettet werden, wozu man am besten die vorerwähnte Fett-Talg-Mischung verwendet. Man hängt das ganze Garnknäuel für mehrere Minuten in einen Topf mit dem geschmolzenen Fett (und da es so übel riecht, tut man dies besser im Freien oder in einer Gartenlaube). Dann hebt man das Knäuel heraus, wischt es außen ab und wickelt es in ein Tuch, bis man es braucht. Es hält Jahre und verliert sehr bald viel von seinem aggressiven Geruch.

Aber man mag seine Zapfen noch so sorgsam nach diesem Verfahren herrichten und pflegen, früher oder später nützen sich Zapfen und Bohrungsinnenwand so weit ab, daß das Klarinettenteil zuviel Spiel hat und an der Verbindungsstelle »wackelt«. Gewöhnlich hat sich dann das Zapfenende zu stark abgerundet und die Bohrung zu sehr erweitert. In beiden Fällen hilft eine dünne Metallauflage, für die Neusilber ein zufriedenstellendes, Sterlingsilber das beste Material ist (siehe Abbildung 25). Das ist Arbeit für den Fachmann, und man sollte sich vom Experten beraten lassen, wann sie fällig ist. Der Rat wird fast immer lauten, die Reparatur eher später als früher vornehmen zu lassen, da sie bei einem Verbindungsstück, das noch im Aufquellen durch Feuchteaufnahme begriffen ist, zu Mißhelligkeiten führen kann. Eine Metalleinfassung, die einen Zapfen hält, während das Stück, an dem sie sitzt, noch anschwillt, ist der sichere Weg zu einem Riß, und ein kleiner Metallring in einer Senkbohrung, die schrumpft, fordert die Katastrophe ebenso kräftig heraus. Die Teilstücke der Klarinette sollten also mit Kork auf Holz anfangen und Jahre später mit Baumwolle auf Metall enden. Beides kann bei sachgerechter Anbringung und Wartung gut funktionieren. Auf jeden Fall sind die Zapfen ein wichtiges Element der Klarinette. Vielleicht könnte man den mittleren Zapfen entbehren, aber Mundstück und Schallbecher werden immer separate Teile bleiben, und die Birne muß ihren Zapfen für Stimmungszwecke haben. Nebenbei bemerkt hat man auch schon Klarinetten mit besonderen Schraubvorrichtungen an der Birne für die Stimmungsregulierung gebaut, von denen sich einige bewährt zu haben scheinen. Es wäre also vielleicht möglich, daß normale Zapfen in künftigen Jahren einmal verschwinden werden. Aber gewiß ist das beileibe nicht.

Tonhöhe und Stimmung

Bei keinem seiner Probleme ist dem Instrumentenbauer offenbar eine Lösung so komplett verbaut wie bei dem der allgemeinen Tonhöhe und der individuellen Stimmung der Klarinette. Von nationalen Abweichungen (die trotz der Bemühungen um die internationale Einführung des Kammertons a′ mit 440 Doppelschwingungen weiterbestehen und in diesem Buch an anderer Stelle erwähnt werden) einmal abgesehen, ist es nach wie vor eine verblüffende Tatsache, daß einzelne Bläser mit derselben Klarinette, demselben Mundstück und demselben Blatt Töne verschiedener Stimmung erzielen. Das läßt sich begreifen, wo die Klangqualität sehr unterschiedlich ist, und besonders, wenn ein Bläser ein schweres Blatt mit einem weiten Mundstück, ein anderer hingegen ein leichtes Blatt und eine schmale Bahn benutzt. In diesem Falle kann man sicher sein, daß das schwere Blatt aus Gründen, die wir im dritten Kapitel gestreift haben, zu etwas höheren Tönen führen wird als das andere. Viel schwerer zu erklären ist die Sache aber im Falle zumindest jenes Weltklasse-Orchesters, das zwei Klarinettisten beschäftigt, deren Klang perfekt verschmilzt, die normalerweise tonrein spielen, das gleiche Klarinettenmodell verwenden sowie Mundstück und Blatt derselben Güte benutzen. Obendrein kann jeder von ihnen auf des anderen Instrument mühelos und gut musizieren. Gleichwohl stellen die beiden beim Spielen fest, daß der eine fast einen Viertelton höher ist als der andere. (Das muß einen triftigen medizinischen Grund haben.) Besonders auffällig ist diese Erscheinung im Register der kurzen Töne; und hier hat der Erbauer im Laufe der Jahre so hervorragende Feinarbeit nachgeliefert, daß die Instrumente, die die beiden Bläser verwenden, ihnen jetzt quasi auf den Leib geschneidert sind. Der eine Klarinettist gebraucht eine ziemlich kurze Birne mit Hilfsgriffen für g, a und as, während der andere eine längere Birne mit kleineren Löchern für diese Töne nimmt. Die Moral von der Geschicht': Wenn man eine Klarinette bestellt, setzt man sich am besten mit dem Mann ins Benehmen, der sie baut, oder zumindest mit einer Herstellerfirma, die einräumt, daß für ihre Klarinetten, bei aller Perfektion, die Notwendigkeit individueller Anpassung nicht auszuschalten ist. Es gibt keine vollkommene Klarinette außer im abstrakten Sinne. Mit entsprechender Sorgfalt indessen kann man das Instrument diesem höchsten Ziel näherbringen. Änderungen müssen allmählich und überlegt vorgenommen werden, doch auf jeden Fall muß der Hersteller hier kameradschaftliches Entgegenkommen zeigen. Er ist gut beraten, wenn er die Eigenheit des ausübenden Künstlers respektiert. Natürlich wäre es töricht und reine Verschwendung, wollte man für einen Anfänger eine Klarinette radikal umgestalten. Hingegen bedeutet es keinen Tadel für den Instrumentenmacher, wenn ein versierter, reifer Instrumentalist etwas verlangt, was zwar außerhalb des akustisch Üblichen liegt, aber die Klarinette seinen Bedürfnissen besser anpaßt.

Fünftes Kapitel
Künstlerische Fragen

Technische Fertigkeit ist nur ein Anfang

Sobald die rein mechanische Ausführung der Töne einer Skala oder Melodie auf der Klarinette gemeistert ist, geht es an den wichtigsten Aspekt – den künstlerischen. Wie kann man die erworbene technische Fertigkeit in gute künstlerische Leistung umsetzen? Denn eines steht fest: Das einfache Erzeugen der richtigen Obertöne mit Hilfe der richtigen Griffe, die es ermöglichen, die Schallröhre in die richtigen relativen Längen zu unterteilen, und das erforderliche Verstärken der Partialtöne durch Ansatzdruck hat fast nichts mit Musik zu tun. Jedenfalls nicht mehr als dieselbe Tonreihe, wenn sie mit einigen Stimmgabeln oder Dampfpfeifen erzeugt wird. Solche Töne sind nicht mehr als das Rohmaterial der Musik, die aufgeführt werden soll, und der Bläser muß sich nun fragen, wie er diese zusammenhanglosen Töne in das verwandelt, was dem Komponisten vorschwebte. Wie gestaltet er sie zu einer Melodie? Leider sind auf der Klarinette gewisse Schwierigkeiten zu überwinden, bevor sich die allgemeinen Phrasierungsregeln anwenden lassen. Erstens ist ein genaues Studium der Techniken geboten, mit denen man den Ausdrucksbereich der Klarinette erweitern kann, und diese Probleme, das muß gesagt werden, machen die Klarinette zu einem außerordentlich schwierigen Musikinstrument.
Nehmen wir zum Beispiel die unerläßlichen Tonregulierungen und Modifikationen, ohne die die Eröffnungsphrase von Brahms' f-Moll-Sonate op. 120 Nr. 1, eines der größten Werke dieser Gattung, nicht gelingen wird. Die einzelnen Töne zu spielen ist nicht besonders problematisch; denn als Brahms sie komponierte, stand ihm zweifellos das ganze Wesen der Klarinette mit ihrer typischen Fähigkeit zu weiten Sprüngen vor Augen:

Die ausgewogene Darstellung der ersten vier Töne ist ein klassisches Beispiel für Klangprobleme und dafür, wie man sie überwinden muß, um zu einem künstlerischen Resultat zu gelangen. Die Gründe dafür haben wir im dritten Kapitel auseinandergesetzt. Untersuchen wir nunmehr, was jeden Ton charakterisiert.

a) Das d'' ist wahrscheinlich ein wenig zu tief und könnte stumpf klingen. Zudem liegt der Ton im dichten Teil des Klarinettenspektrums.
b) Das b' ist der klanglich unschönste und resonanzschwächste Ton auf der Klarinette und ein höchst unnatürlicher Nachbar des d'', weil er zum am wenigsten dichten Bereich des Instruments gehört. Es könnte zu hoch oder zu tief sein, je nachdem, wie man die Stimmung durch Herausziehen der Birne beeinflußt oder zu beeinflussen versucht.
c) Das g' ist ähnlich beschaffen, doch resonanter. Es entspricht in seiner Stimmung mehr oder weniger, wenn auch in geringerem Grade, dem zu hohen oder zu tiefen b''. Als der leere Ton des Instruments besitzt das g'' keinen eigenen Charakter.
d) Das b'' klingt extrem, fast unkontrollierbar hell. Man kann es weniger hell als »langes« b (nur mit den ersten Fingern beider Hände) spielen, aber nicht in diesem Zusammenhang, gefolgt von g''. Als »Seiten«-b gespielt, ist es gewöhnlich etwas zu hoch und muß vielleicht so bleiben, um zu dem ihm benachbarten, etwas zu hohen c''' zu passen. Dennoch muß es sauber intoniert werden.

Wir erkennen hier schon, daß diese vier Töne als Beginn eines so bedeutenden Werkes arg mißlingen können. Das darf nicht geschehen.

Man muß das Problem gründlich, in Ruhe und überlegt anpacken. Es wird seine Zeit dauern, bis man die vier Töne perfekt ausgewogen darbieten kann, und dabei ist die musikalische Sinngebung unter Umständen noch gar nicht berücksichtigt. Ein erfahrener Klarinettist würde sich über den Sachverhalt wahrscheinlich ungefähr folgende Gedanken machen.

a) Das zu tiefe, klangintensive d'' muß vom Zwerchfell her fest angesetzt werden und erfordert einen sicheren Ansatzdruck. Man muß es soviel wie möglich, mit minimaler Luftverschwendung aus dem Schalltrichter, im Instrument »halten«.
b) Das b' läßt sich wahrscheinlich nicht als »Seiten«-b nehmen, es sei denn, der Bläser hat die Hand, die das gestattet. Dann genügt ein leichtes Rollen und eine Berührung mit dem zweiten Knöchel. So

gespielt, wird das b′ eine ähnliche Klangqualität wie das d″ haben, jedoch verlangt seine Angleichung etwas mehr Luftzufuhr für die Schallröhre. Verwendet man das normale b′, sind sofort, wie zuvor besprochen, resonanzverbessernde Griffkorrekturen nötig. Außerdem muß man den extrem niedrigen atmosphärischen Druck im Schallrohr erhöhen, indem man eine große Luftmenge passieren läßt. Diese Menge sollte man vergrößern, bis man spürt, daß eine Angleichung an das d″ gelungen ist, ohne sich weiter um das Pfeifen aus der Duodezim-Klappe zu kümmern.

c) Auch für das leere g′ ist diese Zwerchfellunterstützung geboten, wiewohl in etwas geringerem Maße. Während man das g′ – möglicherweise ebenfalls mit intonationsverbessernden Griffkorrekturen – bläst, muß die geistige Vorbereitung für den großen Sprung zum b″ beginnen. Bevor man den nächsten Ton spielt, sollte man am besten schon fühlen, wo er im Ansatz »lebt«, und sich vorstellen, er schwebe sozusagen über dem Kopf und müsse ohne »Schub« oder Druck erreicht werden.

d) Das erzielte b″ wird hell und etwas zu hoch klingen, zumal wenn man es als »Seiten«-b greift, wie es in diesem Kontext zu geschehen hat. Die etwas zu große Höhe und die exzessiv helle Klangfärbung lassen sich vermeiden, indem man den Ton etwas weiter hinten im Mund spürt als die vorhergehenden Töne. Dadurch vergrößert sich das Resonanzvolumen im Mund, während sich zugleich der Ansatzdruck lockert. So wird der Ton etwas tiefer und stumpfer.

Nach dem Austarieren dieser vier Töne bleibt dafür zu sorgen, daß das Legato perfekt ist und daß die Vorschrift *poco forte* beachtet wird. Hierauf kann man die restliche Phrase genauso durcharbeiten. Vielleicht sollte man sich an dieser Stelle überlegen, ob alle die Bindebögen ganz wörtlich zu nehmen sind, doch hier wollen wir diese Frage nicht aufwerfen, sondern davon ausgehen, daß sie exakt ausgeführt werden müssen. Dabei gilt es, folgendes zu berücksichtigen:

a) Der entscheidende Takt ist der Takt 4. Er verlangt ein c″ mit der linken Hand, ein leichtes Erniedrigen sowie ein geringfügiges Unterspielen dieses recht brillanten Tons, gefolgt von einem es‴, das man mit seinem gewöhnlichen »Mittelklappen«-Griff nicht gebunden herausbringt, so daß hier einer der Hilfsgriffe aus der Tabelle auf S. 95 benutzt werden muß.

b) Takt 5 wird durch den Umstand kompliziert, daß das fis″ manchmal mit demselben Griff wie das vorhergehende es‴ unter Hinzunahme des ersten Fingers der linken Hand bewältigt werden kann. Aber da die Instrumente in dieser Hinsicht sehr verschieden sind, geht das bisweilen nicht. Jedenfalls sollte man keinen zu tief klingenden Griff verwenden, da das folgende a'' sicher etwas zu hoch und die erforderliche Ansatzkorrektur zu merken sein wird. Auch muß das fis'' fast *legato* erreicht werden, so daß für einen dramatischen Griffwechsel zwischen Takt 4 und 5 wenig Zeit bleibt.

c) Takt 6 ist wie geschaffen für die Anwendung des »Seiten«-b; wer anders vorgeht, handelt töricht. Um so merkwürdiger, daß die meisten Spieler diesen Fehler sehr lange machen.
d) Das kurze *crescendo* am Ende sollte nicht zu theatralisch sein, sondern mehr die Phrase abrunden und eher ein *Tenuto*-Gefühl vermitteln.

Die Spieldauer des Ganzen beträgt fast genau zehn Sekunden, woran man sieht, daß das Musizieren auf der Klarinette bei hohen Ansprüchen eine ziemlich komplexe Angelegenheit ist. Man muß aber die Dinge so anpacken, wenn man die Absichten des Komponisten verwirklichen möchte, und es lohnt sich auch, denn kein anderes Instrument kann diese Phrase so vollkommen wiedergeben wie die Klarinette in der Hand des Könners. Die weit auseinanderliegenden Töne können und müssen so klingen, als seien sie einander benachbart; dennoch soll der Hörer von der weitgespannten melodischen Erfindung überrascht werden.
Solche Feinregulierungen mögen so komplex erscheinen, daß man sie für unausführbar halten könnte, jedenfalls in den paar Sekunden Zeit, die dafür zur Verfügung stehen. Doch hier kommt uns eine höchst glückliche Eigenschaft des Menschen zu Hilfe. Durch Wiederholung werden auch die kompliziertesten Muskelvorgänge zu einem nahezu unbewußten Prozeß. Der Mensch eignet sich Verhaltensweisen leicht und rasch an, so daß ihm selbst die komplexesten Operationen nach sehr kurzer Zeit alltäglich vorkommen. Ein fünfjähriges Kind lernt oft schon binnen eines Monats, wie man in der Dunkelheit ein Schuhband zuknotet, obwohl es die einzelnen Handgriffe zuerst sehr verwickelt findet. Vielleicht kann man solche Verrichtungen nicht als Leistungen des Unterbewußtseins bezeichnen, aber zweifellos vermag das Bewußtsein sie sehr weit in seine verborgenen Regionen zurückzudrängen. Dasselbe gilt für sämtliche obenerwähnten spieltechnischen Finessen. Wenn man all die verschiedenen Merkmale jedes Tones jahrelang studiert sowie einander anpaßt und bei der Ausführung nichts übereilt, wird sich diese oder eine vergleichbare Tonfolge ganz natürlich und »wie von selbst« zurechtrücken. Die Wirkung ist völlig

verschieden von dem holprigen, wenig anziehenden Spiel, das auf andere Weise im besten Falle zu erzielen ist. Dieser langsame Prozeß muß dann durch Gewöhnung unbewußt oder doch halbbewußt und auch beschleunigt werden. Damit hat man begonnen, die Klarinette wirklich als Musikinstrument zu spielen.
Wir wollten mit der Analyse der Brahms-Phrase nur ein Beispiel geben, einen Fingerzeig für die richtige geistige Einstellung zu einem solchen Problem. Man kann sie als Modell nehmen, doch kommt es vor allem darauf an, diese Art des Denkens zu fördern und zu üben. So kann das Klarinetteblasen sehr viel interessanter werden, da derartigen Feinabstimmungen praktisch keine Grenzen gesetzt sind. Griffarrangements, Druckkontrolle und Ansatzdifferenzierungen bieten nahezu unendliche Variationsmöglichkeiten.

Nur für Anfänger

Auf diese Weise zu spielen bedeutet zweifellos, zuerst einen dornigen Weg zu gehen. Es gibt auch einen leichten Weg, aber auf dem gelangt man nicht zu solchen Resultaten. Er ist eine Sackgasse und besteht darin, einfach ein leichtes Blatt auf einer engen Bahn zu verwenden. Dadurch entsteht indessen ein charakterloser, unveränderlicher Ton. Man bringt auf diese Weise zwar keine wirklich schlechten Töne, aber auch keine guten heraus. Sicherlich sieht die Methode ganz verlokkend aus, weil sie den Fingern die Freiheit beläßt, die Noten herunterzurasseln, ohne sich mit Druck- oder Ansatzkorrekturen abzuplagen. Für den Anfänger haben ein solches Mundstück und Blatt schon Vorteile. Doch damit muß Schluß sein, sobald die Zeit für das eigentliche Musizieren gekommen ist. Mit einem schwereren Blatt wird die Tonbildung zu einem Vorgang, bei dem man jeden Ton für sich »auskostet«, da jeder Ton als ein erkennbares physikalisches Ereignis existiert, und diesen Sinneseindruck oder dieses »Auskosten«, wie wir sagten, kann man sich einprägen, um es dann bewußt wieder zu aktivieren.

Klangabstufungen

Lassen wir für einen Moment den Gedanken beiseite, daß die melodische Phrase sozusagen die »Stimme« ist, mit der die Klarinette spricht. Dem Bläser steht ein großes Spektrum verschiedener Klangwirkungen zur Verfügung, die er mit Geschmack und Sinn für Nuancen einzusetzen lernen muß.
In mancher Hinsicht ist die Fülle der Klangmöglichkeiten einer der

am wenigsten untersuchten Aspekte der Klarinette. Das erklärt sich vielleicht daraus, daß es ja schon eine große Leistung ist, wenn man über die dreieinhalb Oktaven Tonumfang hinweg einen einheitlichen, gleichförmigen Klang erzielt. Aber hierauf muß der fortgeschrittene Spieler lernen, verschiedene Klangarten hervorzubringen und sie so zu vereinheitlichen, daß er sie nach Wunsch jedem Register seines Instruments abgewinnt. Die alte Vorstellung von den drei oder vier Registern der Klarinette – Chalumeau, Mittelregister, Clarin und höchstes Register – kann inzwischen glücklicherweise als überwunden gelten. Man unterscheidet jetzt besser nur noch Unterabschnitte des Tonumfangs, und das Ziel muß nun darin bestehen, sie allesamt in dem einen oder anderen Klang zu meistern.
Unzweifelhaft zeigt sich bei verschiedenen Nationalitäten oder »Schulen« die Neigung, jeweils einen »eigenen«, besonderen Klarinettenklang zu erzeugen. Diese »nationalen« Besonderheiten sollte man deshalb studieren, weil man daraus Hinweise auf Abwandlungsmöglichkeiten erhält. Es stimmt aber auch, daß zwischen den verwendeten Instrumenten physikalische Unterschiede bestehen, die auf den ersten Blick die Klangabweichungen zu erklären scheinen – nämlich Unterschiede in den Größen und Längen der Bohrung, in der Anordnung der Tonlöcher und in Details der Mundstückskonstruktion. Ebenso ist in dieser Hinsicht die Frage des Mundstückmaterials von Bedeutung. Doch soweit es um dieses heftig diskutierte Problem der natürlichen Klangunterschiede geht, ist der Hauptgrund in dem *Wunsch* des Bläsers zu sehen, denjenigen Klang hervorzubringen, den er tatsächlich realisiert. Der französische Klarinettist möchte »französisch«, der deutsche »deutsch« klingen, und beide würden dies wahrscheinlich selbst dann weitgehend erreichen, wenn sie untereinander die Instrumente tauschten.
Wichtig ist vielmehr etwas, das noch immer viel seltener ist, als es sein sollte, nämlich das Bestreben eines jeden Klarinettisten, mag er nun tonlich von der französischen, deutschen, englischen, amerikanischen oder italienischen Grundvorstellung ausgehen, nicht stets denselben Klang zu erzeugen, sondern denjenigen, der der zu interpretierenden Musik am gemäßesten ist. Der Klang, den die meisten Klarinettisten für die zitierte Brahms-Stelle richtig finden dürften, ist in keiner Weise typisch für den Idealklang, den die bekannte, wichtige Stelle in Strauss' »Ein Heldenleben« verlangt.
Wie spielen wir dieses Solo?
Zunächst einmal mit einem rund um das Dreifache größeren Klangvolumen als die Brahms-Stelle. Auch ist die Musik strenger und erfordert einen kompakteren, schwereren, männlicheren Klang. Man muß

sich diesem Problem vom Geistigen her nähern. Sobald man sich auf den angemessenen Klang konzentriert und sich ein Bild von ihm macht, ist die Sache schon halb gewonnen. Aber das ist natürlich nicht alles. Im Vergleich zu dem intimen, innigen Brahms braucht man für Strauss hier eine viel festere Zwerchfellstütze sowie einen größeren Lippendruck, um den Klang zu straffen; außerdem muß die Mundhöhle generell einen viel festeren Muskeltonus haben. Wesentlich ist sodann der – in so verhaltener Musik wie der Brahms-Sonate unbekannte – Atemakzent auf dem tiefen as, um den großen Sprung vom hohen c zu unterstreichen und seinen Klang zu dramatisieren. Es ist alles in allem ein direkterer, offenerer, »geraderer« Klang.

Eigenschaften des Mundstücks

Um diese scharfen Gegensätze herauszuarbeiten, muß man nicht unbedingt das Mundstück wechseln. Die besten Klarinettisten können ohne übermäßige Schwierigkeiten von der Brahms-Melodie zu diesem Strauss übergehen. Heutzutage gewöhnen sich die Klarinettisten immer mehr daran, im Handumdrehen mit den mannigfaltigsten, extremsten Anforderungen fertig zu werden. Damit ist nicht gesagt, daß diese Extreme mit nur einem Mundstück bewältigt werden *müssen,* sondern lediglich, daß es damit – verblüffenderweise – offenbar gelingt. In Anbetracht der Fülle ausgefallenster Effekte, die heute dem Klarinettisten abverlangt werden, kann es eindeutig von Vorteil sein, mehr als ein Mundstück zur Verfügung zu haben. Dadurch vermag man sowohl den dynamischen Umfang und die intonationsmäßige Flexibilität des Instruments zu vergrößern als auch der Ermüdung vorzubauen, die unvermeidlich eintritt, wenn man sein wohlvertrautes »Lieblingsmundstück« in dieser oder jener Richtung zu forcieren versucht. Mit einem Mundstück läßt sich eine reiche Klangpalette ausnutzen, eine noch reichere indessen mit zwei oder mehr Mundstücken, wenn man sie für die anstehenden Aufgaben sorgfältig ausgewählt hat. Diese Auswahl gilt es sehr ernst zu nehmen. Obwohl die Mundstücke für unterschiedliche Klangfarben und verschiedene dynamische Abstufungen gedacht sind, müssen sie eines gemeinsam haben – sie müssen den Klang erzeugen, den der Bläser bestimmt, nicht aber einen, der quasi in sie »eingebaut« ist und nicht modifiziert werden kann. Für das Orchesterspiel beschaffe man sich unbedingt ein Mundstück, das ein doppelt so großes *ff* hergibt wie das gewohnte Kammermusik-Mundstück, ohne daß man sich dabei anstrengen oder das Mundstück überfordern müßte. Man suche sich eines, das einen kleinen, direkten Klang für Sonderzwecke ermöglicht, oder eines, das

R. Strauss »Ein Heldenleben«

einen »schneidenden« Ton gestattet, wie ihn ein Duke Ellington begrüßt haben würde. Aber man meide konsequent jedes Mundstück, das nur einen heiseren, rauhen Klang, ähnlich dem Elefantentrompeten, produziert. Mundstücke mit einem flachen Tonkammerdach – also jene, bei denen das Blatt nur wenig Abstand von der Innenseite der Mundstückspitze hat oder bei denen das Dach der Tonkammer absichtlich konvex gestaltet wurde, so daß es sich zum Blatt hin buckelt – klingen unweigerlich laut, bisweilen sogar »sandig«. Das wußten die alten Jazzklarinettisten und -saxophonisten in New Orleans, die ihre betagten Armee-Instrumente modifizierten, indem sie einen Kaugummikeil in die Tonkammer ihres Mundstücks schoben und sich dadurch nicht nur Gehör, sondern geradezu angsterfüllte Aufmerksamkeit verschafften. Das Mundstück, das ein extra tiefes Tonkammerdach hat, wo dieses erhabene »Hindernis« fehlt, so daß statt dessen eine tiefe, konkave Decke vorhanden ist, hat immer einen dunklen, mitunter hohlen Klang, dem Kantigkeit und Bestimmtheit mangeln. Solche Mundstücke kann man, wie die flachen, für Spezialeffekte benutzen, doch sollte man solche Extreme dem Klarinettisten überlassen, der unter den obwaltenden Umständen damit nicht anders fertig wird. In der normalen Orchester- und Kammermusikpraxis ist ihre Verwendung nicht nur töricht, sondern vielleicht sogar unmöglich. Wenn solche Extremklänge produziert werden, dann oftmals, weil der betreffende Musiker für die eine oder andere Art eine Vorliebe hat und sie routinemäßig anbietet. Die sichere Methode besteht in der Benutzung eines Mundstücks, das in diese oder jene Richtung *tendiert*, so daß man es, wo möglich, entsprechend forcieren oder nach Wunsch auch auf normalere Art einsetzen kann. Es wäre ein Fehler, wollte man versuchen, den Klang eines überhellen Mundstücks abzudunkeln, um beispielsweise die obengenannte Brahms-Medie zu blasen, oder ein »hohles« aufzuhellen, damit die Strauss-Stelle besser gelinge. Zwei verschiedene Mundstücke, ein zu »Helligkeit« und ein zu »Dunkelheit« neigendes, sind eine bequeme und zufriedenstellende Lösung, falls man beide Wirkungen nicht auf demselben Mundstück herausbringt. Man sollte hier den goldenen Mittelweg beschreiten und ein Mundstück nehmen, das leichte Varianten zum Hellen wie zum Dunklen hin gestattet. Zu diesen kleinen Veränderungen gehören neben der schon besprochenen Tiefe des Tonkammerdachs zwei noch viel offenkundigere Faktoren – die Krümmung der Bahn, die wir im vierten Kapitel beschrieben, und die Werkstoffe, aus denen das Mundstück hergestellt ist.

Bahn und Blatt

Der wichtigste Faktor in der Auswahl des Bahntyps, der einen künstlerisch am meisten befriedigt, ist letztlich das Wohlbefinden beim Blasen. Es hat keinen Wert, die Ansatzmuskeln (und das betrifft die Muskeln von Gesicht, Kiefer, Kehle und Lippen) zu strapazieren, wenn es sich doch nicht nennenswert auf die Klangqualität auswirkt.
Vielfalt des Ausdrucks setzt voraus, daß die Bahn »offen« genug ist, um auf Abstufungen des Lippendrucks anzusprechen. Sie muß unter der Lippe etwas nachgiebig sein, und das bedeutet, daß sie, wenn zusammengepreßt, den für die Strauss-Stelle erforderlichen kompakten, festen Klang im *ff* hergibt, ohne daß im Thorax ein Gegendruckgefühl entsteht. Anders gesagt: Das Instrument muß alles aushalten, was ihm ein kräftiger Bläser zumutet, ohne es zu überfordern. Folglich muß das Blatt genügend Material in sich haben, um in einer großen Amplitude zu schwingen, während es der Bläser mit den Lippen in seiner »abgedämpften« Position festhält. Man kann diese Nachgiebigkeit fühlen, und wenn man sie einmal gefühlt hat, wird man sie nicht so leicht vergessen. Aber sie darf auch wiederum nicht zu stark ausgeprägt sein, weil Ermüdungsfaktoren dieser Art Kopfweh, Ermattung, wunde Lippen und allgemeines Unbehagen hervorrufen, also Unannehmlichkeiten, die künstlerisch mindestens so nachteilig sind wie die Vibration, hervorgerufen durch eine zu enge Bahn, und dem Bläser wesentlich mehr Sorgen bereiten. Doch wenn diese größere »Offenheit« gegeben ist, enthüllt sich dem heranreifenden Klarinettisten die Welt des ausdrucksvollen Blasens. Sollte er nun die Brahms-Melodie auf demselben Mundstück spielen wollen wie die Strauss-Stelle, so wird er bemerken, daß er einen kantableren, entspannteren, rundum befriedigenderen Klang erzielt, indem er mit weniger Lippendruck arbeitet, die Luftsäule mit dem Zwerchfell fest, aber nicht übertrieben abstützt und die Mundhöhle vergrößert, bis eine optimale Klangresonanz eintritt. Letzterer Kunstgriff war in der Klarinettenpraxis bis vor einigen Jahren noch ziemlich rar, gewinnt jetzt aber zum Glück an Boden. Für all dies braucht man eine Bahn, die nicht nur »offener« ist als bei einem leichtgängigen Anfänger-Mundstück, sondern auch etwas länger. Es liegt auf der Hand, daß das Schließen einer kurzen und offenen Bahn infolge der erforderlichen Anstrengung nicht allzu lange durchgehalten werden kann, und wenn es sich künstlerisch doch nicht auszahlt, soll man sich das Leben nicht unnütz schwermachen. Ratsam ist also eine Bahn, welche man kontrollieren kann, nicht eine, die den Bläser kontrolliert. Hier muß ein guter Lehrer helfen.

Wer in diesen Dingen Erfahrung hat, staunt immer wieder darüber, wie anders der Klarinettenton eines Schülers mit normalerweise schlechtem, unentwickeltem Ton plötzlich klingt, wenn man ihm (unter Beachtung der notwendigen hygienischen Vorkehrungen) erlaubt, das Instrument, Blatt und Mundstück des Lehrers zu spielen. Fast stets bringt er dann den Klang des Lehrers heraus und fühlt sich davon so beflügelt, daß er nicht rastet noch ruht, bis die Verfassung seiner Klarinette dem angenähert ist, was er eben gespürt hat. Es ist wie das Gefühl bei einem guten Golfschlag – unversehens rückt sich alles zurecht, und was vorher unmöglich war, wird deutlich, muß nun aber für die Zukunft zum sicheren Besitz gemacht werden. In einem solchen, für den Schüler wahrlich »erleuchtenden« Moment hat der Lehrer dafür zu sorgen, daß sein Schüler ein Mundstück und ein Blatt benutzt, mit dem er, der Lehrer, selber künstlerisch befriedigende Resultate erzielen kann. Gewiß mag dies durch physische Unterschiede zwischen dem Lehrer und dem Schüler erschwert sein, doch in der Praxis ist dieses Hindernis weniger groß, als man erwarten würde, denn der Energieaufwand für das Abstützen des Tones liegt gewöhnlich nicht jenseits der Möglichkeiten des Durchschnittsmenschen, jedenfalls dann nicht, wenn er über die Anfänge des Klarinetteblasens hinaus ist. Der körperlich extrem schwache Schüler dagegen hat so wenig Aussicht, den Anforderungen überhaupt eines Holzblasinstruments zu genügen, daß er besser beraten ist, wenn er seine Talente anderweitig erprobt.
Aber man darf es nicht dabei belassen, daß der Schüler nun den Klang des Lehrers im Ohr und das Gefühl von dessen Instrument in den Gliedern hat. Er braucht ein Instrument, auf dem er sich all das wieder vergegenwärtigen kann, bevor die innere Vorstellung schwindet und er erneut in seinen eigenen Klang, seine eigenen Tonbildungsmethoden zurückverfällt, wie es nur natürlich wäre. So sieht es im Leben des Klarinettisten nun einmal aus, und ein Zyniker könnte sagen, daß selbst der beste Lehrer nur Einfluß nehmen kann, solange er sich in Hörweite befindet. Doch nach vielen solchen Korrekturstunden sollten sich eine oder zwei Veränderungen einstellen. Entweder gelingt es dem Schüler, in seiner eigenen Produktion den Lehrer brauchbar nachzuahmen, oder – und das ist besser – er findet zu einem persönlichen Stil, der etwas Eigenes zu bieten hat. Dann wird er seine Hörer um so mehr erfreuen können, aber selber dazu jene Befriedigung spüren, die aus der Kenntnis der eigenen Möglichkeiten erwächst. Nicht daß er dann den Lehrer als Vorbild verworfen hätte – nein, er hat ihn als solches verarbeitet. Was er, der Schüler, zu diesem Modell hinzufügt, mögen Ältere ruhig mit Kopfschütteln quittieren;

er geht den richtigen Weg, weil er weiß, daß die Klarinette mehr ist als ein ewig gleicher Prägestempel, mehr als bloß ein Instrument, mit dem man immer nur wieder absegnen muß, was seit Generationen gewußt und zustande gebracht wird. Die Tonbildung ist ein so weites Feld, bietet so viele Variations- und Ausdrucksmöglichkeiten, wenn die notwendigen Voraussetzungen erfüllt sind, daß keine zwei Klarinettisten gleich klingen müßten oder sollten.

Das »Supermundstück«

Viele Klarinettisten, zumal viele reife und routinierte, reagieren auf die ganze Diskussion über Mundstücksvarianten, verschiedene Typen von Bahnen, Materialien und innere Ausarbeitung mit einem jähen Temperaturanstieg und dem zornigen Ausruf: »Alles Unsinn!« Das hat einen ganz simplen Grund – sie meinen, sich in diesen Dingen restlos auszukennen und die Wahrheit gepachtet zu haben. Fortwährend sehen sie sich in dem Glauben bestärkt, es gebe nur ein perfektes Mundstück, und so sei es immer gewesen, alle anderen Mundstücke seien schwache Kopien dieses Stücks Vollkommenheit, und ihre Eigentümer müsse man bemitleiden, wenn auch dazu ermuntern, aus ihren unzulänglichen Geräten wenigstens einen möglichst anständigen Ton herauszuholen, so gut es eben geht. Das gepriesene Mundstück ist natürlich dasjenige, welches sie selbst seit 25 Jahren benutzen, und der Vorschlag, es beiseite zu legen und sich statt dessen mit all dem modernen, massenproduzierten Zeugs, diesen Zerrbildern des eigenen, so hervorragenden Mundstücks einzulassen, grenzt für sie an Ketzerei. Schon der Gedanke, daß man im Laufe weniger Tage mit einer Reihe verschiedener Mundstücke arbeiten könnte, gilt als abwegige Schrulle, die niemand ernst nehmen kann. Ein Mundstück, das man über die Jahre so gut kennengelernt hat, wirkt tröstlich und beruhigend. Rüste es mit einem guten Blatt aus, lasse es ein paar Tage sich setzen, und du hast einen Freund, dessen bloße Anwesenheit zu garantieren scheint, daß schwierige Passagen auch unter problematischsten akustischen Verhältnissen wie von selber laufen. Wie oft hat man nicht schon im Stimmzimmer über ein Lieblingsmundstück oder ein Lieblingsinstrument sagen hören: »Das hier kennt alle Opern!«
Man kann diesem Standpunkt seine Sympathie nicht versagen, da ein wirklich gutes Mundstück dynamisch fast unglaublich variabel ist und eine reichgestufte Tonfarbenpalette besitzt. Auch gilt: Entweder »spielt sich« das Blatt perfekt auf das Mundstück ein, oder der Klarinettist paßt sich relativ schnell dem Blatt an. Ein bißchen mag

beides erfolgen, doch führt dieser Vorgang jedenfalls zu einem wundervollen Gefühl der Vollkommenheit, zu einem Verhältnis, in dem das Instrument zu einem Werkzeug des Instinkts werden kann, das aus dem Vordergrund des Denkens entschwindet und es erlaubt, sich auf die Musik selbst, ihre Form, ihren Verlauf, ihre Interpretation zu konzentrieren. Glücklich, wer diesen beseligenden Zustand erreicht hat. Möge er ihm lange vergönnt sein, oder doch wenigstens möglichst lange, denn es liegt im Wesen der Dinge, daß er nicht ewig währt. Kein Mundstück, gleichgültig, aus welchem Material, von welcher Gestalt oder welcher Ausführungsgüte, kann lange von den ausgeprägten physikalischen Veränderungen, die seine Leistung unweigerlich beeinflussen, verschont bleiben. Es sind dies Veränderungen verschiedener Art. Bei Ebonit ergeben sich zwangsläufig strukturelle Materialveränderungen – es devulkanisiert, bis es sich seinem ursprünglichen Gummi-Zustand nähert. Durch Entglasung wechselt seine Farbe von glänzend schwarz zu staubigem Grün und seine Textur von stahlhart zu lasch-weich. Seine Form hält es gewöhnlich erstaunlich gut, doch wirken auch auf sie die nächsten Veränderungsfaktoren ein. Im Gebrauch wird das Mundstück ständig geklopft, gehämmert, in Schwingung versetzt, gewischt, gereinigt und von Speichel affiziert, der im Extremfall sauer sein kann. Es sammeln sich Ablagerungen an, die entfernt werden müssen, wobei etwas vom Material verlorengeht. Das Hindurchziehen des Reinigungsbausches oder -tuches läßt das Tonraumdach steigen, die Seitenwände zurückweichen und die Bohrung sowie die Tonkammer größer werden. Aber am stärksten leidet unvermeidlicherweise die Bahn; denn hier entfaltet das Blatt seine Hammerwirkung und komprimiert einen Teil der Bahn stärker als den Rest, da sich verschiedene Blattdicken in Bewegung befinden – es kommt zu Deformationen, die nach einiger Zeit eine Nachbearbeitung erforderlich machen. Dieser Faktor entscheidet letztlich, wann das Mundstück endgültig »den Geist aufgibt«. Der geschickte Reparateur, der die Bahn aufzieht, glättet zuerst die Auflage des Mundstücks. Dabei trägt er nur ca. zwei tausendstel Zoll ab und setzt seine Arbeit über die Bahn hinaus bis zur Spitze fort. Nun erweist sich die oberste Kante als zu dick und wird behutsam reduziert, bis sie zu den Schenkeln paßt. Das Mundstück ist jetzt kürzer geworden, aber aufgrund der größeren Nähe des Tonkammerdachs zum Blatt auch flacher und dadurch heller im Klang. Aufgrund seines geringeren Fassungsvermögens klingt es nunmehr etwas höher, wenn man es anbläst – und das kann so gut gelingen, daß sein begeisterter Besitzer glaubt, dem guten Stück sei völlig neues Leben eingehaucht worden. Doch Vorsicht! Nachdem es drei- oder viermal so überholt wurde, spielt er in Wirklichkeit ein ganz anderes Mundstück. Mit all seinem Können, all seiner Erfahrung kompensiert er bei jedem Ton, den er bläst, die ständig zunehmenden Defekte seines Mundstücks. Dabei entwickelt er Gewohnheiten, die so sehr zu einem Bestandteil seiner Spielweise werden, daß er sie als ein wesentliches Element seines Arbeitsmaterials ansieht, ja sogar als eines der Fundamente seines Ruhms. Gefährlich wird die Sache mit dem »Supermundstück« dadurch, daß er unter Umständen nach Kräften versucht, diese Spieltradition an seine Schüler weiterzugeben, daß er sie womöglich mit der Sorte Mundstück ausrüstet, die sie nach seinem Dafürhalten brauchen (eine Kopie des Alleskönners), und daß er auf diese Weise verbreitet, was man am besten als eine Sucht bezeichnet. Besonders bedauerlich ist sein Zustand, wenn die Sucht weit fortgeschritten ist, denn dann gibt es nur noch zwei Möglichkeiten. Entweder wird der Verschleiß seines Mundstücks so gravierend, daß es selbst ihm nichts mehr nützt, oder es geht verloren, wird gestohlen oder erleidet irreparable Schäden. Damit tritt er in eine Unterwelt der Qualen ein, bevölkert von vielen neuen, glänzenden Mundstücken, die gut, schlecht oder indifferent sein mögen, auf jeden Fall aber keinerlei Wert für ihn selbst haben. Man kann nur hoffen, daß er schon etwas vorgesorgt hatte und von seinem nunmehr unbrauchbar gewordenen Mundstück rechtzeitig eine möglichst genaue Nachbildung anfertigen ließ. Eine exakte Kopie wird das höchstwahrscheinlich nicht sein, da fast jeder Hersteller vor den letzten Verformungen, die dazu unerläßlich sind, zurückschrecken dürfte. Aber wenn die Nachbildung einigermaßen gelungen ist, mag er in ihr vielleicht doch etwas erkennen, was er sich noch zurechtkneten kann, falls er es schafft, seine verlorene Liebe zu vergessen. Wenn nicht, gleicht er Paolo auf der Suche nach Francesca im wilden Hades. Für ihn ein tragischer Verlust, gewiß, der aber für die Welt der Klarinette viel weniger schlimm ist als das, was geschehen könnte, wenn er eine neue Generation verkehrter, verdrehter Mundstücke ausbrüten und jene Krankheit weitertragen würde, von der er gar nicht weiß, daß er sie hat.

Richtig wäre eindeutig, aus der großen Zahl des Verfügbaren ein neues Mundstück auszuwählen. Dann kann er beginnen, sich eine wirklich interessante Klangpalette zu erarbeiten. Hierbei ist das natürliche und musikalische Gehör der wichtigste Faktor, mit anderen Worten dasjenige Gehör, das etwa seit dem sechsten Lebensmonat emsig mit Klängen, ihrer Bedeutung und ihrer Umsetzung in Aktion beschäftigt ist.

Sprache und Musik

Die Musik der Sprache ist die erste Musik, die ein Kind kennenlernt; von dieser Musik leitet es den Sinn des Lebens ab. Später kann es diese Erfahrungen auf die Kunst der Musik übertragen, wie wir sie kennen. Zweifellos besteht zwischen ihnen eine enge Verwandtschaft, eine Verbindung nämlich zwischen gesprochenem Wort und Musik, zwischen Akzent, Dialekt, Tonfall und der viel subtileren, maßvolleren Ausdruckskraft der musikalischen Äußerung. Seine Sprache bewältigt der Durchschnittsmensch mit seiner angeborenen Musikalität, gewöhnlich ohne bewußte Anstrengung oder Vergegenwärtigung. Als Klarinettist ist er klug, wenn er lernt, auf sein Instrument dieselbe Grundhaltung, ja dieselbe Art der Tonbildung anzuwenden. Zum großen Teil benutzt er dazu denselben Apparat, und auch die Methoden der Tonbildung, der Artikulation und der Projektion weisen enge Verbindungen auf. Gewiß, beim Sprechen sind die Stimmbänder im Kehlkopf der Generator, bei der Klarinette sind es das Blatt und das Mundstück im Munde. Aber das Klingen des erzeugten Tones hängt in beiden Fällen von den Hohlräumen des Schädels und der Mundhöhle ab, und die Artikulation erfordert in beiden Fällen dieselbe Art der Zungenbewegung. An dieser Stelle sei betont, daß es im Mund viele Kontaktpunkte gibt, die für das Sprechen von Nutzen sind, während sie beim Artikulieren auf der Klarinette von der Zunge möglichst gemieden werden sollen. Es hat einige gute Bläser gegeben, die durch Zungenstoß gegen das Gaumendach ein befriedigendes Staccato oder Halbstaccato hervorbringen konnten. Einige, aber nicht viele. Gewöhnlich ist dieser Klang häßlich.

Vielleicht wird der Zusammenhang zwischen Sprache und Klarinette in der Tonbildung deutlicher, wenn wir einmal die Flötentöne verschiedener Nationen miteinander vergleichen. Zweifellos kann man sagen, daß heutzutage der französische Flötenton die Weltbühne beherrscht, aber das war nicht immer so. Vor einer Generation beispielsweise hatte England einen durchaus eigenen Flötenton. Es scheint gewiß, daß der Grund dafür in den unterschiedlichen Vokalklängen des Englischen und des Französischen lag. Am besten veranschaulicht das die Aussprache des beiden Sprachen eigenen Wortes *flute* für Flöte. Man sage einmal französisch *»la flute«*, und man hört den engen, gespannten, konzentrierten Flötenklang der französischen Schule. Das englische *»the flute«* spricht man mit dem entspannteren, offeneren, nicht ganz so bestimmten Klang aus, der für die besten Flötisten des älteren englischen Stils so kennzeichnend war. Das ist beileibe kein verspielter Versuch, zwischen Instrumentalklang und

Sprache Parallelen herbeizureden. Man kann den Vergleich wesentlich weiterführen, denn es handelt sich um einen grundlegenden Faktor, der als Basis für umfassende Studien dienen kann, durch die man zu einer höchst erstrebenswerten Vielfalt der Klangfarben des betreffenden Instruments gelangt.

Wie läßt sich der Zusammenhang von Sprache und Instrumentalklang nun allgemein nutzbar machen? Das ist ein Thema für die Zukunft, ein neues Konzept für die Holzbläser, dem bislang keine Holzbläsergeneration auch nur beiläufig Beachtung geschenkt, geschweige denn eine echte Chance eingeräumt hat. Weitgehend ist die Anwendung des Prinzips hier darin zu sehen, daß der Bläser beim Spielen eine Tonverstärkung durch Mitklingen nicht nur der verschiedenen Vokalklänge seiner eigenen Sprache, sondern auch anderer Sprachen erzielt, also ein »internationales« Vokalspektrum ausschöpft. Die Wirkung ist unmittelbar zu merken und dramatisch. Wenn der Engländer den Laut »oo« (deutsch etwa »uuh«) im Mund bildet, kommt dies auf der Klarinette als ein typischer »weißer«, reiner und für manche Ohren altväterlicher Klang heraus. Ebenso haben englische Laute wie »eee« (deutsch etwa »iih«), »oh« (langes o), »aw« (wie in engl. saw) und das französische »ou« (deutsch »u«) ihre eigene Qualität und ihren entsprechenden Klarinettenklang. Der Bläser wird von all den Lauten den einen oder anderen bevorzugen, und das erklärt zum großen Teil die Klangunterschiede zwischen den nationalen Gruppen. Gegenwärtig ist »aw«, außer in den Militärschulen, wo »eee« wahrscheinlich häufiger ist, typisch englisch, während »u« zur deutschen, »ah« zur amerikanischen Tonbildungsmethode zu gehören scheint. Sie alle sind durch die jeweils benutzten Mundstücke, Blätter und Instrumente zu angestammten Eigenheiten geworden. Nun ist es am heutigen Bläser, sie aufzudecken, sie *alle* bilden zu lernen, auch solche, die ihm nicht so zusagen. Unsere Aufgabe besteht darin, jeden Klang zu liefern, den die Musik erfordert – sei er nun gut oder weniger gut. Nur für wenige Klarinettistenohren klingt das Glissando auf der Klarinette »gut«. Aber wir müssen dieses und anderes im Repertoire haben, genauso wie die Vielfalt der durch Vokalverstärkung des Ansatzes gewonnenen Klänge. Das muß künftig zum Training eines jeden Spielers gehören.

Übrigens kann sich auch das Wissen um die Vokalresonanz auf die Artikulation auswirken. Das deutsche gutturale »ach« in Kombination mit dem französischen »rr« (genau genommen natürlich keine Vokale, sondern zusammengesetzte Klänge) bilden die Grundlage eines kontrollierten »Flatterns« zur Anwendung in Werken wie Alban Bergs »Vier Stücke für Klarinette und Klavier«. Der Effekt ist dem eines kontrollierten Geigentremolos so ähnlich, daß er eine Unmenge

neuer Einsatzmöglichkeiten eröffnet. Auf diesem Felde sind noch sehr große Fortschritte zu machen.
Das waren nur ein paar Hinweise auf den Weg – und der Weg selbst ist ja klar. Der Klarinettist der Zukunft hat die ganze Welt als Podium vor sich und wäre unklug, wollte er für sich eine musikalische Nationalität reklamieren. Es gibt Anzeichen dafür, daß junge Bläser sich diesen Herausforderungen stellen, die alten Nationalitäts- und Rassenschranken durchbrechen und einander in ihren Auffassungen näherkommen. Aber dabei droht auch eine Gefahr, nämlich die einer langweiligen Uniformität, wenn ein Klang dominiert und vieles andere Gute untergeht. Die jungen Klarinettisten müssen weiter voranschreiten, da sich ihnen mit den jetzt typischen Klängen der französischen, deutschen, englischen, amerikanischen Schule eine reiche Farbskala anbietet. Hier ansetzend, müssen sie neuere Klänge finden, als man sie bislang gehört oder gedacht hat. Die Zahl der Klänge, die man aus einer modernen Klarinette herausholen kann, ist unglaublich groß. In der Zukunft wird sie noch größer sein.

Nationale Schulen

Werfen wir an dieser Stelle einen Blick auf die erheblichen Unterschiede zwischen den verschiedenen nationalen Klarinetten-»Schulen«, die alle zusammen ja die Palette der Klarinettenklänge, unter denen wir wählen können, ausmachen.

Die französische Schule

Sie verwendet das Klosé- oder Boehm-System. Ihre Klarinette stammt gewöhnlich aus französischer Produktion und hat eine kleine Bohrung von etwa 0,578 Zoll bis 0,583 Zoll Querschnitt. Hinzu kommt ein Mundstück mit flachem Tonraum für Unmittelbarkeit und Helligkeit sowie mit einer ziemlich engen und kurzen Bahn. Nun braucht man nur noch ein leichtes Blatt anzubringen und erhält ein Instrument von ungemein hoher Empfindlichkeit und subtilstem Reaktionsvermögen. Diese technische Ausrüstung der Klarinette erklärt, wieso das Pariser *Conservatoire* im Vergleich zu jeder anderen Institution weit mehr Werke figurenreicher, brillanter Prägung als Kompositionen irgendeines anderen Charakters inspiriert hat. Manche dieser Stücke besitzen nur geringen musikalischen Wert. Andere, etwa Debussys »Rhapsodie«, haben das Repertoire wesentlich bereichert und führen dem Hörer einen neuen, leichten und zugleich herrlich ausdrucksstarken Aspekt des Instrumentaltimbres vor. Darin liegt die Stärke der französischen Schule, und gerade dieses Wesensmerkmal muß der Bläser der Zukunft sich zu eigen machen und dann bewahren. Zweifellos kann keine andere Klarinetten-»Schule« für sich größere Gewandtheit, größere Leichtigkeit in Anspruch nehmen, als sie die allermeisten französischen Klarinettisten auszeichnet. Auch ist kein Ausbildungssystem dem angestrebten Ideal so völlig angemessen wie das der französischen Schule. Wenn diese Richtung eine Schwäche aufweist, dann ist es die Unveränderlichkeit des einmal erzeugten Klanges. Bis vor nicht allzu langer Zeit gab es nur sehr wenige Ausnahmen von der allgemeinen Regel, daß Klarinettisten französischer Schule einander weitgehend glichen. Hier scheint sich jetzt begrüßenswerterweise einiges zu ändern.

Die deutsche Schule

Gegenwärtig ist die deutsche Spielweise der krasse Gegensatz zur französischen. Die zwei Schulen sind voneinander viel weiter entfernt, als der Kontrast der beiden am häufigsten benutzten Instrumententypen (auf die wir detailliert im ersten Kapitel eingingen) erklären würde. Dennoch spielt der instrumentmäßige Unterschied hier zweifellos eine Rolle. Griffunterschiede können wir außer acht lassen, da in dieser Hinsicht kein System dem anderen wesentlich überlegen ist – zumal das Klosé- wie das Müller-System in ihren modernsten Formen über zusätzliche Klappen zur Korrektur der Gabeltöne, die eine Schwäche beider Systeme darstellen, verfügen. Etwas anderes und Bedeutsameres ist die Frage der Bohrung. Die Bohrung der deutschen Instrumente ist gewöhnlich größer, in extremen Fällen um bis zu fünfzehn Tausendstel Zoll. Auch verläuft die Bohrung länger zylindrisch. So kommt ein Instrument zustande, das wesentlich mehr Widerstand leistet als die typische französische Klarinette. Bei letzterer beginnt der Durchmesser knapp unter dem Loch des dritten Fingers im Unterstück ziemlich scharf zuzunehmen, so daß die Bohrung, wenn sie den Schalltrichter erreicht, um über fünfzig Prozent weiter sein kann, als sie oben war. Bei der deutschen Klarinette bleibt der etwas größere Querschnitt bis kurz nach dem Eintritt in die Stürze gewahrt, wo dann der Klang durch ein unbedecktes Tonloch von etwas über ein drittel Zoll Durchmesser austreten kann (bevor sich der Schallbecher für den Rest seiner Länge trichterförmig erweitert).

Am meisten zählt für den Unterschied zwischen französischem und deutschem Klarinettenspiel womöglich die Stärke des verwendeten

Blatt- und Mundstücktyps. Deutsche Blätter sind handgemacht und auf das Mundstück zugeschnitten, so daß hier jeder Klarinettist zu einer individuellen Lösung gelangt. Das Blatt ist schwer und die Bahn nicht nur eng, sondern auch sehr lang; das darauf angebrachte Blatt ist so steif, daß es auf einem typischen französischen Mundstück kaum einen Ton hergeben würde. Selbst auf dem Mundstück, für das es eigens hergestellt wurde, bietet es in der Regel einen starken Widerstand. Wie die besten deutschen Klarinettisten diese Kraft überwinden, kann man nur ebenso bewundern wie die Art und Weise, in der sie ihr Blatt statt mit einer Blattschraube mit einfacher Schnur befestigen. Dieses Aufbinden gehört genauso zu ihrer sehr gründlichen Ausbildung wie die Handanfertigung ihrer Blätter.
Der Effekt dieser außerordentlich beständigen Vorrichtung besteht in der Erzeugung eines ungemein reinen Klarinettenklangs. Mit diesem kompakten Klang kann der deutsche Klarinettist ein sehr schönes Legato durchhalten. Bläser, die weit weniger Widerstand zu überwinden gewohnt sind, staunen immer wieder darüber, wie die besten deutschen Kollegen lange Phrasen durchhalten und eine solche Fülle dynamischer Abstufungen zuwege bringen – von einem robusten ff über ein Diminuendo zu einem *pp* jener Echoklangwirkung, die viele deutsche Komponisten so gern anwenden. Es ist ein sanfter, kantenloser Klang, bei dem nur in großer Nähe ein ganz schwaches Zischen wahrnehmbar ist.
Die Artikulation des schweren Blattes ist zugleich kniffliger und weniger befriedigend, weil es natürlich schwerer fällt, seine Bewegung abzustoppen und wieder anlaufen zu lassen. Das dauert um ein geringes länger als beim leichteren französischen Blatt. Auch kann das Blatt nicht so ohne weiteres das faszinierende »Plop« liefern, das entsteht, wenn durch ein plötzliches Schließen des leichteren Blattes ein Unterdruckbereich – de facto ein Teilvakuum – im Schallrohr erzeugt wird. Dieses explosive Staccato gehört zu den feinsten Effekten auf der Klarinette, und sein Verlust ist schon ein bedenklicher Nachteil. Zugleich muß man sagen, daß die Deutschen sich im Ansatz nur sehr selten ein Wegquietschen des Tones zuschulden kommen lassen. Den besten deutschen Klarinettisten passiert das überhaupt nicht. Aufgrund seiner ausgeprägten Stabilität kann ihr Schallerzeuger kraftvoll angeblasen werden, ohne zu »widersprechen«. Ein Balanceakt quasi auf dem Hochseil, wie ihn manche französischen Instrumente verlangen, ist bei den deutschen nicht erforderlich. Das gibt ihrem Klarinettenstil mehr Breite, mehr raumgreifenden Schwung, und auch ein vollendet leichtes Staccato ist zweifellos möglich. Die besten deutschen Klarinettisten zeichnen sich durch große Expressivität und

Kantabilität aus. Nur bei den weniger fertigen Spielern besteht eine Tendenz zu einem etwas hohlen »Kuckuck«-Klang, was damit zusammenhängt, daß ein schweres Blatt die oberen Partialtöne abdämpft. Zweifellos hat der Ton ein weniger interessantes Obertonspektrum als der französische, wenn man ihn einfach als isolierten Ton betrachtet. Interessant wird der Ton durch das, was man aus ihm macht. Er kann der Klarinetten-Kuckuck aus dem Wienerwald sein, ein angenehm bukolischer Klang, aber an Farbe kaum reicher als der der Okarina, wie ein Kritiker einmal sagte. Aber er kann auch der herrlich volle, reiche Ton eines Mühlfeld sein, der Brahms zu einigen seiner ganz großen Meisterwerke inspirierte, nämlich zum Quintett, dem Trio (mit Cello und Klavier) und zu den Sonaten.
Eindeutig sind die besten deutschen Klarinettisten nicht nur hervorragende Techniker, sondern auch von ihrer großartigen Ausbildungstradition her in den Stand gesetzt, sich zu künstlerisch erstklassigen Interpreten zu entwickeln. Bei dieser Ausbildung müssen sie allerdings eine Grundschwierigkeit überwinden – die Intonationskorrektur. Mit einem mäßig schweren Blatt kann man die Höhe eines Tones im Moment des Spielens im Grunde leicht durch Ansatzkontrolle modifizieren. Das schwere deutsche Blatt macht dies fast unmöglich, und so ist es wirklich bemerkenswert, daß so viele Klarinettisten aus dieser Schule intonationsmäßig sauber blasen können. Oft erreichen sie es durch Griffkorrekturen und Halbdeckung. Außerdem verfügt die moderne deutsche Klarinette über eine Menge Extravorrichtungen für akustische Korrekturen – kleine Korrekturbohrungen, zusätzliche Klappen, die alternative Fingerlöcher abdecken, und ähnliches. Dennoch bleibt da etwas zu wünschen übrig, und folglich kann selbst den besten deutschen Klarinettisten die Stimmung merklich zu schaffen machen.

Andere Schulen

Nach dem Urteil vieler Fachleute sind die französische und die deutsche Klarinetten-Schule die einzigen und alle anderen Ableger davon. William Stubbins vertritt in dieser Frage einen sehr strengen Standpunkt und betont immer wieder, es gebe keine »englische« Klarinetten-Schule. Man muß einräumen, daß andere Stile – der englische, amerikanische, italienische und russische – zwar ihre Besonderheiten aufweisen, aber letztlich von dieser oder jener der beiden Haupt-»Schulen« abstammen. Der französische und der deutsche Stil sind der goldene Mittelweg. In dieser breiten Mittelstellung gibt es jetzt jedoch mehrere Beispiele für eigene stilistische und künstlerische

Ausprägungen, die einen gewissen Grad von Selbständigkeit für sich geltend machen dürfen. Das vielleicht interessanteste Merkmal all dieser »Unter«-Schulen besteht wohl darin, daß sie, die die deutschen Methoden sehr stark berücksichtigen und offensichtlich sehr respektieren, inzwischen ohne Ausnahme die Klarinette des Müllerschen Typs zugunsten des Kloséschen aufgegeben haben.

Das gilt heute selbst für die UdSSR, die bis in die späten sechziger Jahre unseres Jahrhunderts hinein ein isoliertes Beispiel für das Gegenteil war. Und es gilt auch für England, wiewohl sich derzeit einige der besten jungen englischen Klarinettisten für den deutschen Klang interessieren und Instrumente aus Deutschland spielen. Soweit ich sehe, benutzt allerdings keiner von ihnen bislang etwas anderes als das, was die deutschen Instrumentenbauer als »Reform-Boehm-Klarinette« bezeichnen – ein interessanter Mischling mit allen Klosé-Griffmustern unter Einbezug einiger akustischer Merkmale des deutschen Systems, jedoch gewöhnlich mit einem Mundstück, welches der französischen Konstruktionsweise eine Menge verdankt. Dieses Instrument stellt eine überzeugende Abwendung von den Traditionen beider Seiten dar und kann eine Universalität, eine Vorurteilslosigkeit im Klarinettenspiel ermöglichen, auf die Klarinettisten in der Zukunft logischerweise abzielen müssen. Wahrscheinlich gestattet dieses Klarinettenmodell mehr als jedes andere die verschiedenen Klangvarianten, die man von den perfekten Klarinettisten der nächsten Generation verlangen wird.

Die italienische Schule fußt natürlich auf einer Operntradition und ist eine interessante Mischung aus Französischem und Deutschem. Wie wohl nicht anders zu erwarten, charakterisiert sie eine ausgeprägte Kantabilität, ein offener und weicher (wenn auch oftmals ziemlich kleiner) Ton. Jedenfalls konnte dieser Stil über die Jahre einige wirklich ausgezeichnete Klarinettensoli inspirieren. Ein Merkmal des italienischen Klarinettenspiels ist unter anderem die weitgehende Verwendung von Kristall-Mundstücken auf Klarinetten des Boehm-Systems. Die Bahnen sind ziemlich eng, aber längst nicht so eng wie die französischen. So entsteht ein ebenmäßiger Klang ohne viel Schärfe, der den Bedingungen, denen man gewöhnlich im Orchestergraben eines Opernhauses begegnet, vollkommen gemäß ist. Im Konzertsaal zeigt seine Tragfähigkeit gewisse Grenzen. Aber die besten italienischen Klarinettisten für sinfonische Literatur musizieren stilistisch meisterlich und verfügen über ein hervorragendes technisches Rüstzeug.

Außerhalb Europas finden wir die nächste wichtige Klarinetten-»Schule« in den USA, wo sich jetzt ein definitiver Stil herauszukristal-

lisieren scheint, nachdem man ein halbes Jahrhundert lang vom Import aus französischen, deutschen und italienischen Quellen gezehrt und aus dieser Vielfalt heraus noch keinen eigenen Ton entwickelt hatte. Lange Zeit hindurch gab es in den USA die verschiedenen nationalen Klarinettisten-»Gruppen«, die sich ziemlich strikt an den Stil dieses oder jenes bedeutenden Lehrers hielten. Jetzt merkt man bei jedem Besuch mehr, daß sich diese Stildifferenzen ausgleichen, ja eine Vereinheitlichung der Auffassungen Platz greift, die in einem Lande mit einer so großen Bevölkerung und einem so ausgedehnten Staatsgebiet denn doch überrascht. Diese Uniformität kann jeder Lehrer bezeugen, der nacheinander Schüler aus verschiedenen Teilen der USA unterrichtet hat. Irgendwie hat sie das Wunder der modernen Kommunikationsmittel auf bemerkenswerte Weise zusammengeführt. Sie alle scheinen denselben, sehr angenehmen und direkten Klarinettenklang nach derselben Methode zu erzielen. Sie spielen Klarinetten und Mundstücke derselben – stets französischen – Bauart. Der Winkel ihres Ansatzes und der ihrer Arme und Handgelenke beim Halten des Instruments ist immer der gleiche. Allgemein ist das Resultat ein außerordentlich durchdachtes, kompetentes Klarinettenspiel.
Wenn die englische Klarinetten-»Schule« ein Merkmal besitzt, dann das, daß sie kein erkennbares Schema hat, nach dem sich alle richten müßten. Vielleicht gibt es nicht so viele Stile wie Klarinettisten (das Umgekehrte behaupten hieße übertreiben), aber zweifellos findet man in England mehrere stark kontrastierende, allesamt in ihrer Weise ausgezeichnete Stile – vom delikaten französischen Klang bis hin zum robustesten deutschen. Und es gibt dort mindestens zwei Klangtypen, die man mittlerweile als eigenständig britisch ansprechen darf. Beide arbeiten mit einem gewissen Vibrato. Der erste Typ ist ein fester, runder Ton mit einem sanft vokalisierten Vibrato, sehr wirkungsvoll, wenn es nicht übertrieben wird, und glatt und gleichmäßig, wenn ohne Vibrato dargeboten. Der zweite Typ ist ein hohler, »kantiger« und »ausgebreiteter«, gewöhnlich mit einem nichtvokalisierten Lippen-Vibrato erzeugter Klang, eine Kopie des ersten Typs, die meist mißlang, weil das benutzte Mundstück zur falschen Sorte gehört. Dieser betrübliche Klarinettenton wird hoffentlich bald verschwinden. Man hört ihn jedenfalls nur von einem ziemlich kleinen Teil der englischen Klarinettisten. Die anderen spielen nicht nur stilvoll und klangschön, sondern auch mit einer technischen Eleganz, die man in früherer Zeit höchstens von den allergrößten Künstlern hätte erwarten dürfen.

Grundlagen der Tonbildung

Wenn der Klarinettist die im dritten Kapitel erörterten akustischen Grundlagen der Klarinette kennt, weiß er etwas über sein Instrument, was ihn einem hervorragenden Klarinettenklang wesentlich näherbringen kann. Ebensowenig steht indessen zu bezweifeln, daß ein solches Wissen nicht unentbehrlich ist, denn es hat immer einzigartig begabte Naturtalente gegeben, die an den wissenschaftlichen Aspekt ihres Tuns keinen Gedanken zu verschwenden brauchten. Solche Glückspilze können der Klarinette – gewöhnlich jeder Klarinette – einen feinen Ton abgewinnen, weil sie das »Gefühl« dafür im Munde haben, eine Art natürlichen »Vorgeschmack« des Tons, während sie ihn bilden, wobei sie alle Faktoren, ohne die sich auf diesem wichtigsten Gebiet der Klarinettentechnik kein Erfolg einstellt, gewissermaßen »unter einen Hut« bringen. Wir übrigen Sterblichen hingegen müssen analysieren, was eigentlich vorgeht, während wir unser Instrument bedienen.
Der erste Faktor ist sicherlich ein richtiges inneres Vorstellungsbild von dem Klang, den wir erzeugen wollen. Dies vorausgesetzt, kann man in allen möglichen Richtungen experimentieren, indem man unzulängliche praktische Ergebnisse unbeirrt verwirft, solange sie dem angestrebten leuchtenden Klangideal nicht entsprechen, und ständig weiterprobiert. Natürlich wird man das Ideal niemals hundertprozentig verwirklichen, aber jeder Schritt auf diesem Wege bringt uns dem Ziel näher.
Sodann muß man sich innerlich ständig das Bild der bewegten Luftsäule vor Augen halten. Allzu oft wird die Klarinette als ein Instrument betrachtet, in das es einfach hineinzublasen gilt. Aber es stellt ja eine Schallröhre dar, in der sich eine schwingende Luftsäule befindet, die man in vielfältiger, dem Zweck jeweils anzupassender Weise mit dem Zwerchfell stützen muß. Das zutreffende Vorstellungsbild ist das von einer durchgehenden Luftsäule, die beim Zwerchfell beginnt, sich durch die Hohlräume des Brustkorbs fortsetzt und in der Mundhöhle in Resonanz kommt, wenn sie das Blatt in Bewegung versetzt, woraufhin sie im Klarinetteninneren weitergeht und kurz hinter dem Schalltrichter oder über dem untersten geöffneten Loch endet. Die ganze Säule bewegt sich volumetrisch mit derselben Geschwindigkeit; die ständige Kolbenaktion des Zwerchfells führt diese Bewegung herbei und unterstützt sie, sobald sie begonnen hat. In diesem Bewegungssystem gibt es nur einen Widerstandspunkt – die durch den Ansatzdruck veränderte Öffnung zwischen Blatt und Mundstück. Alles übrige muß gleichmäßig und kontinuierlich laufen. Viele Bläser

wollen das mit dem Bild einer »offenen Kehle« erklären, aber diese Beschreibung verfehlt das eigentliche Phänomen, da es in Wirklichkeit keine Muskeltätigkeit gibt, die dieses Öffnen zustande bringen kann. Das Gefühl desselben sollte aber vorhanden sein, denn jede Einschnürung an der Zungenwurzel bewirkt eine ungleichmäßige Stützung der Luftsäule und kann zu dem häßlichen Klang eines Druck-Vibratos ähnlich jenem Ziegenmeckern führen, das man nicht nur manchen früheren, sondern auch ein paar heutigen Klarinettisten vorwerfen kann.

Der nächste bedenkenswerte Tonbildungsfaktor ist das Geschehen im Mund. Zweifellos bestimmt die Textur sowie die Größe der den Generator (das heißt das schwingende Blatt und den Mundstück-»Schnabel«) umgebenden Kammer in wichtiger Weise mit, was für ein Klang entsteht. Wünscht man einen klaren, runden Ton, muß das Muskelgewebe des ganzen Mundes fest sein. Vom Backenaufblasen beim Spielen ist aus naheliegenden Gründen abzuraten. Die Zunge sollte zurückgezogen sein und leicht »gespannt« bleiben. Wie es scheint, durchströmt der Atem zwischen hartem Gaumen und Zunge einen vergleichbaren Resonanzraum, wie er ihn Sekundenbruchteile später zwischen Blatt und Mundstücktonkammerdach vorfindet, und in der gegenseitigen Beziehung dieser beiden Ereignisse ist etwas, das sie zusammen der Kontrolle des Bläsers unterstellt.

Ferner steht die Größe des Hohlraums bis zu einem gewissen Grade unter der Kontrolle des Klarinettisten, aber eben nur in Maßen, weil sie sich ja nach der natürlichen Größe seines Mundes (zumal zwischen den Wangen) richtet. Bezüglich des »Öffnens« bietet sich viel Anpassungsspielraum. Man wird feststellen, daß das Mitklingenlassen verschiedener Vokalklänge zu einem unwillkürlichen Öffnen oder Schließen des Mundes führt. »Ii« ist der engste Vokal und sollte vermieden werden, wo seine Schrillwirkung nicht für spezielle Effekte verlangt wird. »Oh«, »Ah« und »Aw« (wie im englischen Wort »saw«) sind die übrigen Öffnungsgrade; mit ihnen gilt es zu experimentieren, bis man den besten Klang heraus hat. Das englische »aw« leistet der bewegten Luftsäule gewöhnlich weniger Widerstand und bewirkt maximale Resonanz. Sehr viel hängt jedoch von der Mundgröße ab, und hier muß jeder Klarinettist seine eigene Lösung des Problems finden.

Die mechanische Seite der Tonbildung haben wir bereits im dritten Kapitel in dem Abschnitt über die akustische Analyse der Klarinette behandelt. Wichtig ist für den Bläser, daß er die Bildung des von ihm erzeugten Klarinettentons hören, fühlen und kontrollieren kann. Eine einfache Druckerhöhung durch den zusätzlichen Zwerchfellstoß (nicht durch stärkeres Blasen!) vergrößert das Tonvolumen. Das muß man gut aushören, weil der Klang bei dem Volumenzuwachs von p bis mf und von f bis ff leicht den Charakter ändert. Es gibt mehrere verschiedene Arten von Klarinettenklangfarbe, die sich unschwer verwirklichen lassen, wenn man überlegt und achtsam zu Werke geht; aber man darf nicht gestatten, daß hierbei durch Steigerung der Lautstärke der Klangcharakter wechselt. Ein Crescendo sollte mit demselben Stimmklang enden, mit dem es begann, das heißt, nicht als Okarina anfangen und als Trompetenschall aufhören.

An dieser Stelle sind zwei Faktoren zu bedenken. Erstens darf man nicht außer acht lassen, daß die Schwere des Blattes wichtig ist für den dynamischen Bereich, den man ihm ohne Verzerrungserscheinungen zumuten darf. Ein zu leichtes Blatt wird im pp nur geringfügig »plärren«, im p etwas mehr, im mf ziemlich stark und im ff unerträglich sein. Ein sehr schweres Blatt wird im pp nur sehr schwer ansprechen, im f gut und im ff möglicherweise hervorragend klingen, wenn der Bläser die dazu nötige Lungen- und Lippenkraft besitzt. Irgendwo zwischen diesen Extremen steht das Blatt, das dem Bläser ein leichtes pp, ein gutes p und ein ebenso gutes f wie ff ermöglicht. Dieses Blatt sollte er nehmen.

Als nächsten Faktor müssen wir die Wirkung des Lippendrucks auf die Kontrolle der Klangänderung bei dynamischer Steigerung erörtern. Bei einem ziemlich schweren Blatt bewirkt eine Steigerung von mf zu ff kein Absinken der Tonhöhe wie bei einem zu leichten Blatt. Allerdings stellt sich im ff ein trompetenartiger Klang ein, wenn man denselben Lippendruck beibehält, den man im mf benutzt. Er ist zu fest, und deshalb protestiert das »eingeklemmte« Blatt dagegen, daß es bei diesem hohen dynamischen Stärkegrad zu dicht an der Bahn des Mundstücks gehalten wird, als daß es noch bequem seinen Dienst tun könnte. Man muß also weich im Druck nachlassen, so daß ein größeres Luftvolumen in das Instrument gelangt, ohne das Blatt zu überlasten. Natürlich darf man dabei nicht die Grenzen der Intonationskontrolle überschreiten. Der Grad der Muskelentspannung ist ziemlich gering und darf niemals so groß werden, daß er die Tonhöhe senkt. Ein möglicher dritter Faktor im einwandfreien Halten von Ton und Tonhöhe ist die Frage, wie weit man das Mundstück in den Mund nimmt. Allgemein gesagt, am besten so weit wie möglich, ohne die Kontrolle zu verlieren und ohne daß es quietscht. Dadurch öffnet sich der Mund, so daß beim Sprechen der Vokal »aw« herauskäme. Wenn sich alle diese Faktoren im Gleichgewicht befinden, bedarf die Tonbildung auf der Klarinette nur noch eines weiteren Elements, nämlich der sorgfältigen Kontrolle seitens des Bläsers sowie seiner Fähigkeit, auch »aus der Distanz« zu hören. Der schönste Klarinettenklang ist wertlos, wenn er schon einen Meter weiter nicht mehr zu vernehmen ist. Der Spieler muß sich vorzustellen trachten, was das Publikum in der Entfernung hören wird – zweifellos einen weicheren Klang, als er selber hört, und dazu einen, bei dem das Nebengeräusch des Blattes inzwischen ausgefiltert ist, wobei die Distanz den etwas heiseren Klang der kurzen Töne maskiert, so daß sie den besseren Tönen darüber und darunter stärker angeglichen klingen. Nebenbei bemerkt muß der Bläser lernen, sich auf akustisch unterschiedliche Räume einzustellen, damit er jeweils aus dem, was oft manches zu wünschen übrigläßt, das Beste macht. Mehr als fast jedes andere Instrument leidet die Klarinette gegebenenfalls unter mangelnder Klangfülle ihrer akustischen Umgebung. Zweifellos sollte der Boden, über dem man spielt, nackt und blank sein. Dicke Teppiche sind ein Fluch für das Instrument. Ist die Raumakustik schlecht, gibt es nur eine Lösung – man wählt ein Blatt, das gut anspricht, weder zu leicht noch zu schwer, so daß man nicht gezwungen ist, die Töne zu forcieren.

Sicher würden viele Leute behaupten, der Winkel der Arme und Handgelenke beim Blasen sowie der Winkel der Kopfhaltung sollten so beschaffen sein, daß das Instrument so vertikal wie möglich gehalten wird. Der Grund für diese Auffassung ist nicht klar; denn zweifellos gibt es viele ausgezeichnete Klarinettisten, die die Klarinette fast fünfundvierzig Grad zur Vertikalen halten. Die Wahrheit ist vielmehr, daß das Instrument am besten anspricht, wenn der Bläser eine individuelle Haltung praktiziert; also kann der Winkel jeder beliebige sein und wird von Spieler zu Spieler stark variieren. Es lohnt sich, mit verschiedenen Winkeln zu experimentieren, doch wird man meist wieder bei dem anlangen, den man bereits von Natur aus anwandte, da er der offensichtlich gemäßeste ist. Interessanterweise finden die meisten, daß sie die Tonhöhe dann, wenn sie etwas nach oben tendiert oder wenn sie mit einem etwas zu tiefen Klavier musizieren, zumal in ruhigen Chalumeau-Passagen leichter »tiefhalten« können, wenn sie den Kopf etwas zurückhalten, die Handgelenke herabziehen und so die Klarinette mehr in die Vertikale bringen.

Transponieren

Hier wollen wir nicht auf die bereits im dritten Kapitel behandelten Gründe dafür eingehen, weshalb die Klarinette ein transponierendes Instrument ist, sondern untersuchen, was Transponieren bedeutet, wenn man eine C-Klarinetten-Stimme auf dem B-Instrument oder dem A-Instrument und Stimmen für A-Klarinette auf der B-Klarinette spielt. Diese Transpositionen kommen am häufigsten vor; sie zu beherrschen ist nutzbringend und leicht zu lernen. Als Richtschnur mögen folgende Tatsachen dienen:

a) C-Klarinetten-Stimme auf dem B-Instrument. Zwei Kreuze zu den Tonartvorzeichen hinzudenken oder zwei Be wegdenken. Gespielt wird die nächsthöhere Note über der geschriebenen. Ausnahmen: h wird zu cis, e zu fis, b zu c und es zu f.

b) C-Klarinetten-Stimme auf dem A-Instrument. Drei Be hinzu- oder drei Kreuze wegdenken. Spielen, als sei der Part im Baßschlüssel notiert, jedoch mit zwei Oktaven höher, so daß

zu

wird.

Übrigens wird die A-Klarinette bei weitem nicht oft genug für C-Klarinetten-Stimmen verwendet. Beethovens Klavierkonzert Nr. 4 und sein Violinkonzert (langsamer Satz) sind ausgezeichnete Beispiele für Werke, bei denen sich dieses Transponieren auszahlt. Der Klarinettenpart klingt dann unendlich viel angenehmer und ausdrucksvoller.

c) A-Klarinetten-Stimme auf dem B-Instrument. Den Part einfach spielen, indem man ihn sich einen Halbton tiefer vorstellt. Be zu allen Noten hinzunehmen, die nicht durch ein Kreuz um einen Halbton erhöht sind – sie werden zu Noten ohne Vorzeichen. Nicht vergessen: f wird zu e, c zu h. Dieses Transponieren ist zuerst kompliziert, fällt einem jedoch nach kurzer Übung ganz leicht.

Es gibt viele Kompositionen, in denen der Klarinettist besser beraten ist, wenn er statt des vom Komponisten gewählten Instruments ein anderes nimmt. Ganz ohne Zweifel wünscht sich der Komponist eine flüssige, reibungslose Wiedergabe seines Werkes, aber oft verfügt er nicht über die nötigen technischen Kenntnisse, um für die jeweils angebrachte Klarinette auch entsprechend schreiben zu können. Dieses Spezialwissen läßt sich nicht so ohne weiteres erlernen, denn es geht um mehr als nur Tonartvorzeichnungen. Man muß dazu wissen, welche Griffe anfallen und wie sie sich auf die Artikulation der Technik auswirken. Der Interpret sollte also ruhig selber entscheiden, wie er die vom Komponisten geschriebenen Noten am besten in Töne umsetzt, und dazu den für ihn leichtesten Weg einschlagen. In diesem Falle ist nämlich der leichte Weg zweifellos der richtige, da er zum richtigen Resultat führt.

Phrasierungszeichen

Auch die Frage, wie die Phrasierungsvorschriften des Komponisten zu interpretieren sind, birgt Zündstoff in sich. Wer praktische Erfahrung darin hat, Werke unter der Leitung des Komponisten zu spielen, wird zu der Ansicht neigen, daß das, was dieser will, nicht immer das ist, was man in seiner Stimme erblickt. Das ist aber nicht immer ein schuldhaftes Versagen des Komponisten, denn nicht selten werden Werke, nachdem sie seinen Schreibtisch verlassen haben, von anderen ediert oder bearbeitet, oder die ganze Phrasierung wurde unbewußt nach dem Schema einer Streichermelodie vorgenommen, das heißt, in Rücksicht auf Bogenführung und andere Aspekte der Streichertechnik. Sehen wir hier einmal von Werken solcher Komponisten wie Mozart ab, der die Phrasierung in seinen wichtigen Solowerken weitgehend dem Ausführenden überläßt, so daß die Phrasierungszeichen, die man in den Noten vorfindet, streckenweise gar nicht verbindlich sind, und betrachten wir lieber den Anfang von Brahms' berühmter Es-Dur-Sonate:

So wenigstens lautete die Phrasierung in den frühen Ausgaben, und vermutlich hat Brahms es so notiert. In neun von zehn Fällen wird denn auch entsprechend phrasiert. Aber wollte Brahms die Phrase wirklich derart zerstückelt haben? Ein paar Striche mit einem imaginären Bogen werden sogar Nicht-Geiger davon überzeugen, daß Brahms dabei wahrscheinlich an eine bequeme Bogenführung gedacht hat,

obwohl ihm der Klang von Mühlfelds Klarinette vorschwebte. Läßt man die Stelle von einem guten Geiger spielen, so wird er den Bogen zwar gemäß der angegebenen Phrasierung führen, aber nach Kräften vermeiden, daß die Sache bruchstückhaft klingt. Er wird vielmehr instinktiv versuchen, die Gruppe so legato wie möglich zu bringen, und dort, wo Bogenwechsel vorkommen, einen winzigen Druck geben. Dasselbe sollten wir als Klarinettisten anstreben und folglich etwa so phrasieren:

Man kann an den markierten Stellen ein wenig mit der Zunge akzentuieren oder es bleibenlassen, wenn man es ohne dies natürlicher findet.
Dieses kleinen Beispiels eingedenk, müssen wir einen großen Teil unserer solistischen Tätigkeit diesbezüglich kritisch unter die Lupe nehmen. In vielen Fällen sind die vorgeschriebenen Phrasierungen in der Literatur gut genug und bedürfen keiner Abänderung. Doch in anderen Fällen kann es entschieden lohnen, sich um ein Verständnis dessen zu bemühen, was hinter den Noten steht, das heißt, was der Komponist im Sinn hatte. Es geht dabei nicht um irgendwelche sensationellen, subjektiven Änderungen um jeden Preis, sondern um eine Interpretation, die seinen Absichten besser entspricht. Nichts ist schlimmer, als beispielsweise hören zu müssen, daß ein ganzes Orchester eine einzelne lange Note spielt, die ganz offensichtlich kurz sein müßte – Beispiele finden sich in Beethovens Violinkonzert sowie in seiner Siebenten Sinfonie –, und dies nur, weil irgendein Herausgeber nicht den Mut aufbrachte, einer Note ein Fähnchen anzufügen, das Beethoven eindeutig vergessen hat. Wer Beethoven-Handschriften kennt, wird das als Travestie empfinden; denn die wild hingeworfenen Kritzelzeichen dieses so impulsiven Genies hätten von denen, die daraus brauchbares Aufführungsmaterial zustande bringen sollten, einfühlsam und verständnisvoll interpretiert werden müssen. Zum großen Teil ist das auch geschehen. Natürlich läßt sich nur schwer sagen, wo solchen Retuschen am Werk eines Komponisten die Grenze gezogen ist. Lebende Komponisten sind in dieser Frage meist sehr entgegenkommend und kaum je dogmatisch, wenn man einen Änderungsvorschlag für die Phrasierung triftig begründet.

Zungenarbeit

Alles Phrasieren ist eine Zungenfrage. Als Klarinettist muß man erkennen, daß die Zunge beileibe kein simples Organ ist, dessen Funktion sich darin erschöpft, den Ton auf dem Instrument zu beginnen und zu beenden. Die wirkliche Schwierigkeit liegt in folgendem: Sobald man analysiert, was die Zunge gerade tut, scheint sie etwas ganz anderes zu machen. Nehmen wir die erste Anweisung in fast jedem Klarinetten-Lehrbuch. Sie besagt: »Lege die Zunge gegen das Blatt, und wenn du nun bläst, entferne sie wieder, damit der Ton erklingen kann. Nun setze die Zunge erneut an, um den Ton zu beenden, indem sie das vibrierende Blatt berührt.« Wissenschaftlich ist das exakt, und deshalb gibt es daran auch nichts zu deuteln – bis man es ausprobiert. In der Praxis nämlich kommt durch das Zurückziehen der Zunge bloß ein lappiges Zisch-Geräusch zustande, also genau das, was man als Klarinettenton zu vermeiden trachtet. Psychologisch gesehen besteht jedenfalls kein Zweifel, daß die Empfindung des Ansprechens bei der Klarinette ein *Druck* der Zunge auf das Blatt ist. Spricht man die Silbe »tuu«, liegt die Zunge am Gaumen. Genauso liegt sie am Blatt, wenn man die folgenden sechs Töne

zu bilden versucht. Aber de facto hat man das Gefühl, jeden dieser Töne damit begonnen zu haben, daß man mit der Zunge gegen das Blatt *schlug*, die Zunge dann vom Blatt zurückzog und den erzeugten Ton im Munde klingen ließ, wie man es beim Sprechen oder beim Singen eines Vokals wie »uh«, »ah« usw. tun würde. Der beste Rat ist also, das Blatt mit der Zunge »anzuschlagen«.

Aber mit welchem Teil der Zunge stößt man welchen Teil des Blattes an? Diese Frage wird meist nicht eingehender behandelt, wahrscheinlich, weil da verschiedene Methoden existieren, von denen viele ein annehmbares Staccato zu ergeben scheinen und manche außerdem die Stärke des Auftreffens variieren können, worin sie eine flexiblere, musikalisch brauchbare mechanische Funktion des Ton-Beginnens erfüllen. Das ist unvermeidlich, da der Ansatzwinkel der Klarinette und demzufolge der Anstoßwinkel der Zunge von Bläser zu Bläser stark schwanken. Wenn die Klarinette nahezu vertikal und der Kopf in seiner normalen Position gehalten wird – sagen wir, um die Noten zu verfolgen, während man über das Notenpult hinweg den Dirigenten im Blickfeldrand behalten will –, ist der einzig mögliche Anstoßwinkel einer von fast neunzig Grad zur Blattfläche. Anders ausgedrückt: Die Zunge preßt das Blatt auf die Bahn, und das Blatt kommt zur Ruhe, so daß der Ton endet, bis die Zunge zurückweicht. Das braucht natürlich Zeit. Wieviel hängt von der Distanz vom Auftreffpunkt der Zunge zur Blattspitze ab. Bei diesem Winkel jedenfalls ist man dem Zeitverzögerungsfaktor ausgeliefert, und dadurch wird diese Methode der Zungenarbeit langsamer, als sie sein müßte. Als ein weiterer Faktor kommt hier die Dicke der Blattauflagefläche ins Spiel. Ein dünnes Blatt reagiert auf einen solchen Anprall schneller als ein dickes, und ein wirklich dichtes Blatt wird einfach überhaupt nicht reagieren. Damit bleibt die Nutzanwendung dieses Anstoßwinkels auf das Spielen mit leichten Blättern beschränkt. Das aber zieht weitere Probleme nach sich, von denen eines hier genannt sei. Wenn man ein leichtes Blatt mit fester Zunge attackiert, »quakt« es gern, weil es sich bis zum Verschließen des Mundstücks biegt und dort demzufolge in verschiedenen Phasen anlangt. Im höchsten Register ist diese Methode äußerst riskant.

Hält man das Instrument in einem weniger vertikalen Winkel, so ändern sich die Verhältnisse im Mund erheblich. Jetzt kann man das Blatt in einem wesentlich spitzeren Winkel angehen. Rein mechanisch betrachtet ist diese Methode eindeutig weniger wirkungsvoll – eine im rechten Winkel auftreffende Kraft ist hinsichtlich des simplen Schließvorgangs sicherlich effektiver und braucht infolgedessen weniger Zeit, um das Instrument zum Verstummen zu bringen. Doch hier mischt sich ein anderer Faktor ein, wenn der Winkel von neunzig Grad auf etwa fünfundvierzig Grad verringert wird. Da die Zunge aus Muskelgewebe besteht, ist sie elastisch und flexibel, und sobald ein Teil von ihr das Blatt zur Bahn hindrückt, legt sich ein anderer, von ihrer Spitze etwas entfernterer Teil über die Blattspitze und den schmalen Spalt, der der einzige Zugang der Luft zum Mundstückinneren ist. Der zweite Zungenteil aber erzeugt den Verschluß bei dieser Methode, weil er die Blattbewegungen sofort abstoppt; in diesem Moment endet der Ton, und die Blattspitze liegt auf der Bahn, bis die Zunge entfernt wird. Man kann diese Methode mit einem viel schwereren Blatt praktizieren, als es die erste zuläßt, und demzufolge bietet sie wesentlich mehr solcher Möglichkeiten.

Die logische Schlußfolgerung scheint zu sein, daß das Ziel der Zunge nicht das Blatt selbst, sondern der Spalt zwischen Mundstück- und Blattspitze sein sollte. Zweifellos wird diese Methode von sehr vielen ausgezeichneten Spielern angewendet, deren Staccato zu ihren besten Leistungen gehört, aber sie hat ihre Tücken. Zunächst einmal kommt ein Bläser, der von Natur her eine lange Zunge hat, mit diesem Verfahren nicht so leicht zurecht. Er muß nämlich die Zunge im Mund nach hinten »zusammenfalten« und hat über sie in dieser angespannten Verfassung weniger Kontrolle als dann, wenn sie locker »vorgeschoben« ist.

Bei kurzer Zunge und fünfundvierzig-Grad-Haltung ist der Abstand Zunge-Blattspitze kleiner als bei kurzer Zunge und Neunzig-Grad-Haltung. Das ist insofern günstig, als es eine unmittelbare Einwirkung gestattet, doch erfordert es auch eine genauere Kontrolle, die zu erlernen Zeit braucht.

Jedenfalls versteht sich wohl, daß bei jeder Methode die Zungenspitze einzusetzen ist. Selbst beim Zungenstoß auf den »Spalt« erzeugt man mit dem weichen Mittelteil der Zunge eine etwas unpräzise Wirkung, die mit einem spitzen, prägnanten Staccato kraß kontrastiert. Folglich richte man sich, wann immer möglich, nach dem Leitsatz: Zungenspitze auf Blattspitze. Doch natürlich gibt es auch hier einen Haken – es ist die Frage, was man unter Zunge versteht. Wir schneiden sie nun nicht etwa an, um einen so klar wie eben formulierten Sachverhalt absichtlich zu komplizieren. Aber da die Zunge ein Muskel ist und unserer bewußten Kontrolle unterliegt, kennt sie viele abgestufte Spannungs- und Erschlaffungszustände. Man denke nur einen Moment an die unglaubliche Zungenakrobatik, die man beim normalen Sprechen vollführt, und schon wird deutlich, was für Möglichkeiten sie beim Einsatz am Klarinettenblatt bietet. Die Zunge ist so kräftig, daß man sie wie eine Faust »ballen« oder wie den Bizeps spannen kann. Wenn man das zwischen den Zähnen des halbgeöffneten Mundes tut, stellt man fest, daß sie dem Druck des Fingers, der sie in den Mund zurückzuschieben versucht, einen starken Widerstand entgegensetzt. Man lockere die Zunge, und der Finger schafft es sofort. Diese Spannkraft nun muß man benutzen, um mit der Zunge wie mit einem Gummihammer gegen das Blatt zu schlagen. Aber es gilt, diese Spannung nicht zwischen den Zähnen, sondern viel weiter hinten im Munde zu erzielen, noch hinter jenem Punkt, bis zu dem Blatt und Mundstückspitze reichen. Das verlangt Konzentration und muß mit dem Mundstück im Mund geübt werden. Ein bewußtes »Anspannen« an dieser Stelle ist zwar die richtige Lösung, jedoch eine Funktion des Klarinettespielens, die kaum gebührend gewürdigt wird. Zugleich macht diese Funktion das Staccato, namentlich das schnelle, auf der Klarinette schwieriger als auf der Flöte, Blockflöte, Oboe oder Trompete. Alle diese Instrumente nimmt man gar nicht oder nur ganz wenig in den Mund, so daß dabei die Zunge vorgeschoben bleibt und frei arbeiten kann, ohne daß man sie wie beim Klarinetteblasen zurückziehen muß. Gewöhnlich staunt der Klarinettist über sein eigenes Können, wenn er auf einem dieser Instrumente sein Staccato erprobt; denn plötzlich sieht er das Haupthindernis für ein schnelles Staccato aus dem Wege geräumt. So lästig dieses Hemmnis für den Klarinettisten ist, es läßt sich auf seinem Instrument nicht beseitigen. Er muß damit leben und sich aufmerksam die Staccati anderer Instrumente anhören, um deren beste diesbezügliche Aspekte zu erfassen. Die Flöte gibt ein bewundernswert leichtes und unglaublich flinkes Staccato, das ihr die Klarinette nicht so einfach nachmacht. Die Oboe mit ihrer winzigen Rohröffnung kann ein superbes »explosives« Staccato liefern, und das ist für den Klarinettisten insofern aufschlußreich, als die einzige Einflußmöglichkeit des Oboers hier der Spalt ist.

Wenn man das nachahmt, kann man ohne allzu großen Gesichtsverlust sogar die folgende Stelle bringen, jenen so einfachen und doch so schwierigen kleinen Einwurf in Beethovens Fünfter Sinfonie:

Indessen ist hier eine Anmerkung fällig. Wenn die genannten Schwierigkeiten überwunden sind, hat die Klarinette einen Staccato-Effekt zu bieten, mit dem sie die anderen Instrumente aussticht. Sie kann die anderen Instrumente auf ihren jeweiligen Gebieten mindestens so gut imitieren, wie diese einander imitieren können, aber kein Instrument sonst vermag den charakteristisch festen, »fleischigen«, blutvollen Effekt zu erzielen, den Mozart in dieser Variation seines herrlichen Quintetts

von der Klarinette verlangt und bekommt. Wenn man erst eine Passage wie diese jedem Publikum mit Stolz darbieten kann, hat sich die große Mühe und gedankliche Vorarbeit, die man in das richtige Klarinetten-Staccato investieren mußte, wahrhaftig gelohnt. Man setze sich zum Ziel, jeden Ton völlig von den übrigen getrennt zu spielen, aber perfekt, mit sauberem Anfang und Ende, ohne Nebengeräusche. Jeder Ton sollte eine sanfte kleine Explosion sein und so abrupt aufhören, daß man das vorübergehende Vakuum spürt, das im Schallrohr der Klarinette entsteht, wenn die Zunge der innen im Instrument schwingenden Luftsäule die Luftzufuhr abschneidet.

Natürlich gibt es viele Passagen, die ein ganz anderes Staccato verlangen als diese Mozart-Variation. Ein sehr gutes Beispiel findet sich im letzten Satz von Brahms' bedeutendem Klarinetten-Quintett. Brahms läßt die Noten nicht schmucklos dastehen, sondern versieht sie mit Punkten und Bindebögen. Diese Doppelmarkierung zeigt an, was die Franzosen »louré« (mit Gewicht) nennen. An der Bezeichnung erkennt man, wie hier vorzugehen ist. Die Zunge soll nicht gespannt und aktiv sein, sondern gelockert und träge in der Bewegung. Es ist dies eine Art »Schneeball«-Staccato, bei dem jeder Ton weich beginnt und weich endet, aber ansonsten voll klingt:

Man kann diesen Effekt mit beträchtlichem Gewinn variieren, indem man das Blatt mit der schlaffen Zunge entweder an der Spitze oder etwas tiefer – vielleicht sechs mm von der Spitze entfernt – anstößt. Beim Zungenstoß an die Spitze klingen die Töne schärfer getrennt, beim tieferen Anstoß etwas diffuser.
Zwischen diesen beiden Anstoßpunkten liegt eine Welt von Abstufungen, die alle ihren guten musikalischen Nutzen haben. Der Künstler muß sie ausloten, sie unterscheiden lernen und so beherrschen, daß er zu jeder beliebigen Zeit die Abtönung realisieren kann, die für die Musik, die er spielt, sowie für die akustische Umgebung, in der er spielt, die richtige ist.

Das vollkommene Legato

Von der Frage der Anstoßpunkte kommt man gewöhnlich auf die verschiedenen Staccato-Grade und ihre richtige Anwendung. Aber auch die Erzeugung eines perfekten Legato hängt mit dieser Frage eng zusammen, weil es hier darum geht, überhaupt nicht anzustoßen, es strikt zu vermeiden und dafür zu sorgen, daß es sich nicht dazwischendrängt, wo es nicht hingehört. Um zu diesem perfekten Legato zu gelangen, muß der Spieler der Druckungleichheiten zwischen jedem Ton und dem nächsten Herr werden und sie beim Fortschreiten von einem Ton zum anderen ausgleichen. Im dritten Kapitel haben wir diese Druckbereiche erörtert und dargelegt, wie man die schwachen aufbaut, so daß sie Töne von gleichwertiger Intensität und Helligkeit ergeben. Beim solistischen Legatospiel muß das alles instinktiv oder aus dem Unterbewußtsein kommen und ein anderer Faktor berücksichtigt werden. Wenn man solche weichen Übergänge von einem Ton zum anderen, insbesondere in ein anderes Register hinein, erzielen will, muß man eine innere Klangvorstellung vom nächsten Ton haben und wissen, mit welchem Druck man ihn am besten hervorbringt. Legato ist die Kunst des Vorbereitens, die gewährleisten soll, daß der nächste Ton, sei er ein stumpfes kurzes b oder ein helles Clarin-a, richtig gestützt und projiziert wird. Das wahre Legato muß klingen, als ob es von demselben Ton kommt und reibungslos-gleichmäßig zum selben Ton weiterführt. Auch bei einem weiten Sprung zum zweiten Ton genügt gewöhnlich ein sanfter

Verdi »Die Macht des Schicksals«, zweiter Akt

Zwerchfell-Stoß, um den Druckunterschied zwischen den beiden Tönen zu überwinden und so zu einem feinen Legato zu gelangen. Dieser Faktor verdient Aufmerksamkeit, weil er das vokale »Herz« der Klarinette ist und alle großen Klarinettensoli inspiriert hat, seit das Instrument allgemein verwendet wird. An einem solchen Solo läßt sich veranschaulichen, um welche Legatoprobleme es geht und wie man sie löst.

Das große Klarinettensolo im Zweiten Akt von Verdis »Macht des Schicksals« ist für die Oper so bedeutsam, daß es das Geschehen über zwei Minuten lang anhält. Verdi schrieb diesen sehnsuchtsvollen, wunderschönen, figurenreichen Gesang für seinen bewunderten Freund Cavallini. Zur Verdeutlichung der Interpretationsprobleme haben wir die Druckstellen markiert. Mit D bezeichnete Töne klingen dicht und stumpf, mit B bezeichnete klingen hell, und mit W bezeichnete sind schwach und »foschig«.

Sobald hier ein Ausgleich geschaffen ist, muß man das Solo nur noch sauber in der Stimmung blasen, die längsten und besten Phrasierungen herausarbeiten und natürlich den Vortrag dynamisch sinnvoll abstufen. Keine Kleinigkeit, gewiß, aber schließlich fügt sich das Analysierte und Studierte zu einem instinktmäßigen Ablauf zusammen. Der höchste Verfeinerungsgrad ist erreicht, wenn man selbst den Dirigenten in den Nuancen des Solos führt, während man taktvoll so tut, als folge man ihm. Das läßt sich fertigbringen, und der wirklich große Dirigent ist derjenige, der in solchen Momenten nur einen Hauch von Eigenem hinzufügt und dadurch den Bläser zu noch ausdrucksvollerem Musizieren bewegt, als er selbst es für möglich gehalten hätte.

Sechstes Kapitel
Klarinettenunterricht

Die zweite Hälfte dieses Jahrhunderts hat eine Menge junger Klarinettisten mit solider Technik hervorgebracht. Dafür gibt es gute Gründe. Erstens haben die Massenmedien den Zugang zu diesem Instrument erleichtert – jetzt kann man die besten Interpreten aus der Nähe studieren. Ferner haben die Pädagogen eingesehen, daß die Schulen nicht nur dazu da sind, junge Menschen für künftige Examina mit Wissen vollzustopfen, sondern auch Stätten von kulturellem Interesse sein können. An manchen staatlichen Schulen wird Instrumentalunterricht erteilt, das hat Früchte getragen. Und endlich hat sich auch die Qualität des Unterrichts unerhört verbessert. Erstklassige Künstler, die sich noch vor einer Generation mit einem wichtigen Posten in einem Orchester oder mit der Ernennung zum Kammermusiker geehrt gefühlt hätten, empfinden heute das Unterrichten als sehr befriedigend und widmen sich dieser lohnenden Aufgabe mit ihrem ganzen Können.

Sie tun damit etwas außerordentlich Wichtiges. So lehren sie zum Beispiel die sogenannten Anfangsgründe des Holzblasinstrumentenspiels. Das klingt, als handle es sich um simple, rasch zu erledigende Dinge, die wenig Bedeutung und kaum eine Wirkung haben. Nichts könnte von der Wahrheit weiter entfernt sein. Denn wenn beim Schüler die richtige Grundlage vorhanden ist, braucht ihn der Lehrer in einer fortgeschrittenen Stufe eigentlich nur noch auf der von ihm eingeschlagenen Bahn zu begleiten. Er wird ihn korrigieren, wo er Fehler macht, ihm helfen, wo er behutsamer Anleitung bedarf, und ihm so den Weg zum Erfolg weisen. Doch ohne die Beherrschung der Grundlagen besteht keine Hoffnung auf Erfolg. Eine Gewohnheit, die sich bereits in den ersten Lernphasen eingeschliffen hat, läßt sich später oft nicht mehr abstellen. Zusätzliche Fertigkeiten zu vermitteln ist kein Problem. Aber die Anfangsgründe lehren, die ersten Schritte lenken – das verlangt eine wirkliche pädagogische Begabung. Wer sie hat und in den Dienst der Sache stellt, verdient unseren ganzen Respekt und unsere Unterstützung. Er sei unser Vorbild.

Kehren wir zur Klarinette zurück. Der Klarinettenlehrer, der von den Erkenntnissen solcher ausgezeichneten Pädagogen profitieren will, muß einige fundamentale Tatsachen berücksichtigen und sie in seine Arbeit mit Anfängern einbringen.
Die erste und einfachste dieser Tatsachen ist, daß es für den Klarinettenunterricht keinen besseren Lehrplan gibt als den von der Geschichte unseres Instruments umrissenen. Die Klarinette begann als Chalumeau. Auch heute muß der angehende Klarinettist als Chalumeauspieler beginnen, und nur als solcher. Dieses Klarinettenregister – die unteren zwölf Töne – ist noch immer ein richtiges kleines Instrument für sich, wenn auch ein einfaches. Es lohnt die Mühe, es spielen zu lernen, und es trägt überhaupt keine Schuld an den Unregelmäßigkeiten und Unberechenbarkeiten der Klarinette, wie wir sie im dritten Kapitel beschrieben haben.
Die akustischen Grundlagen des Chalumeau-Registers und der Klarinette sind einfach genug, und die Klappenanordnung bereitet dem Verständnis doch so wenige Schwierigkeiten, daß ein intelligenter Anfänger die Sache innerhalb weniger Wochen in den Griff bekommen kann. Später hat sich der Klarinettist mit einer Fülle von Problemen herumzuschlagen, aber in den Anfangsphasen präsentiert sich das Chalumeau durchweg logisch, überschaubar und ohne Tücken.

Erste Bekanntschaft mit dem Chalumeau

Als erstes will der Schüler wissen, wie man das Instrument bläst. Allerdings runzeln schon bei dem Wort »blasen« manche Lehrer die Stirn, weil sie sehr gut wissen, daß es im Grunde um das Stützen einer Luftsäule geht und daß der Ausdruck »blasen« nicht den Kern der Sache trifft. Das freilich mag der angehende Klarinettenspieler zu Anfang nicht glauben. Die Theorie hemmt und frustriert ihn. Er will blasen, und das wird er auch tun. Deshalb muß man dafür Sorge tragen, daß sein Blatt, sein Mundstück und sein Instrument es ihm gestatten, de facto die Luftsäule zu stützen und alle notwendigen Funktionen korrekt auszuführen, während er wähnt, schlicht und einfach zu »blasen«. Die erforderlichen Voraussetzungen sind ein mäßig leichtes Blatt, eine angemessen enge Bahn und eine perfekt gepolsterte Klarinette. (Das Blatt darf nicht »plärren«; wenn es das tut, ist es zu leicht und ergibt genau den Ton, den man vom ersten Tage an vermeiden muß.) Wenn diese Vorbedingungen erfüllt sind, braucht der Schüler nicht wirklich zu blasen, sondern wird merken, daß er mit einem einfachen, kontrollierten Ausatmen den Ton herausbringt, den er sich wünscht. Er denkt zwar immer noch, er blase, und dabei mag er für den Rest seines Lebens ruhig bleiben.

Griffe mit der linken Hand

Als ersten Ton lernt der Anfänger das leere g. Er kann es in annehmbarer Qualität ziemlich mühelos erzeugen, wenn man ihm nicht sagt, was er mit seiner Zunge machen soll, sondern ihm einfach erlaubt, zu blasen. Hierauf werden ihm unter Hinzunahme der Finger der linken Hand bald einfache Tonfolgen wie

gelingen.

Die Bindungen erfordern besondere Aufmerksamkeit. Entscheidend ist der Ansatz des ersten Tones. Er wird produziert, indem man ausatmet und den Atem gegen den Widerstand des Blattes drückt.

Es sei betont, daß diese frühen Übungen im Chalumeau-Register nur die linke Hand einbeziehen dürfen und durchweg *legato* ausgeführt werden sollen. Wenn man das außer acht läßt, stürzt man den Anfänger in Probleme, mit denen er noch nicht fertig werden kann. Nur allzu oft liest man in Klarinettenschulen gleich zu Beginn, der Schüler möge die Zunge ans Blatt legen und sie zurückziehen, sobald der Atem den Ton erzeugt. Das aber wird selbst einem geschulten Klarinettisten nicht gelingen, ohne daß ein häßliches »Quack« erschallt oder der Ton »klitschig« und stumpf herauskommt. Die Theorie ist korrekt und als wissenschaftliche Erkenntnis beweisbar. Aber es funktioniert nicht, weil die Sache gefühlsmäßig nicht stimmt. Es handelt sich um einen komplizierten Prozeß mit einem richtigen Prinzip, das aber dem Empfinden nicht gerecht wird. Jedenfalls verschiebe man Artikulationsfragen besser auf später. Das beste ist, man läßt den Anfänger spüren, wie der Ton entsteht, während er den Druck im Schallrohr seiner Klarinette erhöht. Man braucht ihm das nicht zu erläutern, sondern nur, daß ihm der erste Ton gut gelingt, indem er »huh-uh« sagt, und daß er nichts weiter tun muß, als damit fortzufahren und den richtigen Finger zu bewegen, um die anderen Töne zu erhalten. Auf diese Weise kann er in einer Stunde oder zwei Stunden das Chalumeau, oder wenigstens dessen oberen Teil, spielen lernen. Und dies ganz flüssig, weil er sich auf sicherem Boden bewegt.

Hinzunahme der Griffe der rechten Hand

Bald wird der Schüler das Instrument vollständig erfassen wollen, indem er die rechte Hand dazunimmt. Das läßt sich Ton um Ton leicht bewerkstelligen, wie in den folgenden Beispielen:

Auf dieser Stufe braucht man nicht nach dem Lehrbuch zu arbeiten, obwohl es dafür ein oder zwei gute gibt. Der Lehrer kann ja dem Schüler ganz einfach ein paar derartige Beispiele aufschreiben. Es empfiehlt sich, verschiedene Spieler verschiedene Melodien spielen zu lassen; das ist eindrucksvoll für den Schüler und erholsam für den Lehrer. Eintönigkeit ist der Feind des Lernens in jeder Phase. Aber man übereile an diesem Punkt auch nichts. Die Koordinierung der beiden Hände ist die erste wirkliche Schwierigkeit, die der Schüler zu bewältigen hat, und man muß damit rechnen, daß die Rechte, sobald sie sich bewegt, einen oder zwei Finger der Linken von ihren Löchern vertreiben wird – mit einem kläglichen Ergebnis natürlich. Übrigens kommt es dabei gewöhnlich zu einer Verkrampfung der linken Hand. Dann gibt es nur eins: aufhören, erneut die entspannte Bewegung der linken Hand üben und es dann erneut mit der Rechten probieren.

Richtige Fingerhaltung

Jetzt soll man dem Schüler zeigen, wie man die Finger richtig und entspannt über den Löchern und Klappen hält: leicht gekrümmt, mit lockerem Handgelenk, ohne Anstrengung und Kraftaufwand. Viele Unterrichtswerke enthalten dazu ausgezeichnete Illustrationen. Wir verweisen hier auf die Abbildung 34.

Wenn die beiden Hände gut koordiniert sind, hat der Bläser das Chalumeau in seinem gesamten Umfang zur Verfügung und damit ein flexibles, melodisch befriedigendes Medium, da es alle Töne von tief e bis zum kurzen b umfaßt, also eine Oktave und sechs Halbtöne. Bevor nun die Auseinandersetzung mit dem überblasenen Register beginnt, sollte man den Schüler so weit bringen, daß er zumindest drei verschiedene Tonartvorzeichnungen realisieren kann – C, G und F. Dazu gehört nur ein Griffwechsel in jeder Hand und die Benutzung der Duodezim-Klappe für das kurze b. Über die eigentliche Aufgabe der Duodezim-Klappe als Mittel zur Erweiterung des Tonumfangs braucht man vorerst nicht zu sprechen. Für diese Funktion reicht der Ansatz jetzt meist noch nicht aus; dazu bedarf es in der Regel einiger weiterer Übungswochen. Unterdessen gibt es eine Menge zu tun, weil man allein am Chalumeau-Register viel über das Klarinettenspielen lernen kann. Zunächst stelle man gänzlich auf Legatomelodien ab, später mit mäßig weiten Sprüngen, zuerst jedoch in schrittweiser Bewegung:

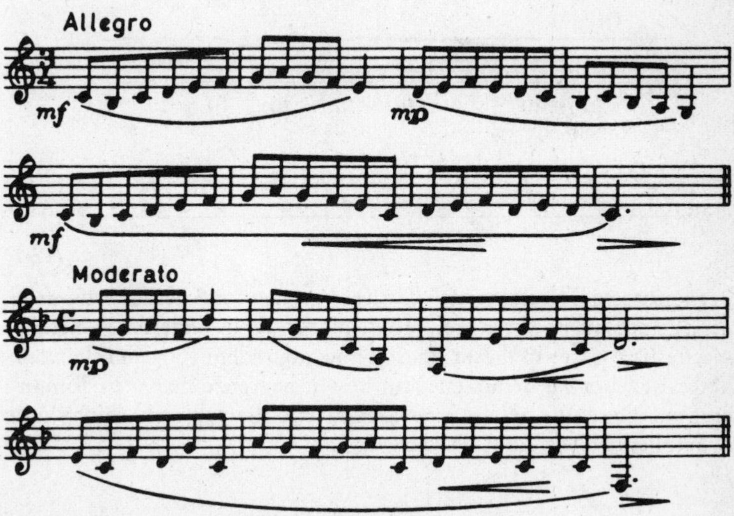

Der Chalumeau-Ansatz

Gewöhnlich wird der hervorgebrachte Ton recht gut sein, da dies ein unproblematischer Bereich des Instruments ist, der kaum Lippenspannung verlangt, sondern lediglich ein festes Umschließen von Blatt und Mundstück. Entweicht Luft aus den Mundwinkeln, so ist das zunächst nicht weiter schlimm; es sollte aber bald aufhören, nachdem der Schüler darauf aufmerksam gemacht wurde.

Artikulation: Zungenarbeit

Sobald der Schüler ein gutes Legato erworben hat, sollte man mit der Artikulation beginnen. Die beste Methode dazu ist zweifellos nicht eben die naheliegende. Das Ziel besteht nicht darin, nach der obenerwähnten Zungen-Freigabe-Methode einzelne Luftschübe die Schallröhre hinabzuschicken. Dies führt unweigerlich zu einem schwammigen Stoß und einem kärglichen Ton, dem Frische und Klarheit fehlen. Vielmehr gilt es, einen einzelnen langen Ton zu nehmen und ihn in eine Reihe kurzer Töne zu zerlegen, indem man das Blatt mit der Zunge so nahe an der Spitze anstößt, wie es sich bequem durchführen läßt. Diese Zungenbewegung erfolgt, während der Ton gespielt wird – und, nebenbei bemerkt, während der Luftdruck konstant gehalten wird. Rein wissenschaftlich ist es natürlich so, daß der Ton beginnt, wenn die Zunge das Blatt verläßt. Gefühlsmäßig und tatsächlich entsteht der Ton durch den eigentlichen Anprall der Zunge, so daß

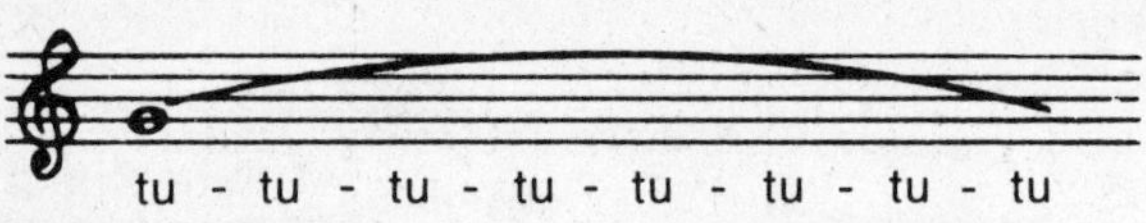

zu  wird.

Der leichteste Ton ist wieder das leere g, aber im Staccato kommt er im Chalumeau-Register viel problemloser als in anderen Registern, und deshalb ist es in dieser Phase unbedingt wichtig, weiterhin allein dieses Register zu benutzen. Am besten begrenze man den Tonumfang auf diese Weise, bis eine Übung wie die folgende flüssig und formvollendet bewältigt werden kann:

Das Überblasregister

Nunmehr kann und soll die Erforschung des Überblasregisters beginnen. In der Praxis wird es für den Schüler höchstwahrscheinlich keine völlig neue Erfahrung sein, da er, einen normalen Wissensdrang vorausgesetzt, sich daran sicherlich schon versucht hat. Aber vermutlich ist er dabei falsch vorgegangen. Jetzt muß er sich in geordneten Bahnen mit dem Überblasen auseinandersetzen. Man lasse ihn mit denjenigen Duodezimen anfangen, die am einfachsten zu erzielen sind, das heißt, mit dem g″, gegriffen wie das (Chalumeau-)c′, und dem a″ mit dem Griff für das d′:

Der Schüler soll diesen Sprung immer wieder probieren, bis er das Gefühl für das obere Register und für die Tonhöhe erworben hat. Da die Flexibilität dieser beiden Intervalle für ihn eine neue Erfahrung ist, schreite man jetzt besser noch nicht zu anderen Intervallen fort. Selbst in diesem Stadium kann der Schüler entdecken, wie sich der obere Ton allein durch Ansatzdruck etwas erhöhen oder erniedrigen läßt. Das ist der wesentliche Unterschied zwischen den Registern und der Grund für das Hinausschieben des Versuchs, die oberen Duodezimen zu erzeugen. Das obere Register ist sehr viel variabler und weniger festgelegt; es verlangt mehr Kontrolle und einen geschärften Sinn für Stützung, Tonhöhenregulierung und Tonkontrolle. In diesem Register liegt von Anfang an das Wesen einer guten Tonbildung beschlossen. Der Anfänger kann dies in seinem Mund fühlen, kann es »schmecken« und die Rundheit und Resonanz des Tones durch subtile Veränderungen der Wangenmuskelspannung, der Zungen- sowie der

Kieferstellung und durch die vielen anderen Ansatzvariablen beeinflussen. Es ist dies einer der großen Augenblicke in der Lernerfahrung des angehenden Klarinettisten; er sollte nicht rasch oder leichthin übergangen werden. Genau besehen, beginnt er hier, Klarinette zu spielen – das Chalumeau liegt hinter ihm. An den anderen Tönen des Überblasregisters wird er bald feststellen, daß sie eigene Charaktere haben. Manche sind stumpf, wie das d, andere hell, wie zum Beispiel das a, und manche (oft das lange b und das e) neigen dazu, etwas tief zu geraten.
Dieses neue Register ist viel schwieriger zu erlernen als das Chalumeau, aber es lohnt dem Klarinettisten die Mühe auch reichlicher und mit schöneren Möglichkeiten. Es ist de facto eine Klarinette mit all der Beweglichkeit und ausdrucksstarken Flexibilität, die die Größe des Instruments ausmachen. In ein paar Wochen läßt es sich nicht meistern; denn wenn auch die Griffe relativ einfach sind – das Klanggleichgewicht und die Intonationskontrolle sind es ganz und gar nicht. Man sollte es daher wie zuvor das Chalumeau zunächst allein und ohne Hinzuziehung der anderen Register üben lassen.

Der Lehrer als Vorbild

Der nächste Schritt ist das Studium des Legatos als Nachahmung des Tones des Lehrers, der in dieser Phase mehr für eine gute Tonbildung tun kann als irgendwann sonst. Diesen Aspekt haben wir im fünften Kapitel recht ausführlich behandelt. Jetzt ist es am Lehrer, die Resonanzvokale und die eigentlichen Ziele zu bestimmen. Er kann dem Schüler erklären, was er selbst beim Spielen anstrebt, aber letztlich kommt es auf die Vorbildwirkung seines eigenen Klarinettenspiels an. Der Lehrer muß oft und gut vorspielen – so

Erstes Beispiel

Zweites Beispiel

kann er dem Schüler als Modell dienen. Das trägt gewöhnlich gute Früchte – wenn nicht, besteht für den Schüler wenig Hoffnung.
Einfache Melodien sind sogleich möglich; wenn Lehrer und Schüler sie immer abwechselnd spielen, werden sie rasch bewältigt. Zwei Beispiele geben wir auf der linken Seite.
In dieser Weise sollte man sich etwa drei Wochen lang auf das »Klarinetten«-Register konzentrieren. Das Chalumeau gerät in dieser kurzen Zeit wohl kaum in Vergessenheit, während sich andererseits beim Schüler eine verblüffende Muskelentwicklung vollziehen kann. Am stärksten wird dies gewöhnlich daran spürbar, daß der Schüler seine Tonhöhen, die zu Beginn fast immer zu tief sind, während dieser Zeit auf das richtige Niveau bringt. Zum Glück liegen einige der schönsten je geschriebenen Melodien (wie zum Beispiel das Adagio von Mozart) vollständig innerhalb des Umfangs dieses Registers und können in aller Bescheidenheit schon drei Monate nach Unterrichtsbeginn in Angriff genommen werden.

Ausdruck

Hier ist nun auch die Frage des ausdrucksvollen Vortrags zu berücksichtigen. Kein Lehrer sollte davor zurückscheuen, Werke großer Meister mit expressiver Dynamik so vorzuspielen, wie er es von seinem Schüler zu hören hofft.

Artikulation in der zweigestrichenen Oktave

Bislang war es ratsam, wenn nicht sogar notwendig, die Übungen auf die Anwendung nur des Legatos im Überblasregister zu beschränken, obwohl im Chalumeau bereits Artikulation erzielt wurde. Das hat seinen guten Grund. Die Benutzung der Zunge fällt im oberen Register keineswegs so leicht, da die Obertonstruktur – der Anteil der Obertöne am Ton sowie ihre Verstärkung – anders geartet ist; der Zungenanprall kann sie zunichte machen und zu störenden »Quack«-Geräuschen, ja Quietschern führen. Das Staccato ist also mit Vorsicht und Behutsamkeit anzugehen. Wichtiger Rat an die Adresse des Schülers: Ansatz fest und straff halten, anfangs sogar starr. Erstens werden dadurch die höchsten Partialtöne abgedämpft, also diejenigen, die bei unbeabsichtigter Hervorbringung Quietscher sind. Zweitens wird dadurch verhindert, daß der Schüler die Klarinette mit der verlangten, starken Zungentätigkeit aus dem Mund drückt. Die Bewegung mag minimal sein, aber der dadurch bewirkte Verlust an Kontrolle ist fatal. Mit dem festen, guten Ansatz werden Staccato-Töne hier ganz ähnlich wie im Chalumeau-Register produziert, nur ist eine größere Mundhöhle nötig, um die viel dichteren Töne zu veredeln. Genau deshalb wird dieses Problem so spät angepackt.
Es ist, offen gesagt, schwierig. Wenige außer den besten Klarinettisten erzielten je ein wirklich perfektes Staccato in diesem Register, noch dazu im *ppp*. Daher genügen so viele den Ansprüchen, die Beethoven in seiner Fünften Sinfonie mit der kleinen Figur stellt, nicht.

Meist gehen solche Unzulänglichkeiten darauf zurück, daß man mit diesen Dingen zu früh begonnen hat, als der Ansatz noch nicht ausgereift war, und folglich Gewohnheiten vom Chalumeau her beibehalten wurden, die hier fehl am Platz sind. Der richtige Zeitpunkt kommt ein paar Wochen später mit so bemerkenswerten Phrasen wie den folgenden:

Vielleicht hält man dieses Vorgehen für allzu ängstlich, doch in Wirklichkeit ist es das nicht. Wenn man Phrasen wie die angeführten innerhalb weniger Monate nach dem Erlernen der Anfangsgründe auf der Klarinette spielen kann, ist das schon ziemlich viel, auch wenn es im größeren Zusammenhang noch nicht klappt. Die angegebenen Beispiele sollen natürlich nur veranschaulichen helfen, was der Schüler hier gewinnen kann. Es müssen freilich noch mehr Beispiele ähnlicher Schwierigkeit durchgearbeitet werden, die der Lehrer nach Bedarf aus anerkannten Lehrbüchern auswählen oder, was besser ist, selbst erfinden kann.

Das Kombinieren der Register

Als nächste Stufe schlagen wir vor, die Bekanntschaft mit dem Chalumeau zu erneuern und es abwechselnd mit dem oberen Register zu üben. Anfangs sollten die beiden Register nicht kombiniert werden, da der Schüler bei getrennter Behandlung erkennt, daß sie unterschiedliche Stützung, Kontrolle und Resonation erfordern.

Registerwechsel

Wenn der Schüler sich mit diesen Erfordernissen beider Register unter sorgsam korrigierender Leitung des Lehrers befreundet hat, müßten Übungen im Kombinieren der beiden Register ganz natürlich anschließen, und zwar ohne ausdrückliche Hinweise auf das alte Schreckgespenst der Klarinettentechnik, den Registerwechsel. Damit ist natürlich der große Sprung von a'' nach h'' gemeint, den man in den ersten Beispielen für kombinierte Verwendung beider Register am besten ganz vermeidet:

Man sollte dem Schüler um jeden Preis ersparen, dieses Problem nach der überlieferten Methode zu meistern, nämlich die Intervalle a''–h'' und b''–h'' bis zum Überdruß zu wiederholen. Durch das stumpfsinnige Repetieren wird dem Schüler nämlich geradezu eine Angst vor diesen Intervallen anerzogen. Man kann diese Aufgabe bald innerhalb eines breiteren Zusammenhangs lösen, und Fehler können als Quelle der Heiterkeit behandelt werden. Die Sache ist sowieso nicht allzu schwer und wird dem Schüler wahrscheinlich nicht lange zu schaffen machen, wenn er dem Problem zuerst in einer Gestalt wie der folgenden begegnet:

Der grifftechnische Aspekt des Griffsprungs

Bevor wir die wichtige Frage des Griffsprungs hinter uns lassen, sei ausdrücklich gesagt, daß besonders hier das Festhalten an der normalen Klarinettengriff-Tabelle die schlechtestmögliche Methode darstellt. Es ist unökonomisch, riskant, unmusikalisch und unklug, a'' mit dem linken Zeigefinger allein (wie gezeigt) zu spielen und h'' mit allen Fingern und einem Daumen zu greifen. Beim Registerwechsel von einem Ton des Ober- zu einem anderen des Unterstücks sollte man, wenn zum Beispiel a'' oder b'' gespielt wird, so viele Finger der rechten Hand einbeziehen, wie sich für den zweiten Ton als bequem erweisen, so daß sie bereits an Ort und Stelle sind. Dies übrigens ganz unabhängig von den im fünften Kapitel behandelten künstlerischen Griffaspekten. Hier geht es um rein mechanische Fragen, um eine Technik, die an diesem Punkt gelernt werden sollte.

Festigen der Technik

Von nun an ist der weitere Weg dem Schüler wie dem Lehrer klar vorgezeichnet. Wenn der Schüler all die Fragen der Tonhöhenresonanz, der Tonkontrolle und Abstützung erfaßt hat, darf man sagen, daß zumindest die Hauptprobleme des Klarinettespielens aufgeworfen worden sind.

An dieser Stelle kann man auf viele Studienbücher und Arrangements sowie auf allerlei speziell für diesen Zweck geschriebene Originalwerke zurückgreifen, um den einigermaßen fortgeschrittenen Schüler nunmehr mit einer umfangreichen Skala musikalischer Möglichkeiten bekannt zu machen. Nach meiner Ansicht könnte es durchaus noch mehr Spezialwerke dafür geben, als derzeit vorliegen; indessen lassen manche Anzeichen schon hoffen, daß diese Lücke bald geschlossen sein wird. Solche Spezialstudien sollten den nächsten und letzten noch zu meisternden Teil des Instruments behandeln – die dritte Obertonreihe, beginnend mit dem cis über dem normalen hohen c und fortschreitend zum extrem hohen c darüber.

Das höchste Register
Diese Erweiterung ist mit Vorsicht vorzunehmen. Man behandle jeweils nur einen Ton und sehe darauf, daß der Schüler für ihn ein »Kontrollgefühl« entwickelt, bevor zum nächsten höheren Ton übergegangen wird. Zudem muß er jeden Ton klanglich akzeptabel und ohne übermäßige Lippenermüdung bilden lernen. Deshalb sind in diesem Register Griffe, die etwas zu hohe Töne ergeben, denen vorzuziehen, die das Gegenteil bewirken; sie verlangen nämlich keinen so markanten Ansatzdruck und ermüden weniger.

Staccato im höchsten Register
Die letzte technische Ergänzung ist das Staccato im höchsten Register. Man soll es aber erst einführen, wenn der Schüler in den anderen zwei Registern in seiner Tonbildung, Kontrolle und Zungenfertigkeit einen hohen Standard erreicht hat. Unter diesen Voraussetzungen unterscheidet sich das Staccato im höchsten Register von dem in den anderen Registern nur darin, daß es dieselben Schwierigkeiten in einem höheren Grade bereitet. Anfangs kann es der Schüler einfach nicht zwanglos, ruhig und gleichmäßig bewerkstelligen, und man sollte das von ihm auch gar nicht verlangen. Später wird es gelingen, wenn er den einfachen Umstand bedenkt, daß hier ein höherer Lippen- und Zwerchfelldruck ebenso hilft wie eine feste, straffe Zunge. Das alles sind *positive* Faktoren, auch wenn sie *negative* Vorzeichen zu tragen scheinen.

Duett- und Ensemblespiel

An diesem Punkt empfiehlt es sich, mit dem Schüler Duette abgestufter Schwierigkeiten zu spielen. Es wäre übrigens zu begrüßen, wenn die Lehrwerke mehr Duette brächten.
Jedenfalls soll der weniger fortgeschrittene Spieler zuerst den unteren Part versehen. In einem wohldurchdachten Duett wird er aber bald auch den oberen Part übernehmen können, wenn er mit genügender Sachkenntnis geschrieben ist. Hierauf rate man dem Schüler, einem Klarinetten-»Chor«, dann einem Holzbläser-Ensemble (jedoch noch keinem klassischen Bläser-Quartett, beispielsweise für Mozart-Serenaden) und schließlich einem Orchester beizutreten. Letzterer Schritt sollte der Höhepunkt seines bisherigen Studienganges in der ersten

Hauptphase sein und bedeuten, daß er ein gutes Amateurniveau erreicht hat.

Der Fortgeschrittene

Mit der bislang geleisteten Arbeit hat der Schüler eine solide Grundlage erworben, auf der er, anhaltendes Interesse vorausgesetzt, aufbauen kann. Aber zugleich steht er nunmehr am Scheidewege und muß sich darüber klarwerden, ob er fortan einen großen Teil seiner Zeit und Kraft darauf verwenden will, sich im Klarinettenspiel weiter zu vervollkommnen. Wenn er sich anders entscheidet, ist nichts verloren, weil er dann ein schönes Hobby hat und einen inneren Besitz, den ihm niemand mehr nehmen kann. Wenn er die Klarinette für sich jedoch wirklich wesentlich findet, wenn sie für ihn stark im Vordergrund seiner Neigungen steht, hat die zweite Studienphase zu beginnen. Sie unterscheidet sich zwar beträchtlich von der ersten, ist aber doch ihre Weiterführung. Jetzt muß sich ein Fortgeschrittenenlehrer seiner annehmen. Nunmehr sind neue Ziele anzustreben.

Unterricht für Fortgeschrittene

Wenn man bloß so zum eigenen Vergnügen Klarinette spielt, schränkt man ihre Rolle stark ein. Viele werden hier aufhören wollen, andere werden hoffentlich weiter Spaß am Instrument haben. Aber für diejenigen, die weiter vorankommen wollen, wird das Vergnügen nun zweitrangig. Auf der Fortgeschrittenenstufe muß der Lehrer dem Schüler jetzt begreiflich machen, daß die Klarinette mitnichten das simple Blasinstrument ist, für das er es bislang hielt. Wer sie nicht nur ganz gut, sondern hervorragend spielen möchte, muß ihren Charakter, ihr Wesen aus einem anderen Blickwinkel betrachten. Jetzt hat sich die Arbeit des Lernenden an den wichtigen künstlerischen Aspekten, die wir im fünften Kapitel besprachen, zu orientieren.
Vor allem präge der Lehrer dem Schüler ein, daß seine bisherige Sicht der Klarinette als ein Ding mit Klappen, das fertige Töne unterschiedlicher Qualität von sich gibt, nicht mehr ausreicht, weil sie viel zu rudimentär ist. Diese Erkenntnis kann für den talentierten Schüler geradezu etwas Bestürzendes haben, da sie ihm eine ganz neue Welt für Experimente erschließt und den Weg zeigt, wie Hindernisse auszuräumen sind, mit denen er sich insgeheim schon lange abgeplagt hat. Am Anfang dieses Prozesses sollte das Studium der akustischen Phänomene des Instruments stehen, wobei insbesondere auf Druck-

unterschiede zwischen einzelnen Tönen, auf die dem Instrument eigenen Intonationsschwächen und auf diesbezügliche Abhilfemöglichkeiten einzugehen ist. An diesem Punkt muß man dem Schüler klar sagen, daß er die Grifftabelle, die er sich inzwischen zu eigen gemacht hat, vergessen möge. Sie dient künftig nur noch als allgemeiner Hintergrund. Fortan richtet sich die Griffmethode für jeden Ton nur noch am Klangergebnis aus. Zweifellos gibt es viele verbesserte, auf den meisten Klarinetten übliche Griffe, die dem Anfänger wenig nützen, weil sie für sein Niveau noch zu komplex sind. Ebenso gibt es viele verbesserte Griffe, die keineswegs auf allen Klarinetten gängig sind, obwohl sie die Ausdrucksfähigkeit des einzelnen Instruments wesentlich steigern können. Jede Klarinette hat ihre Eigenheiten und besonderen Möglichkeiten, die es auszuschöpfen gilt.
Eines ist sehr wichtig für jeden Klarinettisten: Er muß wissen, wie jeder einzelne Ton auf seinem Instrument so »hinzubiegen« ist, daß er intonationsmäßig rein erklingt. Gewöhnlich wird Abwärtskorrektur vorgenommen, indem man den Ansatz lockert, zugleich aber fortfährt, den Ton mit Hilfe der Mundhöhle und der Kolbentätigkeit des Zwerchfells zu veredeln und zu unterstützen. Schon daran zeigt sich, daß Griffe, die den Ton etwas erhöhen, viel nützlicher sind als Griffe mit entgegengesetztem Effekt; denn »zu hohe« Töne kann man korrigieren. Nach oben zu läßt sich eine Tonhöhe leider fast gar nicht durch Ansatzstraffung korrigieren, jedenfalls nicht für längere Zeit. Wenn man es probiert, erfolgt zweierlei. Erstens wird der Ton gepreßt und so stark abgedämpft, daß er beinahe verstummt. Zweitens beißt man sich dabei in kürzester Frist die Unterlippe nahezu durch und kann dann bald nicht mehr blasen.
Der Schüler muß also Griffe beherrschen, die dem Ton Resonanz verleihen, sowie Griffe, die die Intonation korrigieren, und er muß Ansatzkorrekturen können, die zu beidem passen, wenn die richtige Zwerchfellstütze gegeben ist. Die Umsetzungsmöglichkeiten sind beinahe unbegrenzt und machen die Klarinette recht eigentlich zu dem so ausdrucksvollen Instrument, das sie ist. Damit haben wir die Anfangsphase des fortgeschrittenen Klarinettenstudiums umrissen – die Stufe, auf der sich die Tür zur Kunst öffnet. Nunmehr liegen die außerordentlich komplizierten und ins Einzelne gehenden künstlerischen Mittel, die wir im fünften Kapitel kurz erörtert haben, innerhalb der Reichweite des Schülers. Die fruchtbare Aneignung kann beginnen.
Letztlich muß der Lehrer dem Fortgeschrittenen ein musikalischer Ratgeber sein, aber auch ein musikalisches Vorbild, wenn er wirklich etwas erreichen will. Man kann gar nicht genug betonen, wie wichtig

es ist, daß der Lehrer die Werke, die er mit dem Schüler durchnimmt, selbst gründlich studiert hat. Vielleicht findet mancher diesen ausdrücklichen Hinweis überflüssig, doch allgemein ist er geboten, weil er so und so oft nicht beherzigt wird. Natürlich kommt irgendwann einmal der Tag, an dem der aufgeschlossene, wißbegierige Schüler etwas in die Stunde mitbringt, was er entdeckt hat, und den Lehrer um dessen Urteil darüber bittet, wie er, der Schüler, es spielt. Genau das sollte er unter diesen Umständen auch bekommen – das schlichte, ungeschminkte Urteil eines fachkundigen, des Werkes jedoch unkundigen Klarinettisten. Diese mangelnde Werkkenntnis braucht er übrigens gar nicht zu kaschieren, denn auch der Lehrer mit der längsten und breitesten Erfahrung kann nicht alles gespielt haben. Hier einen falschen Anschein erwecken zu wollen, ist nutzlos, weil sich Unwissenheit in einem solchen Falle mit jeder unzutreffenden Bemerkung verrät, auch wenn gar nicht versucht wird, das vorgelegte Stück zu spielen. Am besten nimmt man es sich zusammen mit dem Schüler vor, lernt es mit ihm kennen, demonstriert ihm, wie man als Fachmann an eine fremde Musik herangeht, und überwindet die Schwierigkeiten und Tücken, wie sie sich ergeben. Damit sind wir bei der umstrittenen Frage: Soll man seinen Schülern vorspielen oder nicht? Tatsächlich sind die Meinungen darüber (wie in fast allen Klarinettenfragen) geteilt. Es gibt nur sehr wenige menschliche Tätigkeitsbereiche, in denen man sich einen Lehrer vorstellen kann, der nicht durch praktische Demonstration beweisen kann oder will, daß er das, was er zu lehren versucht, auch selbst beherrscht. Der wirklich souveräne Lehrer wird jederzeit imstande sein, zum Instrument zu greifen und dem ratlosen Schüler schlagartig, wie durch einen überspringenden Funken, vor Augen und Ohren zu führen, um was es geht. Auf diesem Wege läßt sich so vieles vermitteln, was sich dem Wort entzieht. Wer Klangaspekte ohne wirklich erklingende Töne verdeutlichen will, versucht im Grunde, einem Kind eine Wendeltreppe zu erklären, ohne ihre Spiralgestalt mit dem Zeigefinger vorzuzeichnen. Vermutlich ist auch das möglich, aber mit welchem Zeitaufwand, welcher Mühe! Vor ungefähr dreißig Jahren studierte ein heute berühmter englischer Oboer als junger Mann in Belgien bei dem größten Vertreter seines Fachs. Damals kostete die Unterrichtsstunde den belgischen Gegenwert einer englischen Guinee – wenn der große Mann *redete*. Wenn er aber *spielte*, erhöhte sich der Betrag sofort auf das Fünffache! Pragmatisch, wie diese Schule war, zweifelten weder Lehrer noch Schüler auch nur im geringsten an dem unterschiedlichen, im Gebührensatz ausgedrückten Wert der beiden Unterrichtsformen.

Man kennt auch allerlei Schauergeschichten über die Geheimniskrämerei in jenen Tagen, die dazu führte, daß wichtige Informationen einfach vorenthalten wurden. Nicht selten war der Fall, daß der Lehrer, der den Ton seines Schülers nicht mehr ertragen konnte, diesem das Instrument aus der Hand nahm, sich umdrehte, das Blatt mit ein paar geübten Griffen zurechtschnitt und dem verdutzten Schüler seine Klarinette in perfektem Spielzustand zurückreichte. Dies aber ohne ein erklärendes Wort und in der offenkundigen Entschlossenheit, keine Frage zu diesem Thema zu beantworten. Zum Glück gibt es das heute nicht mehr in dem Maße. Wenn ein Lehrer eine neue, nützliche Methode, die er selber gerade erst anzuwenden begonnen hat, einem seiner Schüler mitteilt und sie später von einem neuen Schüler vorgeführt bekommt, der sie von dem anderen Schüler erfahren hat, so ist das für den Pädagogen vielleicht ein verblüffendes, aber doch erfreuliches Resultat! In dieser vernünftigen Auffassung, daß weitergegebenes Wissen solcher Art nur Gutes bewirken kann, besteht einer der größten Vorzüge von Klarinettenklassen und Meisterkursen.

Zweierlei Übungen

Früher oder später wird der Fortgeschrittenenlehrer den großen Wert sogenannter »Studien« für den Schüler dieses Niveaus erkennen. Es gibt zwei Sorten: Auszüge aus bedeutenden Werken, die von Experten des betreffenden Gebiets (Kammermusik, Oper, Sinfonie) ausgewählt und zusammengestellt sind, und Spezialübungen. Studien des erstgenannten Typs können, wenn der Lehrer genügend Erfahrung besitzt, um den atmosphärischen Hintergrund sowie das richtige Tempo anzugeben, dem Schüler viel Einblick in das betreffende Werk verschaffen, so daß er dieses dann mit wesentlich mehr Verständnis anpackt. Das sind keine »Etüden« im landläufigen Sinne, denn sie zielen nicht auf Vervollkommnung einer besonderen technischen Fertigkeit. Es ist vielmehr ein Vertrautwerden, das über Erfolg oder Mißerfolg des späteren Instrumentalisten in dem heute harten und anspruchsvollen Musikleben entscheiden kann. Die erste Seite aus »La Bohème« vom Blatt zu spielen ist eine Sache, aber das gewöhnlich gewählte Tempo durchzuhalten ist etwas ganz anderes, und es ist nicht selten eine verwirrende Erfahrung, wenn man sie unten im Orchestergraben das erste Mal macht. Also hat jeder Lehrer auf der Fortgeschrittenenstufe dafür zu sorgen, daß sein Schüler die Tücken und Schwierigkeiten der Opern kennt, mit denen er es wahrscheinlich zu tun bekommen wird – von den virtuosen Passagen im »Rosenkavalier« bis hin zu den unglaublich verzwickten, dabei so einfach aussehenden C-Klarinetten-Parts in Verdis »Falstaff«. Beispielsweise sollte man dem Schüler sagen, daß fast niemand

den Ton  einen Ton höher transponieren kann,

so daß  daraus wird, ohne sich einfach zu

zwingen, daran zu glauben. Die klaffende Lücke scheint ja viel größer zu sein als zwei Halbtöne. Diese und andere Tatsachen des Klarinettistenlebens, die zum Erfahrungsschatz des Routiniers gehören, müssen ein wesentlicher Bestandteil des Unterrichts in diesem Stadium sein.

Dasselbe gilt für die Kammermusik, wo beispielsweise der erste Satz von Brahms' Klarinetten-Quintett ein sorgfältiges Neubezeichnen des Soloparts mit veränderter Dynamik erfordert, um die Gewichte richtig zu verteilen. Dazu muß man natürlich die Partitur sehr genau studieren.

Schließlich geht es an die großen Werke der sinfonischen Literatur. Hier ist es gewöhnlich besser, die gedruckte Orchesterstimme zu konsultieren und sich nicht auf die Auszüge in den Orchesterstudien zu verlassen. Denn so kann der Schüler darauf vertrauen, daß er die Chance hat, jede wichtige Passage des Werkes zu spielen. Bei dieser Gelegenheit sei noch einmal auf die große Bedeutung des Transponierens hingewiesen. Erstaunlich viele fortgeschrittene Schüler verlieren in den C-Klarinetten-Scherzi von Beethovens Neunter und Schuberts großer C-Dur-Sinfonie den Boden unter den Füßen.

In der Gruppe

Diese und sehr viele andere Punkte müssen behandelt werden, damit der Lehrer den Schüler als nahezu fertigen Musiker entlassen kann, wie es heute glücklicherweise oft der Fall zu sein scheint. Dabei darf sich die Unterweisung nicht auf den Unterricht am Instrument selbst beschränken. Der Schüler muß auch erfahren, wie man sich in der Gruppe, im Stimmzimmer, im Probensaal richtig verhält, denn das kann ihm den Zugang zu seinem erwählten Beruf sowie seine Karriere wesentlich erleichtern. Solche Dinge werden meist nicht gebührend beachtet, und die Gründe und Ursachen dieser Zusammenhänge sind längst nicht genug bekannt. Wenn Musiker in der Gruppe spielen, entsteht ein ganz anderer Kollegenkontakt als zum Beispiel unter den Angestellten in einem Büro oder unter Fabrikarbeitern in der Werkhalle. Die Beziehungen sind viel enger und dauernder als in fast jedem anderen Beruf. Büroangestellte treffen sich im Laufe des Arbeitstages unter Umständen häufig und reden viel miteinander, aber wenn die Mittagspause naht, haben sich in jedem einzelnen wahrscheinlich eine Menge Erlebnisse und Eindrücke aufgestaut, von denen die anderen nichts wissen können. Sie hatten ihre eigenen privaten oder »dienstlichen« Probleme, sind ihren Obliegenheiten jeder nach seinem Schema, in seinem abgesteckten Entscheidungs- und Richtlinienrahmen nachgekommen, und wenn sie dann Kollegen begegnen, gibt es reichlich Diskussionsstoff. Bei Musikern ist das erweislich anders. In jeder Sekunde der dreistündigen Vormittagsprobe haben sie sich allesamt mit denselben Problemen zur selben Zeit herumgeschlagen, sie haben dieselben angenehmen oder mißlichen Erfahrungen gemacht und waren auch zum großen Teil mit denselben Emotionen beschäftigt. Hinzu kommt, daß sie einen sehr wettbewerbsintensiven Beruf ausüben. Gottlob hackt in dieser Profession zumindest in England eine Krähe der anderen kein Auge aus. Mitunter staunt man wirklich, wie gut dort Musiker offenbar miteinander auskommen, wo doch Erfolg und Wohlergehen des einen unweigerlich anderen vom selben Fach den Lebensstandard reduzieren. Schmutzige Tricks sind ziemlich selten und werden allgemein als unkollegial abgelehnt. Aber es deutet doch auf mehr als nur ein Bedürfnis nach physischem Abschalten, wenn in vielen Fällen die Mitglieder erstklassiger Orchester nach einer langen, anstrengenden Probe oder Aufführung sofort auseinanderstreben wie die fünf Finger an der gespreizten Hand. Sie haben zu lange »aufeinandergehockt«, zu lange dasselbe gedacht und empfunden, so daß jeder jetzt entweder für sich bleiben will oder Gesellschaft braucht, die nicht zum engsten Kollegenkreis gehört.

Fraglos ist es also wichtig, daß der junge Künstler nicht nur handwerklich-musikalisch, sondern auch vom Temperament her und seelisch richtig gerüstet ist, damit er in seinem Beruf etwas leistet und Befriedigung findet. Oberflächlich betrachtet, mag es so aussehen, daß einzelne Musikergruppen sich in der Probe wie Hund und Katze zanken und am Abend dennoch eine himmlische Aufführung liefern können. Diese Vorstellung trifft nicht den Kern. Wenn ein Streichquartett gedeihen und seine Arbeit sich musikalisch auszahlen soll, müssen die Mitglieder sich gegenseitig respektieren und bisweilen sogar bewundern können. Für das Holz im Orchester gilt mehr oder weniger dasselbe, denn es ist im Grunde ein Oktett innerhalb des großen Klangkörpers und muß als solches funktionieren. Differenzen wird es immer geben, aber keine unüberbrückbaren; ein paar Sekunden Besinnung, und schon ist man als Ganzes oder als Solostimme wieder bei der Sache – man hat je nach Lage der Dinge entweder völliges Einverständnis hergestellt oder einen Kompromiß gefunden.

Man wird einen jungen Klarinettisten nur selten daran erinnern müssen, wie wenig wünschenswert es ist, seine brillantesten Orchestersoli bei jeder Gelegenheit vorzuführen, um zu demonstrieren, wie's gemacht werden kann. Es könnte nämlich sein, daß sein Stimmführer oder mancher andere Kollege es nicht so »hinkriegt«. Ebenso verrät ein solches Zurschaustellen mitunter, was dem jungen Künstler bei dem Solo alles noch *nicht* gelingt. Beides schlägt ihm nicht zum Guten aus. Der Lehrer muß sich also bemühen, seinen fortgeschrittenen Schüler hier zu der richtigen Einstellung zu bringen, eine Aufgabe, vor der sich leider zu viele Pädagogen drücken.

Der vielseitige Instrumentalist

Auf dieser Stufe sollte man dem Schüler auch die ganze Skala der Möglichkeiten, die sein Beruf heute bietet, aber auch die Fülle der Anforderungen vor Augen führen. Vielleicht muß er den einen oder anderen Jazz-Stil bringen können, vielleicht muß er daran denken, mehrere Instrumente seiner Gruppe spielen zu lernen. Hier mögen regionale Unterschiede bestehen; amerikanische Partituren stellen derartige Ansprüche jedenfalls bemerkenswert oft. Es gibt Fälle, in denen Spieler alle vier Hauptinstrumente der Holzbläserfamilie und dazu noch verschiedene Saxophone blasen müssen, und zwar routinemäßig, nicht etwa nur in besonderen Situationen oder wenn es als bizarrer Effekt verlangt wird. Da unser Buch von der Klarinette handelt, brauchen wir auf diese Fragen hier nicht näher einzugehen, sondern wollen es mit der Feststellung bewenden lassen, daß auch solche Aufgaben zu bewältigen sind, und zwar mit überraschendem Erfolg. Der Ansatz ist eine verblüffend flexible Angelegenheit, und mit der nötigen technischen Fertigkeit und Übung kann man auf allen diesen verschiedenen Instrumenten einen anständigen, brauchbar kontrollierten Ton erzielen. Freilich wird immer eines das Hauptinstrument bleiben, während man die anderen Instrumente spielt, in-

dem man seine erworbene Technik auf ihre Erfordernisse einstellt. Hinsichtlich der Klarinette lassen Beobachtungen den Schluß zu, daß die Zweitinstrumente am besten gemeistert werden, wenn sie erst hinzukommen, nachdem der Klarinettist auf seinem Instrument einen ziemlich hohen Leistungsstand erreicht hat. Hier muß der Lehrer des fortgeschrittenen Schülers entscheiden, wann diese Vorbedingung erfüllt ist – natürlich unter der Voraussetzung, daß der Schüler diesen Weg überhaupt einschlagen will. Hat sich der Schüler dafür entschieden, soll der Lehrer ihn in seinem diesbezüglichen Streben nicht ungebührlich bremsen, damit er ihm keine Zukunftsmöglichkeiten verbaut. Er muß nur sicher sein, daß er dem Schüler eine solide, feste Grundlage vermittelt hat; dann mag er beiseite treten und die zusätzliche Unterweisungsarbeit (mit einem stummen Stoßgebet für gutes Gelingen) anderen Spezialisten überlassen. Wenn ein Schüler mehrere Instrumente erlernen will, sollte er es nicht bei demselben Lehrer tun; denn auch wenn der noch so begabt ist, wird er ihm wenig nützen können. Zumindest aber sollte sich die innere Einstellung auf mehrere Instrumente aus dem Umgang mit anderen Spielern gleicher Neigung ergeben.
Zum Schluß noch ein Wort. Es hat überhaupt keinen Zweck, dem Schüler vorzuhalten, er werde auf diese Weise seine ganze Technik und sein musikalisches Können ruinieren. Das stimmt nämlich nicht, und daß es nicht stimmt, läßt sich mit Beispielen belegen. Der beste Baß-Klarinettist der jetzt nicht eben mehr jungen Generation in London ist zugleich einer der größten Solo- und Orchestersaxophonisten der Welt. Auch die Klarinette meistert er prächtig. Nein, man soll den am Erlernen mehrerer Instrumente interessierten jungen Musiker nur darauf hinweisen, daß Energie, die auf eine Sache verwandt wird, einer anderen natürlich verlorengeht und daß schon ein ganzes Menschenleben nicht mehr ausreicht, um allein die Klarinette so beherrschen zu lernen, daß bei den heutigen Anforderungen wirklich keine Wünsche offenbleiben.

Erfahrungen sammeln

Wir müssen nun noch einen Blick auf die verschiedenen Betätigungsmöglichkeiten des ausgebildeten Klarinettisten werfen und erörtern, wie er sich darauf am besten vorbereitet. Das erste große Gebiet ist natürlich das Orchesterspiel, ein Berufsaspekt, den wir ja schon gestreift haben. Hier gilt eine Binsenwahrheit: Das Orchesterspiel kann man nur lernen, indem man in einem Orchester spielt. Leider läßt sich das nicht immer einrichten, nicht einmal in den Hochburgen der Musikausbildung. Selbst in einer Stadt mit drei Orchestern besteht keine Aussicht, daß von den dreißig brennend interessierten Klarinettisten, die alle aufgenommen zu werden hoffen, mehr als ein Dutzend das ersehnte Engagement erhaschen. In Großbritannien kann zum Glück wenigstens ein Teil in einem der vielen Amateur- und halbprofessionellen Orchester unterschlüpfen, die heute mit immensem Einsatz außerordentlich anspruchsvolle Konzerte geben. Viele dieser Ensembles haben einen wirklich sehr hohen Standard; sie werden ausgezeichnet betreut und geleitet von jüngeren Berufsdirigenten, denen die Gelegenheit zu praktischer Orchesterarbeit und zur Erprobung ihres Könnens hoch willkommen ist. Dies muß auch das Ziel des Nachwuchsklarinettisten sein; denn so kann er sich nicht nur ein großes Repertoire, sondern auch Kenntnisse in der Intonationskontrolle, in der Kunst des abgewogenen, durchgestalteten Vortrags und in der Transpositionstechnik aneignen. All das wird ihm gut zustatten kommen. Heutzutage braucht er kaum noch zu befürchten, daß er mit schlechten Holzbläsern zusammen spielen muß. Die Streicher dürften überwiegend Amateure sein, aber die Holzbläser sind fast bis zum letzten Mann entweder Leute, die die Laufbahn des Berufsmusikers einschlagen werden, oder Spieler, die wahrscheinlich Berufsmusiker geworden wären, hätte es mehr freie Musikerstellen (oder nicht so viele attraktive Möglichkeiten auf ihren jetzigen Hauptgebieten) gegeben.

Wenn ein junger Klarinettist etwas Transponiererfahrung hat, kann er seine praktische Kenntnis der Kammermusik wesentlich erweitern. Kammermusik ist einer der beglückendsten Aspekte musikalischen Erlebens und wird ihn bis ans Lebensende begleiten. Daher ist es wichtig, daß er sich zu einem echten Kammermusiker heranbildet und alle großen Kammermusikwerke kennenlernt, nicht nur die mit Klarinette. Als Klarinettist hat man es da übrigens gut, weil einige der herrlichsten Kammermusikwerke die Mitwirkung unseres Instruments vorsehen und in einigen Fällen sogar von ihm inspiriert worden sind – ich nenne Mozarts Klarinetten-Quintett und Trio, die beiden Brahms-Werke in diesen Formen (natürlich mit Cello anstelle der Viola), Schuberts großartiges Oktett, Beethovens Septett und spätere Kompositionen wie zum Beispiel Messiaens »Quatuor pour la fin du temps«.

Streichquartette auf der Klarinette

Die Bedeutung dieser Literatur kann man erst würdigen, wenn man die übrige Kammermusik kennt – von den superben Quartetten Haydns über die herrlichen späten Mozart- und frühen Beethoven-Werke bis zu den Meisterschöpfungen aus Beethovens letzter großer Schaffensperiode, und dazu Mozarts und Schuberts unvergängliche Streichquintette. Man kann sich mit diesen Werken natürlich dadurch vertraut machen, daß man sie in ausgezeichneten Aufführungen hört, erforscht, wie die besten Künstler sie interpretieren, und diese Eindrücke und Erkenntnisse dann in seine eigene Musizierpraxis einbringt. Doch es gibt noch einen besseren, zwingenderen und nützlicheren Weg – nämlich den, sie selber zu spielen. Das mag lächerlich, unmöglich, ja als ein Sakrileg erscheinen, aber es ist durchführbar, genußreich und sicherlich keine Methode, die den großen Werken, um die es geht, Gewalt antut. Freilich hängt diese Art des Musizierens weitgehend davon ab, welche Kräfte zur Verfügung stehen. Am besten ist natürlich ein Ensemble dreier befreundeter Streicher, so daß man mit Violine, Viola und Cello zusammenspielen kann. Der Klarinettist muß da allerdings Takt und Feingefühl beweisen, besonders dem Geiger gegenüber, der natürlich das Quartett führen wollen wird, jedenfalls dann, wenn er für die angestrebte Arbeit gut genug ist. Man muß ihm diese Führungsrolle von Zeit zu Zeit überlassen. Aber denken wir zunächst einmal an jene kostbaren Momente, wenn er die zweite Geige spielt und der Klarinettist führt. Dann wollen drei wichtige Faktoren sehr sorgfältig erwogen sein. Erstens: Wird man von dem in Rede stehenden Werk erwarten dürfen, daß es unter Führung der Klarinette gut klingt? Das ist nicht zuletzt eine Frage der Tonartvorzeichnung, denn eben hier müssen sich die monatelangen Transponierstudien auszahlen. Gewöhnlich wird man die B-Klarinette benutzen und folglich unter Be-Tonarten wählen, die aber in Werken für Streicher mit offen gestimmten E's und A's nicht allzu gut vertreten sind. Doch es gibt solche Kompositionen von Haydn, Mozart, Beethoven und anderen. Sie zum erstenmal zu spielen, ist wirklich eine Wonne. Auf einem fortgeschritteneren Niveau kann man die Werke in Kreuztonarten für die A-Klarinette heranziehen, was die Tonartvorzeichnung wesentlich vereinfacht, dafür aber das eigentliche Transponieren etwas erschwert. Allgemein heißt es, daß solche Werke auf der Klarinette wahrscheinlich weniger natürlich klingen werden als die Quartette in Be-Tonarten, da fast alle Komponisten die angestammte Gewandtheit der Violine in Kreuztonarten ausnutzen, ihr Doppelgriffe und weite *arpeggiando*-Passagen anvertrauen, die auf der Klarinette nicht elegant herauskommen. Das kann nicht verwundern. Wirklich erstaunlich hingegen ist, wie perfekt manche andere dieser Werke unter Führung der Klarinette gelingen. Mozarts »Jagd-Quartett« KV 458 zum Beispiel kann in dieser Besetzung sogar besser klingen als in der originalen. Natürlich sagen wir damit nicht, daß man mit solchen uminstrumentierten Fassungen Konzertaufführungen anstreben sollte. Aber zur Erholung, zum Studium und zum reinen Vergnügen kann man sich kaum etwas Herrlicheres wünschen.

Zweitens: Vermag die Klarinette die erste Geigenstimme überhaupt zu bewältigen, oder sollte sie besser in kluger Selbstbescheidung zurückstehen? Wenn ja, wird der Spieler seinen Erfahrungsschatz am »zweiten Geigenpult« bereichern können, da die zweite Violinstimme sich unter solchen Umständen gewöhnlich für die Klarinette eignet. So lernt der Klarinettist an dieser Aufgabe, sich einzufügen und der Führung der ersten Geige zu folgen. Dieser Part ist selten so extremen Umfangs wie der der ersten Violine und auch nicht so figurenreich. Auf diese Weise erschließt sich der Klarinettist eine Menge neuer Musiziermöglichkeiten und wird immer beschlagener als Kammermusiker – was ja der Sinn der ganzen Übung ist.

Darüber hinaus sind die verschiedensten Umsetzungen möglich. Das richtet sich hauptsächlich nach den verfügbaren Instrumentalisten. Zwei Klarinetten können die beiden Violinparte im Verein mit Viola und Cello spielen. Eine fehlende Viola kann von der Klarinette vertreten werden – eine sehr verlockende Lösung, weil der Tonumfang der Klarinette sich dafür blendend eignet und das Transponieren außerordentlich einfach ist. Man muß in diesem Fall lediglich den Altschlüssel als Baßschlüssel lesen (und natürlich die Tonart durch Hinzudenken zweier Kreuze oder Wegdenken zweier Be ändern):

So kompliziert das aussehen mag, es ist tatsächlich Transponieren in seiner einfachsten Form. Einen Haken hat die Sache: Der tiefste Ton der Viola, das c, unterschreitet den Tonumfang der B-Klarinette und muß deshalb eine Oktave höher als notiert gespielt werden. Nun wäre noch die Ausführung einer verwaisten Cellostimme zu bedenken. Dafür braucht man natürlich eine Baß-Klarinette. Abermals ist das Transponieren nicht schwierig, denn zum einen muß der Baß-Klarinettist für das klassische Orchesterrepertoire sowieso den Baßschlüssel beherrschen, und zum anderen gehört es zu den Obliegenheiten eines jeden Klarinettisten, beim Lesen von C-Klarinetten-Stimmen sicher einen Ganzton nach oben transponieren zu können. Wenn man diese beiden Fertigkeiten miteinander kombiniert, spielt man mühelos Cello-Parte auf der Baß-Klarinette. Zudem macht diesem Instrument der tiefste Celloton nicht so zu schaffen wie der B-Klarinette der tiefste Violaton, da die meisten heutigen Baß-Klarinetten so konstruiert sind, daß sie zu einem B hinabsteigen und damit das tiefste Cello-C um einen Ton unterbieten können. Wo das nicht der Fall und der tiefste Ton ein des (klingend) ist, erzielt man den zusätzlichen Halbton, indem man einen kurzen Pappzylinder oder mit etwas Glück einfach die Mundstückkapsel in die Stürze schiebt.
Das klingt alles ein bißchen nach Notbehelf, doch in der Praxis bewährt es sich ausgezeichnet. So erhält der Klarinettist Gelegenheit, die größten Kammermusikwerke unter jedem möglichen Blickwinkel zu studieren, was sein Können und Wissen als Musiker wesentlich erweitert und ihm selbstverständlich auch wertvolle Einblicke in die großen Kompositionen eröffnet, die original mit Klarinette besetzt sind. Hinzu kommt das Vergnügen, drei Klarinetten und eine Baß-Klarinette – alle je nach Wunsch transponierend oder nicht – die bereits besprochenen als Quartett spielen zu hören. Hier gilt es zu beachten, daß immer ein Spieler da ist, der bereit sein muß, den Part der Viola zu übernehmen, und der folglich den Altschlüssel zu beherrschen hat.

Das Klarinettenensemble

Vier Klarinetten im Quartett klingen erstaunlich befriedigend. Das führt uns zu den vergleichsweise neuen Genüssen des Spielens in noch größeren Klarinettenensembles, also im Quintett, im Sextett oder in noch umfangreicheren Gruppen. Solche Klarinettenensembles können wunderschöne, expressive Wirkungen erzielen, die an eine Orgel erinnern, aber unendlich viel feinere Ausdrucksnuancen bieten. Am

Abb. 21: Zylindrische Klarinetten- und konische Oboen-Bohrung. Die Bohrung im obersten Abschnitt ist bei der Klarinette sehr groß, während die Bohrung der Oboe an derselben Stelle aus einem winzigen Röhrchen besteht.

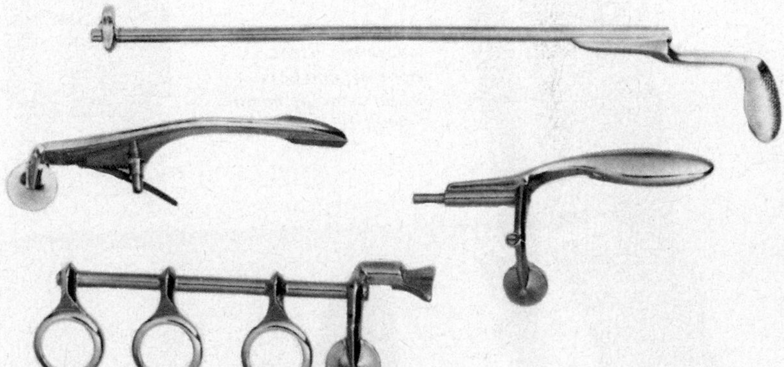

Abb. 22: Moderne Klappen aus Neusilber, gesenkgeschmiedet, mit Silberlötung; nikkelplattiert. An der einen Klappe eine typische Blattfeder. Die übrigen Klappen arbeiten mit Nadelfedern.

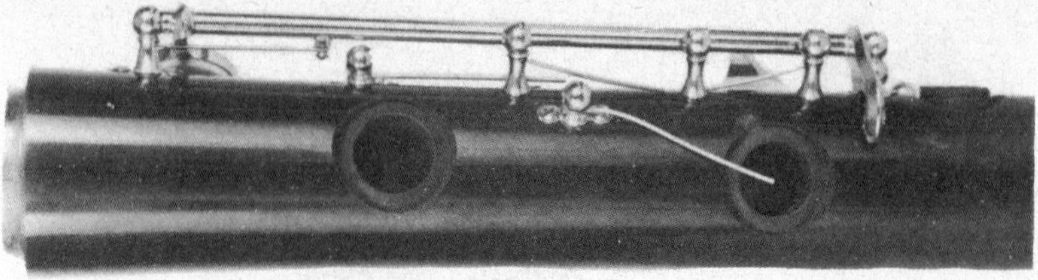

Abb. 23 oben: Nadelfedern lose und in Position in der Klappenkerbe.

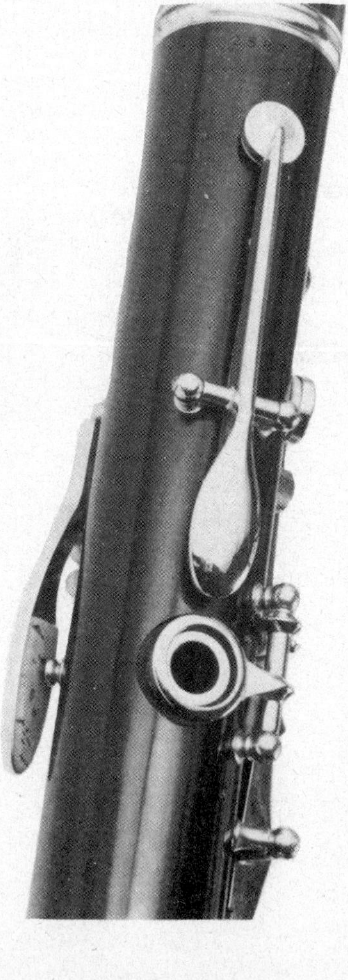

Abb. 24 links: Kork als Geräuschdämpfer und für Anpassung des Abstands zwischen Klappe und Metallbock unter der As-Klappe.

Abb. 25 rechts: Unterstück mit versenkter Bohrung und korkbeklebtem Zapfen mit Metalleinfassung.

Abb. 26 unten: Mundstück, Blatt und Blattschraube.

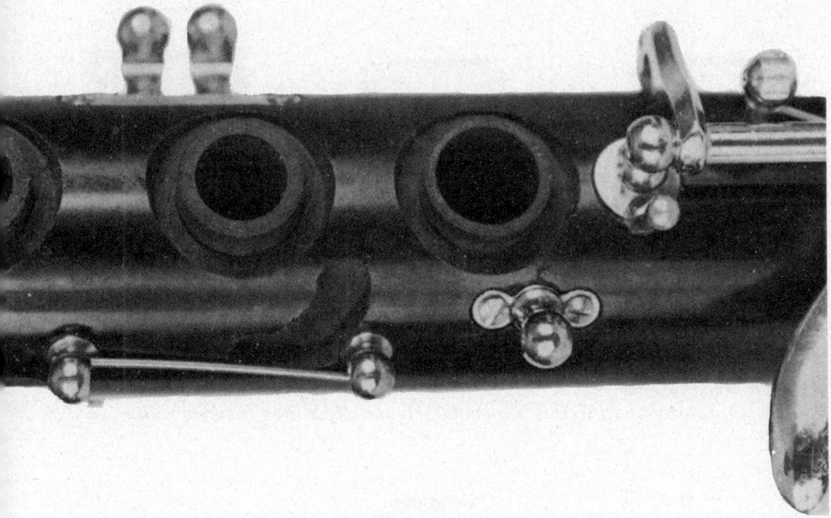

Abb. 27 oben: Fest verankerte Böcke sowie einfach eingeschraubte Böcke mit einer Nadelfeder.

Abb. 28 unten: Verschiedene Blattschrauben. Links: Schwerer Kunststoff mit Schrauben oben. Mitte: Übliches steifes Metallband mit Schrauben unten. Rechts: Leichtes, flexibles Kunststoffmodell.

Abb. 29: Verschiedene Birnen. Links und Mitte: Buchsbaum mit Elfenbeinringen; 18. und 19. Jahrhundert. Rechts: Grenadillholz mit Metallring (heute üblich).

Abb. 30: Verschiedene Schallbecher. Links: 19. Jahrhundert. Mitte: 18. Jahrhundert. Rechts: 20. Jahrhundert.

Abb. 31: Vom Holzstück zum fertigen Rohr. (a) Das Grenadillholzscheit (Unterstück). (b) Gebohrtes Rohr (Untergröße). (c) Innen und außen auf Maß gebohrt. (d) Das Stück mit den versenkten Löchern, den Bohrungen für die Böcke, gekorktem Zapfen und dem Ring an der oberen Ausfräsung.

Abb. 32: Gebräuchlicher Blattabschneider. Die Form der Spitzenrundung ist ausschlaggebend und nicht immer gleich. Ein gutes Exemplar ist ein Liebhaberstück.

Abb. 33: Daumenstützen. Links: Übliche Ausführung. Rechts: Verstellbare Ausführung.

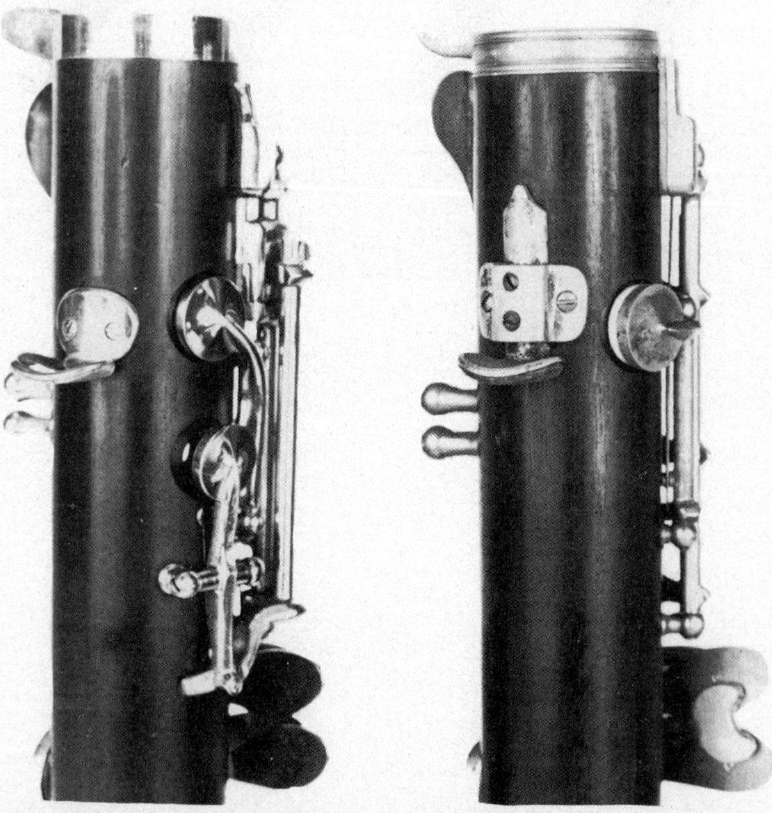

Abb. 34: Entspannte Fingerhaltung.

Abb. 35: Ansatz mit »flachem Kinn« verhindert eventuelle Schwingungsdämpfung des Blattes durch das weiche Lippengewebe.

besten besetzt man mit einem oder mehreren der Mitglieder der Klarinettenfamilie aus Piccolo-Es-, Sopran-B-, Alt-Es-, Baß-B- und Kontrabaß-B-Klarinette, wobei man auch ein Kontrabaß-Es- statt des -B-Instruments nehmen kann. Manche finden, daß das Kontrabaß-Instrument in Es sich tonlich besser einfügt als das B-Instrument; es reicht eine Quinte tiefer als die Baßklarinette und damit nach unten um einen Halbton über den tiefsten Streichbaßton hinaus. Die moderne Baßklarinette endet eine Quinte darüber mit einem b.
Das Repertoire für Klarinettenensemble ist bei weitem nicht vollständig, und Originalkompositionen dafür sind meist schwer aufzutreiben. Deshalb lohnt hier der Vorstoß in das Orchesterrepertoire der Streicher, das sich vielfach mit einigen Retuschen, ohne komplettes Umarrangieren, für Klarinetten-»Chor« adaptieren läßt. Wir brauchen hier nicht in die Details eines solchen Umarrangierens zu gehen, denn wer so weit ist, daß er sich mit diesen Dingen befassen kann, wird sie kennen. Die Violinstimmen werden auf Es- und B-Klarinette aufgeteilt, wie es die Stimmlage der Musik erfordert – keine Klarinette in einer *cantabile*-Passage höher als etwa

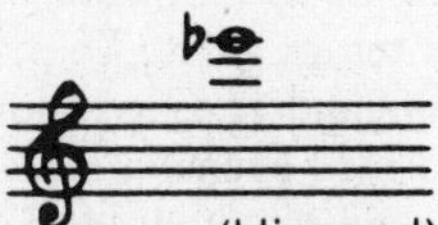

(klingend)

Übrigens braucht man die Stimmen nicht zu transponieren, sondern kann sie wie notiert spielen. Dadurch erklingt das Werk einen Ton tiefer, aber das ist nicht weiter schlimm.
Die Altklarinette wird sich im Violapart wie zu Hause fühlen, da er innerhalb ihres Tonumfangs liegt. Sie hat sogar noch eine kleine Terz zuzusetzen, falls der Arrangeur sie für die Cellostimme heranziehen möchte. Nicht so sehr liegt vielleicht auf der Hand, wie leicht sich in diesem Falle transponieren läßt. Wenn wir vom c′ als unserem Mittel ausgehen (und nicht vergessen, daß die B-Klarinetten nicht transponieren), erklingt,

wenn

(klingend)

notiert ist, das

Auf der Alt-Klarinette erklingt dieser Ton, wenn das Instrument

spielt. Von der Änderung der Tonartvorzeichnung abgesehen, muß der Spieler also nur noch eines tun – eine Linie tiefer als notiert spielen.

Die Cellostimmen werden auf der Baßklarinette einfach so ausgeführt wie Baßklarinettenstimmen im Baßschlüssel im Orchester, das heißt ohne jede Transposition. Dasselbe gilt für die Wiedergabe der Streichbaßparte auf der Kontrabaß-Klarinette in B. Mit etwas praktischem Ausprobieren gelangt man bald zu einem anständigen, wenn nicht tadellosen Ergebnis.

Man darf das Musizieren im Klarinettenensemble nicht mit dem viel häufigeren Fall des Spielens in einer großen Militärkapelle oder in einem Blasorchester vergleichen, denn in letzteren wird jeder Ton nicht nur von vielen anderen Klarinettisten, sondern meist auch von vielen anderen Instrumenten gespielt. Dies verlangt von den betreffenden Musikern eine ganz andere Einstellung, die sich von der zum Blasen im Klarinetten-»Chor« ebenso unterscheidet wie für den versierten Violinisten die Orchester- von der Kammermusiktechnik. Im Klarinettenensemble sollte generell ein Bläser eine Stimme spielen, ausgenommen der Fall des B-Instruments, das man am besten dreifach besetzt. In Originalkompositionen für Klarinettenensemble, wo fast immer auf antiphonische und kontrapunktische Effekte abgestellt wird, sollte die einzelne Klarinettenstimme die Regel sein – außer, was die B-Klarinette betrifft. Eine kurze Zusammenstellung solcher Werke geben wir in unserer Repertoireliste. Bevor wir dieses Thema abschließen, möchte ich noch auf eine Qualität des Klarinetten-»Chors« besonders hinweisen, die bei weitem nicht hinreichend ausgeschöpft wird. Mehr als wohl jede andere Kombination kann das Klarinettenensemble jede Solostimme seiner Mitglieder wundervoll verhalten und doch sicher stützen. Bei den meisten Instrumentenkombinationen entsteht dieser Effekt durch das kontrastierende Timbre der Solostimme, deren ausführendes Instrument natürlich keinem der Begleitinstrumente gleichen darf. Beim Klarinettenensemble ist ein derart großer dynamischer und tonlicher Umfang gegeben, daß die Solostimme sich fast sichtbar von dem gedämpften Flüstern abheben kann, zu dem selbst ein Dutzend Klarinetten imstande sind. Eine Wirkung, die man nicht übertreiben sollte.

Der Solist

Die letzte und in mancher Hinsicht befriedigendste Stufe des Klarinettenspiels ist die allmähliche Hinaufentwicklung des Klarinettisten zum konzertierenden Solisten. Dazu gelangt er indessen kaum je so früh, wie es dem Violinisten, dem Cellisten oder dem Pianisten möglich ist. Deren Instrumente lassen dem wirklich Begabten schon in ziemlich jungen Jahren die Wahl, ob er Orchestermusiker werden, sich auf Musik für Kammerorchester konzentrieren, ein Quartett gründen oder einem beitreten oder ob er als konzertierender Solist sich einen Namen machen und seinen Lebensunterhalt bestreiten will. Selten wird er zwei dieser Tätigkeiten miteinander verbinden, noch seltener drei. Wenn er sich also auf Sonatenabende oder Solokonzerte spezialisieren will, wird er dieses Ziel wahrscheinlich sehr früh mit Überlegung, Energie und professionellem Ernst ansteuern. Er wird bald unter erheblichen finanziellen Opfern in einem der bekannten Säle konzertieren, die für solche Veranstaltungen gemietet werden können. Hat er Erfolg, so kann er sich die ganze große Literatur seines Instruments zunutze machen und wird von den verschiedenen einschlägigen Agenturen als Solist vorgemerkt. In diesem Wettlauf bleiben natürlich viele auf der Strecke, aber wer es schafft, hat sich in voller Kenntnis der Anforderungen engagiert und wird sich wahrscheinlich bereits wesentlich besser zu präsentieren wissen als seine Holzbläserkollegen auf derselben Stufe ihrer Laufbahn. Die meisten Klarinettisten, die es später zum berühmten Sonateninterpreten bringen, absolvieren nicht nur eine Lehrzeit im Sinfonie- oder Opernorchester, sondern behalten diese Tätigkeit neben ihrer solistischen lange oder bis ans Ende der Konzertkarriere bei. Das prägt natürlich meist auch ihr Verhalten auf dem Podium. Selbst unter den größten von ihnen gibt es einige, die wie verängstigte Mäuse hinauf- und hinunterkriechen, nach Kräften versuchen, sich hinter der Musik (die sie wahrscheinlich besser kennen als alle, außer dem Komponisten selber!) zu verstecken, und den Eindruck vermitteln, daß dies vielleicht nicht das erste, wohl aber das schwerste Konzert ist, das sie je gegeben haben. Bei großen internationalen Wettbewerben – sagen wir Luzern oder München –, wo die besten Nachwuchskünstler aus aller Welt ihre Kräfte messen, fallen selbst unter diesen jungen Teilnehmern bereits die professionellen Solisten aus ihren Reihen auf. Holzbläser finden sich sehr selten in dieser Kategorie, obwohl viele von ihnen hervorragende Instrumentalisten sind.

Was also muß der junge Klarinettist anstreben, wenn er konzertierender Solist werden will? Erstens sollte er innerlich stets die offenbar

typischen Kennzeichen der größten Geiger vor Augen haben – hohes Künstlertum und souveränes Beherrschen der Situation. Der Klarinettist muß vielleicht das Blatt richten, die Blattschraube nachstellen oder seine Blattschnur neu wickeln, Eselsohren in die Seiten der Stimme machen und die Lampe zurechtrücken, bevor er anfangen kann. Das erledigt er am besten geraume Zeit vor Konzertbeginn – solange die Zuhörer ihre Plätze noch nicht eingenommen haben, oder aber dort, wo er ihren Blicken entzogen ist. Sobald er das Podium betritt, soll sein Publikum nichts anderes mehr gewärtigen als das Anheben der Musik und ihre Offenbarung durch den Musiker. Viel verlangt, gewiß, aber es ist eben keine Kleinigkeit, sich ein paar hundert Menschen gegenüberzusehen, die einen genußreichen Abend erwarten. Hat man diese Aufgabe übernommen, so muß man sie auch voll, ganz und ehrlich lösen. Fast immer werden die Zuhörer freundlich zu einem Künstler sein, von dem sie sich ins Vertrauen gezogen fühlen, und das gelingt nur, wenn er Zuversicht zeigt, ob ihm nun danach zumute ist oder nicht. Freilich setzt das voraus, daß ihm die obwaltenden Umstände überhaupt aufzutreten gestatten. Manchmal ist es besser, mit ein paar erklärenden Worten abzusagen, dem Publikum das Eintrittsgeld an der Kasse zurückzuerstatten und sich still zu empfehlen. Solche Situationen sind keineswegs auszuschließen; denn ein Klarinettenabend kann mehr als jedes andere Konzert zu einer Travestie, einer Qual, einer musikvernichtenden Katastrophe werden, wenn zum Beispiel das Klavier nicht richtig gestimmt ist. Schon ein überheizter Saal kann in Verbindung mit einer ausnehmend trockenen Akustik den besten Klarinettisten aus dem Konzept bringen, denn dann kommt eine Tatsache ins Spiel, die oft nicht richtig erkannt wird: Wenn man sich als ausübender Künstler hören läßt, muß man selber Freude an seinem Ton, am Klang seines Instruments haben. Jeder Ton muß sich seinem Vorgänger ganz natürlich anschließen, dessen Sinngehalt verdeutlichen helfen, seine Schönheit intensivieren. Ist er für den Solisten selbst nicht schön und ausdrucksvoll, so hat er keine Grundlage mehr, auf der er aufbauen kann – für den Musiker ein deprimierender, zutiefst beunruhigender Zustand.
Aus diesem Grunde ist es ein verheerender Fehler, Tonstudios so zu bauen, wie sie heute fast durchweg gebaut werden. Man scheint von der Theorie auszugehen, daß bei wenig oder gar keinem Nachhall der gewitzte Toningenieur die nötige Aussteuerung vornehmen wird, um den rohen Klang akzeptabel zu machen. Das mag stimmen; denn wer eine Weile unter solchen Bedingungen gespielt hat und dann in die Tonmeisterkabine kommt, will oftmals gar nicht glauben, daß er einen so glanzvollen, warmen Ton herausgebracht haben soll, wie er ihm

nunmehr von seiner Aufnahme entgegenschallt. Die Genugtuung darüber mag ihn für den Moment aufmuntern, wird aber nur vorhalten, wenn er sich mit aller Kraft seiner Phantasie die kümmerlichen Mißtöne, die er sich hervorbringen hört, innerlich in das übersetzt, was die modernen elektronischen Klangzauberer daraus hoffentlich zurechtfärben und -polieren werden. Unter diesen Gegebenheiten wird er wahrscheinlich ein paar sehr bemerkenswerte Töne abliefern, aber wohl kaum eine geistvolle oder vom Gefühl her erfüllte, ausgewogene Interpretation.

Das nur nebenbei, doch verdeutlicht unsere kleine Abschweifung, in welche fatale Lage der Künstler geraten kann, wenn sich die Dinge gegen ihn zu verschwören scheinen. Dann braucht er unsere Sympathie – er nämlich kann nur die Zähne zusammenbeißen, weitermachen, die Sache so gut wie möglich hinter sich bringen und dabei Gleichmut heucheln. Böse Blicke unter gerunzelter Stirn nützen in diesem Falle keinem. Man zaudert mit dem Ratschlag, der Künstler sollte in einem solchen Moment nicht nur Musiker, sondern auch Schauspieler sein – aber das könnte helfen, würde zumindest nichts verschlimmern. Hat man zu spielen begonnen, kommt es im Grunde nicht mehr darauf an, was für ein Gesicht man dazu macht. Manche der größten Konzertlöwen der Erde scheinen sich den ganzen Abend über in quälendsten Seelenängsten zu verzehren, und bei einigen hat man den Eindruck, daß sie sich binnen weniger Jahre zu Tode peinigen werden. Ein Eindruck übrigens, der sich mit der Zeit unweigerlich als irreführend erweist. Auf dem Podium wird der Künstler oder die Künstlerin jedenfalls noch vor dem ersten Ton betrachtet und schon beurteilt. Eine pessimistische, verlegen wirkende Persönlichkeit trägt nicht dazu bei, jene Ruhe, jenen Frieden einkehren zu lassen, ohne die ein Publikum nicht aufnahmebereit ist. Sicher gibt es hinlänglich Anlaß zu Pessimismus; denn wenn man all die winzigen Federn, Polster, Korkauflagen und sonstigen Mechanismen bedenkt, von denen man beim Konzertieren abhängig ist, schwindet bald jede Hoffnung, die Sache überhaupt »über die Bühne zu bringen«. Und dann natürlich das Blatt! Ohne perfektes Blatt kann man eine schwierige Sonate niemals perfekt spielen, und ohne ein wenigstens anständiges Blatt nicht einmal anständig. Trotzdem muß man es immer wieder wagen, denn gerade dann, wenn man in einer großen Veranstaltung ein wichtiges Werk beginnt, wird einem klar, daß das kleine Stückchen Rohr auf der Bahn kein Freund ist. In diesem Augenblick muß man allen Pessimismus ablegen und herausfinden, was dieser tückische Klangerzeuger wirklich fertigkriegt. Die Überraschung bleibt nicht aus – er wird einem fast immer eine

schmerzende Unterlippe eintragen und dynamisch wahrscheinlich Kummer bereiten. Dennoch kann man ihm unter dem Zwang der Umstände musikalisch annehmbare Leistungen ablisten, und Musik ist ja der ganze Grund und Anlaß des Konzerts. Zum Glück weiß gewöhnlich nicht einmal der erfahrene Klarinettist, ob der Kollege ein gutes oder mittelmäßiges Blatt hat. Ein schlechtes hört er – aber das Publikum hört es oft nicht.
Der Klarinettist ist also auf dem Podium und hat angefangen. Was für eine Darbietung schwebt ihm vor? Hier gibt es ebenso viele Antworten wie Interpreten. Manche zielen vor allem auf Genauigkeit, andere auf ein tiefes Verständnis der Absichten des Komponisten, wieder andere auf möglichst prächtige Klangentfaltung. Der große Musiker zieht natürlich auch seine Phantasie hinzu. Das Erlebnis, etwa eine Brahms-Sonate von einem Klarinettisten zu hören, der seine Phantasie so benutzt wie ein großer Geiger die seine, ist jenseits dessen, was man üblicherweise unter Klarinettenspiel versteht. Das Instrument wird zu einem derart subtilen Ausdrucksmittel, daß es fast unkörperlich zu werden scheint. Tatsächlich hat der Klarinettist das Wesen des solistischen Konzertierens erst dann wirklich erfaßt, wenn er vergessen kann, daß er eine Klarinette in Händen hält, und mit ihr als seiner Stimme das Werk singt. Er muß jede Technik des Sängers und des erstklassigen solistischen Streichinstrumentenspiels beherrschen, die beiden kombinieren und seine eigene Vorstellung vom Klarinettenklang, vom Phrasieren und vom geschmackvollen, stilsicheren Gestalten auf seinem Instrument hinzufügen. Damit sind wir bei dem dornigsten aller Probleme überhaupt, dem umstrittensten Aspekt der Klarinette schlechthin: Soll man mit Vibrato blasen oder nicht? Hier kann der Lehrer seinem fortgeschrittenen Schüler nur raten, aber nicht die Entscheidung abnehmen.

Vibrato

Auf den ersten Blick scheint das nicht nur eine triviale, sondern eine lächerliche Frage zu sein. Die meisten Menschen würden es für undenkbar halten, einen Flötenabend ohne Vibrato zu geben. Und natürlich würde auch kein Geiger eine Brahms-Sonate *senza vibrato* anbieten. Dennoch gibt es viele Tausende Klarinettisten, die neben einem solchen Interpreten auftreten und sich mit erhabener Ausdruckslosigkeit durch die Es-Dur-Sonate rackern würden, nachdem das Publikum eben erst eine delikate *con-amore*-Interpretation der f-Moll-Sonate auf dem unrichtigen Instrument, der Viola, gehört hat.

Bei Oboern, auch bei Fagottisten, ist das zweifellos nicht so; sie benutzen Vibrato oder keines, je nachdem, wie es die Musik für ihr Empfinden verlangt. Wodurch also kommt es zu dieser Protesthaltung, diesem Mangel an Toleranz, diesem Ausschalten jeglicher Logik, wenn es an das geht, was man doch eigentlich nur als einen vernünftigen Vorschlag an die Adresse des Klarinettisten zur Freude seiner Zuhörer bewerten kann? Wahrscheinlich aus zwei Gründen. Erstens kann die Klarinette mehr als jedes andere Instrument die kühle, makellose Schönheit einer Marmorstatue oder eines hochpolierten Stückes Holz nachgestalten. Der reine Klang hat eine Faszination, die einen bisweilen glauben läßt, die kleinste Unebenheit werde als Schandfleck wirken. Das ist einer der feinsten Aspekte des Instruments, und man muß die Gefühle derer achten, die diese Tugend unter allen Umständen geschützt sehen wollen. Zweifellos bekam und bekommt man große Interpretationen in diesem reinen Schönklang zu hören. Aber ist das Leben wirklich immer so? Der zweite Grund für die Ablehnung des Klarinetten-Vibratos ist, daß es lange so außerordentlich schlecht exekutiert wurde. Schlecht nicht etwa dort, wo es hingehörte, nämlich im Jazz, dem geeigneten Tummelplatz für den kratzigeren, lauteren, »kantigeren« Klang des innen kleindimensionierten Mundstücks im Verein mit einem Vibrato, das gewöhnlich durch Kaubewegungen des Unterkiefers erzeugt wird, das heißt, durch eine Kiefertätigkeit, die die Luftsäule zum Pulsieren bringt, indem sie das Blatt intermittierend zusammendrückt, seine Vibration abdämpft und es dichter an die Bahn preßt, so daß sehr wenig Luft eintreten kann, bis die Spannung gelöst ist, woraufhin die Luft förmlich hineinstürzt. Dieses Vibrato ist bloß eine Hinzufügung zum Ton und keineswegs ein Teil von ihm. Da es meist bei einer völlig anderen Tongebung als der oben beschriebenen, makellos-reinen angewendet wird, genießt es unter denkenden Musikern wenig Ansehen.

Aber muß denn das so sein? Es gibt noch zwei weitere Vibratotypen, genaugenommen drei, wenn man das zittrige Ziegengemecker des Intensitätsvibratos hinzurechnet, das selbst von kultiviertesten Klarinettisten so häufig abgesegnet wird, aber eindeutig abscheulich klingt. Das erste Vibrato ist ein sanftes Lippenpulsieren und drängt die Luft vorwärts, wie es das Kiefervibrato tut, jedoch ohne die Spiegelfläche des Tones zu kräuseln. Gleich dem Kiefervibrato läßt es die Tonhöhe leicht steigen und fallen, worin es haargenau einem guten Streichervibrato entspricht. Es ist sehr flach und darf nicht zu langsam sein, weil es dann bloß »bebt«, aber auch nicht zu schnell, weil es dann »meckert«. Das zweite Vibrato, das reine Zwerchfellvibrato, versetzt die Luftsäule des Instruments in dieselbe Art von Schwingung, indessen durch kontrollierte Impulse vom Zwerchfell, wie es Sänger machen. Hier haben wir das schwerste Vibrato vor uns, aber in mancher Hinsicht auch das beste. Unglücklicherweise ist es entschieden ermüdend, auch wenn man es vollkommen beherrscht, und deshalb verwenden viele ausgezeichnete Bläser lieber eine Kombination von Lippen- und Zwerchfellvibrato.

Was immer die Methode sein mag, eines scheint sicher: Vibrato soll man nicht ununterbrochen anwenden, jedoch auch nicht an- und abschalten wie die Vox humana einer Orgel. Der Bläser muß es zwar sehr weitgehend kontrollieren, doch sollte es so selbstverständlich ein Teil seiner Technik sein, daß ihm gar nicht bewußt ist, ob er mit Vibrato spielt oder ohne. Ausschlaggebend ist hier nicht er, sondern die Musik, aus der es natürlich hervorzuwachsen hat – oder es unterbleibt. In diesen elektronischen Wunderzeiten registriert der Klarinettist beim Abhören der eben eingespielten Aufnahme nicht selten mit Erstaunen, daß er Vibrato benutzt hat bzw. nicht benutzt hat; denn als er musizierte, dachte er ausschließlich an die Musik. Aber bevor er sich nach langem Kopfzerbrechen gegen seine spontane Erstleistung entscheidet, möge er bedenken, daß derart erklügelte Entschlüsse oft leider auch erklügelt klingen, wenn man sie in die Praxis umsetzt.

Ferner sei erwähnt, daß man mit Vibrato ganz gut Intonationsfehler kaschieren kann. Das ist im Grunde keine große Sünde. Kein heutiger oder früherer Klarinettist hat sein Instrument jemals *vollkommen* tonrein zu spielen vermocht, nicht einmal bei günstigster Akustik. Er kann es meist jedoch so weit dem Ideal annähern, daß er, so es die Musik verlangt, besagten wundervollen Marmorton zuwege bringt. Gesetzt aber den Fall, widrige Umstände vereiteln all sein Streben. Handelt er dann richtig, wenn er mit furchtloser Aufrichtigkeit unrein spielt, da selbst seine Griffkorrekturen und sein Ansatz nichts mehr fruchten? Man kann seinen Mut bewundern, seine Rechtschaffenheit loben – aber nicht die Qualen vergeben, die er einem bereitet. Selbst wenn die Musik in einem solchen Moment etwas anderes gebietet, wäre es vertretbar, der Intonation durch eine Spur Vibrato aufzuhelfen und dadurch ziemlich unbemerkt zu mehr Tonreinheit zu gelangen. Wer das tut, steht gewißlich nicht allein da. Es kommt durchaus vor, daß man einer wundervollen Streichergruppe genießerisch durch die erste Hälfte von Strawinskys »The Rake's Progress« folgt und sich mit Schaudern abwendet, sobald man sie die Kirchhofszene *senza vibrato* anstimmen hört. Sie *dürfen* kein Vibrato geben, können aber der Versuchung nur selten widerstehen. Für eine derartig verzweifelte

Situation wird sich der umsichtige Interpret sein Korrektivvibrato aufsparen, welches etwas anderes ist als sein Ausdrucksvibrato. Vorher hat er sich freilich vergewissert, daß er mit keinem anderen Trick oder Kniff um diesen Notbehelf herumkommt – er hat Mundstück und Blatt mit allen Finessen vorbereitet, sein Instrument so sauber eingestimmt, wie es irgend ging, er besitzt einen flexiblen Ansatz, versteht sich auf die Behandlung der Luftsäule im Instrument, kennt sich in Griffkorrekturen aus, und dennoch bringt ihm das alles keine reinen Töne ein. Dann zaudere er nicht und greife zum Korrekturmittel Vibrato, das sich übrigens auch künstlerisch einwandfrei einsetzen läßt.

Es ist wirklich bedauerlich, daß eine erwiesenermaßen so nützliche Bereicherung der Ausdrucksmöglichkeiten der Klarinette nur deshalb in Ungnade fiel, weil sie anfangs in verquerer und etwas unglücklicher Gestalt einherkam. Oder war die Anwendung des Vibratos im Jazz die erste Manifestation? Man mag nicht glauben, daß es die Klarinettisten über zweihundert Jahre lang versäumt haben sollen, auf die instrumentalen und vokalen Phrasenformen und Musizierweisen, die sie ringsum gehört haben müssen, auch nur in Ansätzen zu reagieren, geschweige denn einzugehen. Wie wir in unserem historischen Streifzug bereits andeuteten, waren die frühen Klarinettisten meist äußerst helle Köpfe, pfiffige Leute, die sich auch von einem Mozart oder Beethoven nicht an die Kandare nehmen ließen. Kein geringerer Meister als Mühlfeld selbst gibt Anlaß zu der Schlußfolgerung, daß der Gebrauch des Vibratos nach seiner Zeit für eine Weile aus der Mode gekommen sein mag, aber nach dreißig Jahren wieder zu beobachten war. Kurz vor dem Zweiten Weltkrieg befragte man einen greisen Violaspieler und ehemaligen Dirigenten des Orchesters des Duke of Devonshire über Mühlfelds Spiel. Der alte Herr war gelegentlich von Joachim zu dessen Quartett hinzugezogen worden und hatte das Brahms-Quintett mehrmals mit dem großen Mühlfeld aufgeführt. Er schwärmte von dessen Spiel und sagte, drei Dinge hätten sich ihm vor allem eingeprägt. »Er benutzte für den langsamen Satz zwei Klarinetten, ein A- und ein B-Instrument, um den Zigeuner-Teil zu vereinfachen; er besaß eine feurige Technik und einen warmen Ton – und ein großes Vibrato.« Verdutzt fragte man ihn, ob er nicht »rubato« meine. »Nein«, erwiderte er, »Vibrato – viel mehr als Joachim und soviel wie der Cellist.« (Joachim soll mit sehr wenig oder gar keinem Vibrato gespielt haben.) Diese Darstellung stammt zwar von keiner Autorität, gibt einem aber doch Stoff zum Nachdenken. Es könnte sein, daß die Errungenschaften exzeptioneller Interpreten, wie Mühlfeld ganz sicher einer war, sich in den Jahren nach ihrer

Glanzzeit nicht immer fest einbürgern. Mitunter setzt sogar eine Gegenreaktion ein, die in die andere Richtung zielt. Das hat sich in Großbritannien, soweit man zurückdenken kann, mindestens zweimal zugetragen und wird anderswo wahrscheinlich ebenfalls vorgekommen sein, wenn auch nicht in dem Maße. Generell sollte man hoffen, daß die Bewegung in Vorwärtsrichtung verläuft. Wenn dem so ist, darf man füglich fragen: Und was kommt dann?

Künftige Klarinetten

In den vergangenen hundert Jahren hat es zwar eindeutig Fortschritte im Klarinettenspiel und im Klarinettenbau gegeben, aber das waren keine radikalen Veränderungen, sondern allmähliche, fast unmerkliche Entwicklungen. Darin unterscheiden sich diese hundert Jahre erheblich von den vorhergegangenen anderthalb Jahrhunderten. In Klosés Schöpfung begegnen wir einem Instrument, das unseren heutigen Klarinetten schon sehr nahekommt. Aber in den folgenden Jahrzehnten erkannte man nur langsam, welche große Bedeutung seine Neuerung hatte. Jedes Jahrzehnt vor Klosé hat der Klarinette etwas Neues hinzugefügt, irgendein Problem dieses Instruments gelöst und die Phantasie interessierter Komponisten beflügelt. Ob eine weitere mechanische Verbesserung wünschenswert oder überhaupt möglich ist, muß dahingestellt bleiben. Man hört häufig die Ansicht, das Instrument habe schon jetzt zu viele Löcher im Schallrohr. Zweifellos ist es eine Freude, auf einer Klarinette einfachen Systems ein paar der guten Töne zu blasen, die so direkt, so klar klingen und eine Resonanz haben, bei der man richtig spürt, daß sie durch keine Löcherkanten, die den Luftstrom hemmen, behindert und durch keinen schwer lastenden Mechanismus gedämpft wird. Aber wäre es denn denkbar, die Ausgeglichenheit der Klosé-Klarinette ohne eine große Anzahl von Löchern zu erzielen?

Vielleicht könnte man Experimente zu dem Zweck durchführen, diese Löcher so zu gestalten, daß sie der Luftsäule nur einen ganz minimalen Widerstand entgegensetzen, wenn sie nicht benutzt werden. Anders formuliert: Die Löcher sollten sich dort öffnen, wo sie in die Bohrung einmünden, also unten und nicht oben. Ein unmögliches Verlangen? Nein, nur ein schwieriges. Obgleich es nicht Aufgabe dieses Buches sein kann, Erfindern Fingerzeige zu geben, sei angemerkt, daß ein Kamera-Verschluß in etwa das leistet, was wir eben anschnitten. Richtig gebaut, ist das ein ganz hervorragender Mechanismus. Dank eines derartigen Verschlußsystems würde die Bohrung vollendet glatt und eben sein, was jedem Ton, jeder Tonreihe nur zum Vorteil gereichen kann. Theoretisch müßte das eine große Verbesserung sein, und wenn sie in der Praxis nicht den Klarinettenton bis zur Unkenntlichkeit verändert, würde sie das Instrument revolutionieren. Unsere derzeitigen Polster sind zwar als Verschlußvorrichtung tauglich, aber resonanzmäßig furchtbar nachteilig. Wenn man die Polster schon nicht ganz und gar abschaffen kann, muß man sie zumindest dahingehend abändern, daß sie so reflektieren, wie es die Bohrung des Instruments täte, wenn es kein Loch gäbe. Ferner besteht kein Zweifel, daß die Klarinette mit einem ungemein plumpen und überladenen Mechanismus befrachtet ist. Im Vergleich mit dem schlanken, grazilen, kunstgerechten Klappenwerk der Oboe – von dem hervorragend einfachen und geräuschlosen System der Flöte gar nicht zu reden – sieht die Klappenkonstruktion der Klarinette wirklich wie ein primitives Hilfsmittel aus. Man fragt sich nach den Gründen dafür. Eindeutig arbeitet die Klappenmechanik der Klarinette ganz gut und ist sowohl kräftig als auch widerstandsfähig. Vielleicht hängt das damit zusammen, daß das Instrument in sehr vielen Ländern der Erde die Hauptstütze der Militärmusik bildet. Es muß manchen Stoß und Kniff aushalten, es muß bei Regen und Sonnenschein, bei Frost und Schnee funktionieren. Mitunter überlegt man sich verwundert, ob den Klarinettisten vielleicht die schiere träge Masse mit ihrem Widerstand gegen seine Bemühungen bisweilen zu Anstrengungen anspornt, die er sonst nicht machen würde, und ob nicht die reflektierte Spannung der Klarinette die tiefe, persönliche Stimme verleiht... Man möchte wirklich wissen, was dabei herauskäme, wenn man dieses Gewicht beseitigte und in jedem Teil des Instruments durch Resonanz ersetzte – mit perfekter Bohrung für jeden Ton, korrigierter Akustik durch weitere, sinnreiche Mechanismen, die alle Überblastöne vervollkommnen und es gestatten, das Chalumeau-Register als tadellose Grundskala zu intonieren; ferner mit einem leichten, geräuschlosen, vollendet austarierten Mechanismus, mit dem das echte Legato, diese Glanzleistung der Klarinette, noch seidiger und geschmeidiger wird. Dieses Instrument wäre womöglich ganz anders als unser heutiges und vielleicht aus eben diesem Grunde abzulehnen. Doch ein solcher fundamentaler Wandel ist wohl ziemlich unwahrscheinlich, denn ungeachtet aller Verbesserungen an der Klarinette seit jenen Tagen, da Denner sie einer dankbaren Welt schenkte, ist das Instrument noch immer erkennbar das geblieben, was es damals war. Die Geschichte hat uns ein kostbares Gut anvertraut. Wir können es mehren, wenn wir nur wollen.

Das Klarinettenrepertoire

Im Rahmen dieses Buches ist es schlechterdings nicht möglich, eine vollständige Aufstellung der Werke für und mit Klarinette zu geben. So werden auf unserer Liste sicherlich viele interessante und wichtige Werke fehlen, ebenso viele nützliche und amüsante. Hierzu empfiehlt sich, einschlägige Verlagsprospekte und Bibliothekskataloge zu konsultieren. Der Autor kennt die im folgenden angeführten Werke teils aus seiner eigenen Praxis als Klarinettist, teils vom Hören; wo beides nicht der Fall ist, stützt er sich auf Informationen kompetenter Ratgeber, deren Urteil er schätzt. Die beigefügten kurzen Kommentare sind als knappe Hinweise zu verstehen. Am schwierigsten ist die Abgrenzung der Kammermusikwerke; denn wo verläuft die Grenze zwischen Kammer- und Orchesterbesetzung? Wohin stellt man zum Beispiel Strawinskys Concerto in Es »Dumbarton Oaks« für fünfzehn Spieler, von denen einer die Klarinette blasen muß? Wahrscheinlich nicht zur Kammermusik, die in unserem Fall doch eine zentralere Verwendung der Klarinette beinhaltet.
Die genannten Kompositionen sind Werke, mit denen sich der Autor einverstanden erklärt. Nicht erhältliche Werke wurden nicht berücksichtigt, soweit keine begründete Hoffnung besteht, daß sie bald erscheinen werden. Es sei nochmals betont, daß die folgende Liste eine kleine Auswahl darstellt, die zu vervollständigen man Bücher wie die von Kroll und Rendall heranziehen möge.

Klarinette und Klavier

D'ALESSANDRO, RAFFAELE (1911–1959). Sonate. Sidmten Verlag, Köln 1956. Moderne, leichtgewichtige Tanzsuite.

ALWYN, WILLIAM (geb. 1905). Sonate in Es. Boosey & Hawkes 1963. Melodiös und ziemlich einfach.

ARNE, THOMAS (1710–1778). Sonate in B, arr. von Craxton. O.U.P. 1950. Zwei kontrastreiche Sätze einer Cembalo-Sonate. Gut realisierbar.

* Autor und Verlag waren um möglichst vollständige Sachangaben bemüht. Einige Lücken indessen erwiesen sich als unschließbar.

ARNOLD, MALCOLM (geb. 1921). Sonatine op. 29, Lengnick 1951. Beschwingt, melodiös, kurz; mit einigen amüsanten rhythmischen Finessen. Zugnummer wie alles von diesem Komponisten.

BABIN, VICTOR (geb. 1908). »Hillandale Waltzes«. Boosey & Hawkes 1947. Melodienfreudige Variationen, die etwas alltäglich aussehen, aber recht subtil sind.

BACH, JOHANN SEBASTIAN (1685–1750). Sonate in C, arr. von Harry Gee nach einer Flöten-Sonate. Southern Music 1969. Nützlich.

BAERMANN, HEINRICH (1784–1847). Adagio (früher Wagner zugeschrieben). Breitkopf & Härtel, Wunderschöne Melodie, ungemein klarinettenmäßig.

BARTÓK, BÉLA (1881–1945). Sonatine, arr. von Gyorgy Balassa aus Klaviersätzen über transsylvanische Themen. Zenemükiado, Vallalot 1958. Schwierig auf der B-Klarinette. Gutes Paradestück.

BAX, ARNOLD (1883–1953). Sonate. Murdoch 1935. Ein Werk, das der Komponist selbst mit Vergnügen zu hören pflegte. Je romantischer interpretiert, desto besser. Der zweite der beiden Sätze ist schwierig und erfordert eine Klarinette in bestem Spielzustand.

BERG, ALBAN (1885–1935). Vier Stücke op. 5. Schlesinger 1920. Eines der lohnendsten Werke aus der ersten Jahrhunderthälfte. Lotet die rhythmischen Möglichkeiten des Instruments und seine immense Klangvielfalt aus. Erfordert ein ausgezeichnetes Klavier und sollte nicht unter unbekannten Gegebenheiten aufgeführt werden.

BERNSTEIN, LEONARD (geb. 1918). Sonate. Wetmark, New York 1943. Frühes, doch interessantes Werk. Kurz, rhythmisch interessant, wahrscheinlich besser zu spielen als zu hören, macht aber Eindruck beim Publikum.

BLAVET, MICHEL (1700–1768). Sonate in f-Moll, arr. von Loosen nach einer dreisätzigen Violin-Sonate. Wormerveer. Amüsanter Beleg für eine Epoche, die ansonsten im Klarinettenrepertoire kaum vertreten ist.

BLOK, VLADIMIR (geb. 1932). Sonatine. Staatlicher Musikverlag Moskau 1965. Modern in der Harmonik, rhythmisch nicht schwierig. Erfordert aber gute Fingertechnik.

BOWEN, YORK (1884–1961). Sonate. Leider nur im Manuskript. Ein Werk, das schon längst veröffentlicht sein müßte. Zum Teil lyrisch und brillant; dürfte sein Publikum finden.

BOZZA, EUGÈNE (geb. 1905). Fantaisie Italienne. Leduc. In typisch brillantem französischem Stil, konturenscharf.

BRAHMS, JOHANNES (1833–1897). Sonate op. 120 Nr. 1 in f-Moll und op. 120 Nr. 2 in Es-Dur. Simrock 1895 und viele andere Verlage seither. Ein Kommentar zu diesen beiden Meisterwerken erübrigt sich, bis auf den Hinweis, daß sie für die Klarinette und nicht für die Viola bestimmt sind. Zählen zu den größten Kostbarkeiten der Klarinettenliteratur.

BUSCH, ADOLF (1891–1952). Sonate op. 54. Unveröffentlicht; erhältlich vom Schweizerischen Musikarchiv. Ein schönes Werk, lang, aber gut gebaut.

BUSONI, FERRUCCIO (1866–1924). Elégie. Breitkopf & Härtel 1921. Einfach, melodisch und wirkungsvoll.

BYRNE, ANDREW (geb. 1925). Suite (drei Sätze). Hinrichsen 1961. Einfach und effektvoll. Gute Konzertmusik für kleinere Anlässe. Die einzelnen Sätze eignen sich gut als Zugaben.

CARDEW, PHILIP. Scherzo. Boosey & Hawkes 1954. Heikel und technisch schwierig, aber der Mühe wert.

CARTER, ELLIOTT (geb. 1908). Pastorale. Universal-Edition (New York 1945, New Music Editions). Nette, schlichte Programmnummer.

COOKE, ARNOLD (geb. 1906). Sonate. Novello 1962. Sympathisches modernes Werk mit etwas Hindemith und viel Cooke. Gutes Scherzo und ein Tarantella-Finale.

DANZI, FRANZ (1763–1826). Sonate in B. Simrock. Gutes Übungswerk, nicht zu schwierig, aber auch nicht zu langweilig.

DEBUSSY, CLAUDE (1862–1918). Première Rhapsodie. Durand 1910. Komponiert als Wettbewerbsstück für das Pariser *Conservatoire*. Schwierig, aber lohnend. Verlangt Durchhaltevermögen und Phantasie. Die Version mit Klavier ist original, indessen zeigen die letzten Takte, daß der Komponist orchestral dachte (Hörner!).

DUNCAN, CLYDE (geb. 1920). Sonatine. E. H. Morris, New York 1955. Ein modernes, nicht zu schwieriges Werk. Wirkungsvoll und flüssig.

DUNHILL, THOMAS (1877–1946). Fantasy Suite op. 9. Boosey & Hawkes 1941. Leichte Kost, aber nicht schlecht. Gut gegeneinander abgesetzte Sätze, die auch einzeln Effekt machen (zumal Nr. 3 und 5).

FINZI, GERALD (1901–1956). Fünf Bagatellen. Boosey & Hawkes 1945. Charmantes Werk eines englischen Komponisten, dessen früher Tod uns viel bedeutende Musik vorenthalten hat. Die Sätze können jeder für sich aufgeführt werden, doch lasse man auf keinen Fall die Schluß-Fughette (ein kleines handwerkliches Meisterstück) aus.

FREIMANN, WITOLD (geb. 1889). Sonate. Polskie Wydawn. Muz. Krakow. Interessant und originell. Lyrischer langsamer Satz, lebhaftes polnisches Tanz-Finale.

FULTON, NORMAN (geb. 1909). Three Movements (Drei Sätze). Augener 1955. Hübsche Musik, gut geschrieben. Nicht schwierig.

GADE, NILS W. (1817–1890). Fantasiestücke op. 43. Breitkopf & Härtel 1864. Romantisch und leicht für Interpret wie Hörer.

GÁL, HANS (geb. 1890). Sonate op. 84. Hinrichsen 1965. Ein romantisches Werk mit moderner Würze. Mittlerer Schwierigkeitsgrad.

GARLIC, ANTONY (geb. 1927). Sonate für Es-Klarinette und Klavier. Seesaw Music, New York 1970. Modern, pikant, nicht schwierig.

GIBBS, ARMSTRONG (1889–1960). Three Pieces (Drei Stücke). O.U.P. 1957. Sehr einfach; das Schluß-Capriccio ist eine vorzügliche Zugabe.

GRETSCHANINOW, ALEXANDER (1864–1956). Sonate op. 172. Staatlicher Musikverlag Moskau 1949. Sehr hübsche Sonate, vielleicht etwas zu lang, aber gut geschrieben und gut zu spielen.

HAMILTON, IAIN (geb. 1922). Sonate op. 22. Schott 1955. Instrumentgerecht geschrieben, aber wie H.s Konzert ziemlich schwierig.

HEIDEN, BERNARD (geb. 1910). Sonatine. Associated, New York 1935. Vor vierzig Jahren komponiertes, ziemlich einfaches Stück, hat aber Charme und Stil.

HINDEMITH, PAUL (1895–1963). Sonate. Schott 1940. Meisterwerk bester Hindemithscher Art. Von den Brahms-Sonaten abgesehen, allem sonstigen für diese Kombination ebenbürtig.

HODDINOTT, ALUN (geb. 1929). Sonate. O.U.P. 1968. Später als H.s Konzert und schwieriger. Das *moto perpetuo* am Schluß stellt das Ensemble auf eine harte Probe. Anspruchsvoll.

HOFFMEISTER, FRANZ (1754–1812). Sonate. Musica Rara. Eine sehr frühe Klarinetten-Sonate, augenscheinlich in der Originalgestalt. Liebenswürdige Musik.

HONEGGER, ARTHUR (1892–1955). Sonate. Rouart-Lerolle 1925. Zeitgebunden, aber interessant. Das Finale nutzt das damalige Jazz-Idiom und wirkt.

HOOK, JAMES (1746–1827). English Sonata, arr. von Joosen. Wormerveer. Wahrscheinlich original für Recorder (Blockflöte), aber für Klarinette ausgezeichnet geeignet. Vier kontrastierende Barocksätze.

HOROVITZ, JOSEPH (geb. 1926). Three Majorcan Pieces. Mills 1958. Brillante Verarbeitung der traditionellen Folklore-Rhythmen. Nicht schwierig. Gute Konzertnummern eher unterhaltenden Charakters.

HOROVITZ, JOSEPH. Three Nocturnes op. 6. Schott 1951. Früher, doch ebenfalls gut geschrieben.

HOWELLS, HERBERT (geb. 1892). Sonate. Boosey & Hawkes, 1954. Bedeutendes Werk, sehr schwierig. Sollte wie bei der Uraufführung (mit Frederick Thurston) auf der A-Klarinette gespielt werden. Die

Sonate ist zwar für die B-Klarinette geschrieben und in dieser Form spielbar, lohnt aber das Umschreiben.

HOYER, KARL (1891–1936). Sonate op. 55. Porteus 1934. Romantischer, als die Entstehungszeit vermuten läßt. Angenehm zu spielen.

HURLSTONE, WILLIAM (1876–1906). Four Characteristic Pieces. Novello 1909. Das Werk eines englischen Komponisten, der große Bedeutung erlangt hätte, wäre er nicht so jung gestorben. In den charmanten Stücken wird die Klarinette mit viel Sinn für ihre lyrischen Qualitäten eingesetzt. Zumindest zwei der Stücke sind gute Zugaben.

IRELAND, JOHN (1879–1962). Fantasy Sonata. Boosey & Hawkes 1945. Fängt schwierig, aber fesselnd an und hat einige Passagen mit sehr anspruchsvollen Zierfiguren. Hohe Anforderungen an das Zusammenspiel machen dieses einsätzige Werk zu einem Stück für den versierten Klarinettisten.

JACOB, GORDON (geb. 1895). Sonatine. Novello 1949. Ein ziemlich reifes Werk dieses namhaften englischen Komponisten.

JETTEL, RUDOLF (geb. 1903). Sonate. Hofmeister 1953. Großes Werk im nachromantischen Stil, der alle Kompositionen J.s kennzeichnet. Gut geschrieben, wie es sich bei einem Meisterklarinettisten versteht, der auch ein begabter Komponist ist.

JUON, PAUL (1872–1940). Sonate op. 82. Schlesinger 1925. Kurz, aber interessant und melodisch.

KARG-ELERT, SIGFRID (1877–1933). Sonate op. 139. Zimmermann 1924. Modern, schwierig und anregend.

KELLY, BRIAN (geb. 1934). Two Concert Pieces. Novello 1967. Leichte, gut kontrastierte Stücke. Das Adagio ist lyrisch, das Allegro aggressiv.

LADERMAN, EZRA (geb. 1924). Sonate. O.U.P. 1970. Wird als gut geschrieben, modern und originell geschildert.

LEFÈVRE, J. XAVIER (1763–1829). Sonate in B. O.U.P. 1973. Geschrieben von dem Klarinettisten, der dem Instrument als erster die sechste Klappe hinzufügte. Herausgegeben von Georgina Debree, ist sie virtuos und entschieden zu lang; der übermütige letzte Satz kann sich auch als Einzelstück behaupten.

LJADOW, ANATOLIJ (1855–1914). Prelude op. 46. Staatlicher Musikverlag Moskau. 1899 erstmals im Druck erschienen. Einfach und melodienreich.

LUTOSLAWSKI, WITOLD (geb. 1913). Prelude, 1954. P.W.M. Ausgezeichnetes Stück des führenden zeitgenössischen polnischen Komponisten. Nicht schwierig, dabei effektvoll.

LUTYENS, ELIZABETH (geb. 1906). Valediction. Mills 1953. Geschrieben in memoriam Dylan Thomas. Verlangt ein Gespür für moderne Musik, aber keine sehr fortgeschrittene Technik, wenn auch Flexibilität zwischen den Registern und Kontrolle im höchsten Register.

McCABE, JOHN (geb. 1939). Three Pieces. Novello 1964. Modern konzipiert, doch mit einem erfreulichen Gefühl für Melodie. Die Rhythmen sind komplex, aber nicht um der Verzwicktheit willen. Enthält eine feine Bossa nova im 5/4-Takt.

MARTINU, BOHUSLAV (1890–1959). Sonatine. Leduc 1957. Gutes Stück, stellenweise etwas unausgeglichen, aber doch fesselnd.

MENDELSSOHN-BARTHOLDY, FELIX (1809–1847). Sonate. Leeds Music 1941. Nicht das Beste aus der Feder dieses großen Komponisten, aber ein guter Einstieg in die Sonatenspielpraxis.

MIHALOVICI, MARCEL (geb. 1894). Sonate op. 78 Heugel 1959. Nicht leicht; handwerklich gediegen. Gutes Ensemble-Training.

MILHAUD, DARIUS (1892–1974). Sonatine für Klarinette, 1927. Witzig, dissonant, voller rhythmischer Kniffe. Durchaus charmantes Stück.

PARROTT, IAN (geb. 1916). Aquarelle. Chester 1952. Erfordert viel Flexibilität. Abrupte Registerwechsel sowie manche rhythmische Passagen wollen sorgsam erarbeitet sein. Viele Stimmungsumschwünge in diesem Fünf-Minuten-Stück, das gut gespielt sehr effektvoll ist.

PIERNÉ, GABRIEL (1863–1937). Canzonetta op. 19. Leduc. Reizvolles, lebhaftes Konzertstück. Ausgezeichnete Arpeggio-Studie.

PIERNÉ, GABRIEL. Serenade op. 7. Leduc. Einfacher; dabei außerordentlich vergnüglich.

PITFIELD, THOMAS (geb. 1903). Sonate. Elgin 1966. Melodisch, bringt aber auch einige amüsante rhythmische Experimente. Nicht schwierig.

PITFIELD, THOMAS. Four Conversation Pieces, mit Klavier oder Streicherbegleitung. Einfacher; gut geschrieben.

POULENC, FRANCIS (1899–1963). Sonate. Chester 1963. Eine der besten modernen Sonaten. Zeigt Poulenc von seiner stärksten Seite; durchaus repräsentativ für sein ganzes Schaffen.

PROUT, EBENEZER (1835–1909). Sonate op. 26. Augener 1886. Für heutige Ohren klingt das Stück altmodisch, aber es hat Charme und ist stellenweise brillante Musik. Lohnt die Auseinandersetzung.

RAKOW, NIKOLAI (geb. 1908). Sonate. Staatlicher Musikverlag Moskau 1956. Im gemäßigt modernen russischen Stil mit einem schönen zweiten Satz.

REGER, MAX (1873–1916). Sonaten op. 49 Nr. 1 und 2. Universal-Edition. Für A-Klarinette – schon eine Seltenheit. Vorzügliche Musik, die aber nicht unbedingt bei jedem Publikum ankommt; lohnt eingehendes Studium (schwieriger Klavierpart!).

REGER, MAX. Romanze in G. Orig. für Violine, arr. von Alfred Piguett. Freundliche, aber wenig bemerkenswerte Musik.

REINECKE, CARL (1824–1910). Undine-Sonate op. 167. International Music, New York. Wird als romantisches, liebenswürdiges Werk beschrieben.

RICHARDSON, ALAN (geb. 1904). Roundelay. O.U.P. 1936. Ein reizvoller Satz, der die lyrische Qualität der Klarinette vorzüglich zur Geltung bringt. Gutes Programmstück.

RICHARDSON, ALAN. Three Pieces. Augener. Etwas später entstanden, nicht ganz so unmittelbar fesselnd, aber gut geschrieben – und spielerisch ungemein befriedigend.

RIDOUT, ALAN (geb. 1934). Sonatine. Schott 1968. Einfach, aber mit interessanten Takt- und Rhythmuswechseln, die das Stück zu einer guten Ausgangsbasis für das Studium modernerer Werke machen.

RIES, FERDINAND (1748–1838). Sonate in Es op. 169. Bärenreiter 1970. Ein leichtes, auf der Klarinette sehr gut zu realisierendes Werk des Beethoven-Schülers und großen Flötisten.

ROSSINI, GIOACCHINO (1792–1868). Fantaisie. Schott 1828. Möglicherweise ein Stück, das lediglich auf einem Rossini-Thema basiert und von einem Experten der Klarinettentechnik ausgearbeitet worden ist. Brillant und amüsant.

SAINT-SAËNS, CAMILLE (1835–1921). Sonate op. 167. Durand 1924. Das ganze Stück, zumal aber das Finale, ist nicht so leicht, wie es aussieht. Der langsame Satz ist schwach, der dritte hingegen ein sehr attraktives, auch einzeln gut aufführbares Scherzo.

SALOWSKI, A. (geb. 1907). ... Omega, New York 1948. Eines der glänzendsten zeitgenössischen Werke, vom Hörer leicht zu verfolgen. Brillantes Finale, das schwieriger klingt, als es ist.

SCHMIDEK, K. Sonatine op. 30. Doblinger, Wien 1963. Soll gut geschrieben und melodiös sein.

SCHUMANN, ROBERT (1810–1856). Fantasiestücke op. 73. Peters. Für A-Klarinette. Ausgezeichnete Musik, für den Bläser anspruchsvoll, aber lohnend. Sollte nie auf der B-Klarinette gespielt werden. Nur für kleinere, intimere Konzerte.

SEARLE, HUMPHREY (geb. 1915). »Cat Variations« für A-Klarinette und Klavier. Faber 1974. Inspiriert vom Thema der »Katze« in Prokofjews »Peter und der Wolf«. Sechs Minuten Spiel- und Hörvergnügen; nicht so schwierig wie das Original. Für das Publikum sogleich verständlich.

SEIBER, MÁTYÁS (1905–1960). Andantino Pastorale. Schott. Ein ausgezeichnetes, tief empfundenes kleines Stück atmosphärisch dichter Musik. Ziemlich einfach, jedoch nicht leicht vollendet wiederzugeben. Kurz und wirkungsvoll.

SHAW, CHRISTOPHER (geb. 1924). Sonate. Novello 1948. Der Klarinettenpart liegt etwas unbequem hoch. Besonders gut: das Scherzo. Das Finale liest sich übergebundener Noten wegen, die punktiert sein sollten, schwierig. Frische Musik, hervorragendes Studienwerk.

STANFORD, CHARLES VILLIERS (1852–1924). Sonate op. 129. Stainer & Bell 1918. Feines Werk, das viel zu selten aufgeführt wird. Kommt beim Publikum fabelhaft an. Gut zu spielen; kann fesseln. Der langsame Satz, ein irisches Klagelied, behauptet sich auch allein.

TARTINI, GIUSEPPE (1692–1770). Concertino, arr. von Gordon Jacob. Boosey & Hawkes 1946. Arrangement von Violinsonatensätzen, mit Klavierbegleitung ebenso effektvoll wie mit Streichern. Hochwillkommen für das knappe klassische Repertoire.

TELEMANN, GEORG PHILIPP (1681–1767). Sonate. International, New York 1960. Erfüllt den gleichen Zweck wie das vorgenannte Tartini-Stück. Transkription einer Flöten-Sonate.

TEMPLETON, ALEC (1909–1953). Pocket Sized Sonates Nr. 1 und 2. Leeds Music, New York 1949. Höchst unterhaltende Stücke mit harmonischen und stilistischen Elementen des Jazz der dreißiger Jahre. Ausgezeichnete Konzertnummern. Nur für Instrumentalisten, die sich im Jazz gut auskennen, sonst wirkt es peinlich.

TOMASI, HENRI (geb. 1901). Drei Stücke: a) Introduction et Danse, b) Complaint du jeune Indien, c) Chant Corse. Leduc 1949. Unterhaltsam, brauchbar.

TUTHILL, BURNET C. (geb. 1888). Fantasy Sonata op. 3. Carl Fischer, New York 1936. Ziemlich schwieriges, einsätziges Werk eines wohlbekannten amerikanischen Klarinettisten, Komponisten und Musikwissenschaftlers.

VINTER, GILBERT (1909–1968). Concertino. Boosey & Hawkes. Pikant, eher leichtgewichtig. Vinter war Fagottist und Dirigent, der sich in Holzblasinstrumenten hervorragend auskannte.

WEBER, CARL MARIA VON (1786–1826). Grand Duo concertant op. 48. (Verschiedene Ausg.) Das beste aller Zugstücke in diesem Genre. Der langsame Satz stark opernhaft inspiriert. Verlangt erstklassiges Spiel beider Partner.

WEINBERGER, JAROMIR (1896–1967). Sonatine. Carl Fischer, New York 1940. Einfaches Stück, seines *cantabile*-Charakters und der interessanten Ensemblestruktur wegen wertvoll. Lohnendes Studienwerk.

WHETTAM, GRAHAM (geb. 1927). Sonatine. Leeds 1967. Kurz und prägnant. Spieltechnische Tücken im dritten (und letzten) Satz.

WILDGANS, FRIEDRICH (1913–1965). Sonatine in h-Moll. Doblinger, Wien 1963. Kurzes, reizvolles Werk. Maßvoll in Ausdruck und Stil.

Konzerte und Werke mit Orchester

ARNOLD, MALCOLM (geb. 1921). Konzert für Klarinette und Streicher. Lengnick 1952. Ziemlich einfaches Werk dieses stets anregenden Komponisten. Nicht so originell wie seine Sonatine, lohnt aber das Studium. Für das Instrument gut geschrieben. (Übrigens ist die Rede von einem neuen Konzert für Benny Goodman.)

BAERMANN, HEINRICH (1784–1847). Adagio, mit Streichern. Breitkopf & Härtel. Früher Wagner zugeschrieben. Siehe Abschnitt Klarinette und Klavier.

BAERMANN, CARL (1810–1885). Concerto Militaire. Schott 1875. Nicht zu verwechseln mit seinem Vater, Heinrich B., der die größere melodische Begabung besaß. Technisch brillantes Werk, nützliche Vorstudie für Spohr und Weber.

BEN-HAIM, PAUL (geb. 1897). Pastoral Varié mit Streichern und Harfe. (Kein Verlag bekannt; Photokopien in vielen Bibliotheken.) Hübsches Werk von teilweise ungewöhnlich schöner Melodik.

BOZZA, EUGÈNE (geb. 1905). Konzert in B. Leduc 1952. Voller Probleme, jedoch flüssig geschrieben und musikalisch interessant.

BRUNS, VICTOR (geb. 1904). Konzert op. 26. Hofmeister 1952. Knifflig, aber gutes Studienwerk. Modernes Klangbild.

BUSH, GEOFFREY (geb. 1920). Rhapsodie mit Streichern. Elkin 1953. Effektvolles Konzertstück im älteren Stil, auch gut mit Klavier. Für A-Klarinette; bisweilen etwas hoch.

BUSONI, FERRUCCIO (1866–1924). Concertino op. 48, Breitkopf & Härtel 1919. Klanglich ungewöhnliches Werk mit charakteristischer Busoni-Melodik. Wenig glücklich sind nur einige von Streichinstrumenten inspirierte Arpeggios, die der Ausführende zugunsten der Atemführung retuschieren möge.

CIMAROSA, DOMENICO (1749–1801). Konzert mit Streichern, arr. von Arthur Benjamin. Boosey & Hawkes 1942. Zuerst auf der Oboe gespielt, aber ebensogut auf der Klarinette möglich, da ursprünglich für Klavier geschrieben.

COPLAND, AARON (geb. 1900). Konzert. Boosey & Hawkes 1950. Nach einer langsamen Einleitung führt eine jazznahe Kadenz zu einem lebhaften Finalsatz, der sich gut spielen läßt und gut klingt. Sehr effektvoll geschrieben; gute Schulung für die Konzerttechnik.

CRUFT, ADRIAN (geb. 1921). Concertino mit Streichern. Joseph Williams 1956. Ein Werk, das noch nicht die ihm gebührende Beachtung gefunden hat. Modern-romantisch und musikalisch, nicht zu schwierig. Klavierauszug verfügbar.

CRUSELL, BERNHARD (1775–1838). Drei Konzerte. Unveröffentlicht, aber in mehreren Bibliotheken vorhanden (u. a. BBC London). Das Konzert in B ist interessant und technisch von beachtlicher Kühnheit.

DEBUSSY, CLAUDE (1862–1918). Première Rhapsodie. Durand 1910. Das beste Werk seiner Art, mit Orchester noch farbiger als mit Klavier, aber schwieriger auszubalancieren (außer mikrophonmäßig).

DELLO JOIO, NORMAN (geb. 1915). Konzert. Carl Fischer 1955. Ausgezeichnetes Werk, beeindruckt das Publikum sofort. Im Konzertsaal nicht so leicht auszutarieren wie im Tonstudio, aber stets wirkungsvoll.

DUBOIS, PIERRE MAX (geb. 1930). Beaugency Concerto. Leduc 1969. Der seltene Fall eines unkomplizierten modernen französischen Konzerts. Mit Streichern. Wirkt neoklassizistisch.

FINZI, GERALD (1901–1956). Konzert mit Streichorchester. Boosey & Hawkes 1951. Eines der allerbesten Werke dieses Jahrhunderts. Nicht schwierig, voller Melodik, auf pikante Art modern. Der langsame Satz ist gegenüber den anderen beiden Sätzen vielleicht etwas zu lang und intensiv.

FRANÇAIX, JEAN (geb. 1912). Konzert. Editions Musicales Transatlantiques 1963. Mehr ein Werk für die Zukunft, wenn das Instrument sich weiterentwickelt oder die menschliche Hand sich geändert hat. Derzeit überfordern die schnellen B-Dur-Passagen fast jeden Klarinettisten. Das Werk lohnt aber die Auseinandersetzung mit ihm. Wahrscheinlich ist eine A-Klarinette die geeignete Lösung.

GROVLEZ, GABRIEL (1879–1944). Concertino. Gallet & Fils 1940. Leicht und melodisch wie alles von G. Endet mit einem Marsch und hat daher mehr den Charakter einer Suite in drei Sätzen.

HAMILTON, IAIN (geb. 1922). Konzert op. 7. Schott 1950, London (nur Leihmaterial). Großes Auftragswerk der Royal Philharmonic Society (um 1950). Klingt jetzt nicht mehr so modern, ist aber für den Solisten noch immer eine furchterregende Aufgabe. Die Posaunen in der Partitur lassen schon erkennen, welche Ausgleichsprobleme hier anstehen. Interessante Komposition.

HÄNDEL, GEORG FRIEDRICH (1685–1759). Konzert mit Streichern, arr. von J. Barbirolli. O.U.P. 1952. Gute barocke Zusammenstellung von vier zueinander passenden Sätzen. Füllt das klassische Repertoire auf.

HINDEMITH, PAUL (1895–1963). Konzert. Schott 1950. Später Hindemith, feine Arbeit, wenn auch nicht so denkwürdig wie die Sonate. Schwierig, aber wirkungsvoll. Das Orchester muß gut gezügelt werden.

HODDINOTT, ALUN (geb. 1929). Konzert mit Streichern. O.U.P. 1955. Zuerst Konzert für die B-Klarinette. Der Komponist akzeptierte wohlweislich die A-Klarinetten-Fassung des Autors dieses Buches sowie einige Revisionen im Finale. In seiner jetzigen Gestalt ein durchaus brauchbares Werk und gutes Zugstück.

HOLBROOKE, JOSEPH (1878–1958). Doppelkonzert »Tamerlan« mit Fagott. Modern Music, London. Ein romantisches Stück, gute Paradenummer für beide Instrumente.

HOROVITZ, JOSEPH (geb. 1926). Concertante mit Streichern. Chester 1953. Ziemlich schwierig, aber effektvoll.

HUMMEL, JOSEPH FRIEDRICH (1841–1919). Konzert Nr. 2. Breitkopf & Härtel 1932. Webernahes Werk, brillant.

JETTEL, RUDOLF (geb. 1903). Concertino. Eulenburg 1969. Liegt derzeit offenbar nur mit Klavierbegleitung vor. Gutes Werk in zwei kontrastierenden Teilen, von dem zu hoffen ist, daß es dieser ausgezeichnete Klarinettist und Komponist orchestrieren wird.

JONGEN, JOSEPH-M. (1873–1953). Concertino. Gervan, Brüssel 1947. Brillantes Paradestück.

KEYS, IVOR (geb. 1919). Konzert mit Streichern. Novello 1959. Für A-Klarinette. Wurde einige Male mit Erfolg aufgeführt. Macht einen angenehmen Eindruck. Nicht schwierig.

KLEINSINGER, G. (geb. 1914). »Street Corner Concerto«. Chappell 1953. Kein »ernstes« Werk, wie der Titel andeutet. Jazznah, erfreulich und leicht.

KRENEK, ERNST (geb. 1900). Suite mit Streichern (oder Klavier). Rongwen, New York 1956. Seltsam atonales Werk, hinterläßt aber einen guten Eindruck. Besser mit Streichern.

KROMMER (KRAMAR), FRANZ (1759–1831). Konzert in Es-Dur. Musica Antiqua Bohemica 1953. Charmantes Werk im Weberton; durch zwei Schallplatteneinspielungen in letzter Zeit ins Gespräch gekommen. Sollte öfter gespielt werden.

KROMMER (KRAMAR), FRANZ. Konzert für zwei Klarinetten. Offenbach 1962. Nicht so gelungen, dennoch eines der wenigen wertvollen Werke in dieser Form.

MACDONALD, MALCOLM (geb. 1916). Cuban Rondo mit kleinem Orchester. Ricordi 1960. Folkloristisch, gut geschrieben. Besser mit großer Schlagzeuggruppe.

MALKO, NICOLAI (geb. 1888). Konzert. Belaieff 1955 (Boosey & Hawkes). Leicht und melodiös, ziemlich kurz. Eignet sich für jedes Programm gut als zweite Nummer.

MAURER, LUDWIG W. (1789–1878). Zwei Concertini. Hofmeister 1900. Werk aus der Weber-Spohr-Zeit; soll recht lohnend sein.

MILHAUD, DARIUS (1892–1974). Konzert. Elkan Vogel 1942. Wie das Werk von Françaix wird auch dieses wohl warten müssen. Derzeit zu ermüdend für jeden Interpreten. Attraktiv und lohnend als Herausforderung für den Musiker.

MOLIQUE, BERNHARD (1802–1869). Concertino in f-Moll. Bärenreiter 1842. M. war ein deutscher Geiger und u. a. Professor für Komposition an der Londoner Royal Academy of Music. Anmutige Musik, virtuos, aber nicht platt. Mäßiger Schwierigkeitsgrad. Sollte öfter zu hören sein.

MOLTER, JOHANN MELCHIOR (um 1695–1765). Vier Konzerte für Klarinette in D. Breitkopf & Härtel 1957. Brillant und bemerkenswert. Wahrscheinlich die allerersten Klarinetten-Konzerte. Fast keine Verwendung des Chalumeau, was darauf hindeutet, daß die neue Klarinette nur für ihr Überblas-Register eingestimmt war.

MOZART, WOLFGANG AMADEUS (1756–1791). Konzert A-Dur. Viele Verlage. Kommentar überflüssig. Das größte aller Klarinetten-Konzerte, wohl auch das bedeutendste Konzert für ein Holzblasinstrument schlechthin, eines der besten Konzerte der gesamten Solokonzert-Literatur.

MUSGRAVE, THEA (geb. 1928). Konzert. (Soll bald in London erscheinen.) Sehr amüsantes Werk, brillant-virtuos, mit theaterhaften Effekten. Der Solist dirigiert abwechselnd verschiedene »Rebellen«-Gruppen, die zur Haupt-Orchesterpalette hinzutreten. Das Werk zündet; es hat in London und Mitteleuropa viele hektische, lustige Aufführungen erlebt.

NIELSEN, CARL (1865–1931). Konzert. Dania 1946. Ein moderner Klassiker aus dem Jahre 1926; skizziert den (munteren) Charakter des Solisten Oxenvaad. Brillant, schwierig und lohnend. Stellenweise ausgesprochen schön.

PATATICH, IVAN (geb. 1922). Concertino. Musica Budapest 1970. Drei Stücke im bulgarischen Stil. Rhythmisch interessant und rassig. Schwierig, doch lohnend.

PISTON, WALTER (geb. 1894). Konzert. Associated Music Publishers 1968. Gilt als schwierige, intelligente und rhythmisch interessante Musik.

RAWSTHORNE, ALAN (1905–1971). Konzert mit Streichorchester. O.U.P. 1936. Ein Werk, das bislang nicht recht zum Zuge gekommen ist, vielleicht, weil kein Klavierauszug vorliegt (der wohl auch gar nicht spielbar wäre). Nicht zu schwierig. Ein wichtiges Werk.

REITER, A. Konzert. Doblinger 1968. Angenehmes und nicht modernisierendes Werk, das vielen Freude machen wird. Nicht schwierig.

RIMSKI-KORSAKOW, NIKOLAJ A. (1844–1908). Konzert für Klarinette und Militärorchester. Omega 1949. In dieser Fassung ziemlich platt und unoriginell. Kann in ausschmückender Bearbeitung effektvolle Zugnummer sein. Verlangt viel Phantasie.

ROSSINI, GIOACCHINO (1792–1868). Introduktion, Thema und Variationen. Sikorski. Brillant. Wahrscheinlich nicht von Rossini; wurde einige Jahre vor dem Erscheinen dieses Buches von Karl Haas nach London gebracht. Am Anfang des Originalmanuskripts steht »Andante di Rossini«, ein Hinweis darauf, daß er wohl eher die Melodie und nicht die Variationen geschrieben hat. Feines Paradestück, das zum Schluß unbedingt eine lange Kadenz braucht.

SARKOZY, ISTVAN. Sinfonia Concertante mit Streichern. Budapest Musik 1970. Blühende, rhapsodische, brillante Musik. Schwierig.

SEIBER, MÁTYÁ (1905–1960). Concertino mit Streichorchester. Schott 1953. Ein Werk von komplexer Tonalität, aber einfach und fesselnd in der Struktur. Mäßiger Schwierigkeitsgrad. Einige gute Melodien.

SIEGMEISTER, ELIE (geb. 1909). ... Sam Fox 1962. Eines der allerbesten Werke im Jazz-Stil, moderner als die meisten. Recht kniffig, aber doch angenehm zu spielen. Gut orchestriert. Der Solist muß im Jazz versiert sein und Solokonzerterfahrung besitzen.

SIKORSKI, K. (geb. 1910). Konzert. P.W.M. 1960. Im romantischen Stil, aber niemals langweilig. Schwierig für den Interpreten – nicht für den Hörer.

SPOHR, LOUIS (1784–1859). Konzerte Nr. 1, 2, 3 und 4. Kühnel; Peters; Breitkopf & Härtel. Vier feine Werke, technisch brillant. Alle lohnen ein gründliches Studium. Besonders die langsamen Sätze geben viel her.

STAMITZ, JOHANN (1717–1757). Konzert mit Streichorchester. Leeds 1953. Gute Arbeit des älteren Stamitz; blieb über zweihundert Jahre lang unveröffentlicht. Nicht einfach, aber aufführenswert.

STAMITZ, CARL (1745–1801). »Darmstädter« Konzert Nr. 1 in Es. Hofmeister 1956. Das Werk erreicht nicht die Größe des vorgenannten von Johann S., macht aber interessanten Gebrauch vom Chalumeau-Register. Leicht zu spielen. Burnet Tuthill führt elf Konzerte von Carl S. auf (Wert unterschiedlich).

STAMITZ, CARL. Konzert für zwei Klarinetten und Orchester. Budapest Music 1969. Ausgezeichnete Barockmusik, gut geschriebene Soloparte, durchweg sehr ausgewogen.

STANFORD, CHARLES VILLIERS (1852–1924). Konzert op. 80. Manuskript. Nicht allgemein verfügbar, wird aber möglicherweise bald erscheinen. Zur Verwendung gelangt die A- und die B-Klarinette, was die Aufführung etwas kompliziert macht. Gleichwohl ein liebenswertes Werk. Kommt beim Publikum gut an.

STRAUSS, RICHARD (1864–1949). Duett-Concertino für Klarinette und Fagott mit Streichorchester und Harfe (1947). Boosey & Hawkes 1949. Feiner, ganz später Strauss. Warme, leuchtende Musik. Verdient mehr Beachtung.

STRAWINSKY, IGOR (1882–1971). Ebony Concerto. Charling 1946. Instrumentiert für Jazz-Orchester. Im Grunde kein richtiges Klarinetten-Konzert, aber doch recht interessant als Werk für Holzbläser generell.

TARTINI, GIUSEPPE (1692–1770). Concertino mit Streichern, arr. von Gordon Jacob. Boosey & Hawkes 1945. Höchst brauchbares Werk, zusammengestellt aus Violinsonatensätzen Tartinis. Als Klarinettenmusik äußerst wirkungsvoll. Kurz genug, um als zweite Programmnummer zu erklingen. Nicht schwierig.

VEALE, JOHN (geb. 1922). Konzert. O.U.P. 1955. Für A-Klarinette. Ein romantisches Stück mit ziemlich großem Orchester. Macht Freude und ist nicht sehr schwierig.

VINTER, GILBERT (1909–1968). Concertino. Boosey & Hawkes 1955. Leichtgewichtiges Werk eines Kenners der Holzbläsertechnik. Nicht bedeutend, aber angenehm und gut geschrieben.

WEBER, CARL MARIA VON (1786–1826). Concertino; Konzert Nr. 1 und 2. Viele Verlage. Jedes Stück ist in seiner Art prächtig und voller technischer Probleme. Glänzende, lohnende Musik. Repertoirestück aller Klarinettisten, sehr beliebt.

WHETTAM, GRAHAM (geb. 1927). Konzert op. 40. Manuskript, 1959. Wird wahrscheinlich bald im Druck erscheinen. Gut geschriebenes Werk eines versierten Komponisten. Häufig mit Erfolg aufgeführt, gute Kritiken. Beachtlich die sehr originelle Kadenz. Recht schwierig.

WILSON, KEN. Konzert mit Streichern. Manuskript (um 1960). Romantisch klingendes Werk mäßigen Schwierigkeitsgrades, das dieser ausgezeichnete neuseeländische Klarinettist selbst hervorragend interpretiert hat. Erfordert Musikalität und Können. Sollte veröffentlicht werden.

Werke für Klarinette solo

BAUR, JÜRG (geb. 1918). Sechs Bagatellen. Breitkopf & Härtel. Verzeichnet bei Kroll.

CAMILLERI, CHARLES (geb. 1931). »Three Visions for an Imaginary Dancer«. Fairfield 1968. Gut geschriebene Musik eines maltesischen Komponisten. Gute Konzertnummern, besonders das zweite Stück (ein lebhafter Walzer).

CAVALLINI, ERNESTO (1807–1874). Capricen. Hofmeister. Unterschiedlich in Schwierigkeitsgrad und Wert. Muntere Stücke, wahrscheinlich einzeln brauchbarer als im geschlossenen Zyklus.

CHAGRIN, FRANCIS (1905–1972). Improvisation und Toccatina. Augener. Brillant, effektvoll, aber teuflisch schwierig. Zweifellos mit die besten Paradestücke für das Instrument; kommen bei einem verständigen Publikum im Konzert sehr gut an. Nur für den Experten.

HUMMEL, BERTHOLD (geb. 1925). Suite. Simrock 1965. Fünf gut miteinander kontrastierende Sätze. Die letzten beiden, ein Grotesk-Marsch und eine Tarantella, sind gute Konzertnummern oder Zugaben.

JACOB, GORDON (geb. 1895). Five Pieces. O.U.P. 1974. Charmant, leicht und wirkungsvoll. Gute Konzertstücke mit einem sprühenden Scherzo als Finale und einer »Homage to J. S. Bach« (stilistisch raffiniert gemacht).

KARDOS, ISTVAN. Solo-Sonate. General Music Publishers 1970. Dauer elf Minuten. Kontrastreiche, gut geschriebene Musik mit vielen packenden rhythmischen Finessen.

KARG-ELERT, SIGFRID (1877–1933). Sonate op. 110. Grahl und Necklar. Modern im Klang, ziemlich linear. Gutes Studienwerk; auch für besondere Anlässe geeignet.

KRENEK, ERNST (geb. 1900). Monologe. Bärenreiter. Charaktervolle Melodik, Krenek-Harmonik. Wirkungsvoll.

LANG, ISTVAN (geb. 1933). Monodia. Budapest Music 1918. Ein ziemlich langes Stück, anspruchsvoll. Für Konzertprogramme nicht sehr geeignet.

LEHMANN, HANS (geb. 1937). Mosaik. Schott. Verz. bei Rendall.

LEVY, ERNST (geb. 1895). ... Manuskript. Schweizer Archiv. Verzeichnet bei Kroll.

MARTINO, D. (geb. 1931). »A set for clarinet«. McGinnes & Marx, 1957. Ziemlich einfach und effektvoll.

MAYER, JOHN (geb. 1929). Raga Music. Lengnick 1958. Neun Stücke, von einem versierten indischen Violinisten in korrekter Raga-Technik geschrieben. Eingehendes Studium nötig, um in die Musik einzudringen und sie gut zu interpretieren. Schwierig.

PINKHAM, DANIEL. Etude. Ione Press 1963. Kurz, schwierig und anspruchsvoll.

RYCHLIK, JAN (gest. 1964). Burleskni Suite. Panton. Bratislava 1964. Weitgehend im Zigeunerstil mit einem rhythmisch haarigen Finale.

SAUCIER, GENE. ... Schirmer 1966. Gute Übung in rhythmischen Figuren. Keine Taktstriche; trotzdem erschließt sich die Musik relativ leicht. Schwierig.

STRAWINSKY, IGOR (1882–1971). Drei Stücke, Chester 1919. Die bekanntesten Kompositionen für unbegleitete Klarinette. Ganz im Charakter des Instruments; guter Strawinsky. Gute Wiedergabe schwierig. Das letzte Stück ist kein echter Jazz, sondern mehr Strawinskys Eindruck davon.

SUTERMEISTER, HEINRICH (geb. 1910). Capriccio. Schott. Frische, effektvolle Musik.

WELLESZ, EGON (1885–1974). Suite op. 74. Peters. Recht intellektuelle, entrückte Musik. Gute Übung.

Duos mit verschiedenen Instrumenten

BEETHOVEN, LUDWIG VAN (1770–1827). Drei Duos op. 147 (mit Fagott). Verschiedene Verlage. Die bekanntesten Duos für diese Besetzung. Recht guter Beethoven. Schwierig durchzuhalten.

BERG, ALBAN (1885–1935). Duette (mit Violine). D.F.M. 1947. Verzeichnet bei Kroll.

CRUSELL, BERNHARD (1775–1838). Duos für zwei Klarinetten. Peters 1821. Guter klassischer Stil. Phantasievolle, interessante Musik.

FRANK, ALAN (geb. 1910). Suite für zwei Klarinetten. O.U.P. 1934. Amüsant und schlicht.

HINDEMITH, PAUL (1895–1963). Duette (mit Violine). Schott 1932.

Solide, gut gebaute Musik mit wirksam kontrastierender Behandlung der Instrumente.

KOECHLIN, CHARLES (1867–1950). Idylle für zwei Klarinetten. Chant du Monde. Kurz, aber liebenswert. Gutes Programmstück.

KRENEK, ERNST (geb. 1900). Sonatine (mit Flöte), Bärenreiter. Verzeichnet bei Kroll.

LEFÈVRE, J. XAVIER (1763–1829). Sechs Duos concertantes op. 9, 10, 11. Naderman 1810. Für die Zeit ungewöhnlich gut ausgewogen.

POULENC, FRANCIS (1899–1963). Duo für zwei Klarinetten. Chester 1924. B- und A-Klarinette. Höchst originell und charakteristisch. Wirkungsvoll; schwierig zu kontrollieren, aber lohnend.

POULENC, FRANCIS. Duo (mit Fagott). Chester 1922. Den vorerwähnten Duos gleichwertige und ebenso lohnende Musik.

PRANZER, J. Drei Duos concertantes für zwei Klarinetten. Transatlantique 1967. Überraschenderweise ein originales Werk eines Haydn-Schülers. Ausgezeichneter klassischer Stil. Vertrautheit mit der Klarinette offensichtlich.

REIZENSTEIN, FRANZ (1911–1968). Duo (mit Oboe). Galliard 1965. Viel interessante kontrapunktische und melodische Arbeit. Einfach.

RIEGGER, WALLINGFORD (1885–1961). Duett op. 35 (mit Flöte). Universal-Edition. Modern, atonal. Gute Einführung in die moderne Duo-Musik.

SALOWSKI, A. (geb. 1907). Duett (mit Flöte). Omega 1948. Dekorative, zugleich muntere Musik.

SCHULLER, GUNTHER (geb. 1925). Duo (mit Baß-Klarinette). Peters. Verzeichnet bei Kroll.

TATE, PHYLLIS (geb. 1911). Sonate (mit Cello). O.U.P. 1949. Ein gutes Werk, zu selten aufgeführt. Für beide Instrumente nicht schwierig.

Trios

a) Trios mit Klavier und einem anderen Instrument

BACH, C. PH. E. (1714–1788). Sechs Sonaten (mit Fagott). E.M.B. Budapest. Etwas konventionelle, aber doch frische Musik.

BARTÓK, BÉLA (1881–1945). Kontraste (mit Violine). Boosey & Hawkes 1942. Höchst effektvolles und befriedigendes Werk. Ursprünglich für A- und B-Klarinette als Auftragswerk für Benny Goodman geschrieben. Version für B-Instrumente verfügbar (Vermeidung des Klarinettenwechsels im Finale). Schwierig.

BEETHOVEN, LUDWIG VAN (1770–1827). Trio op. 11 (mit Cello). Breitkopf & Härtel. Frühwerk aus der Zeit, als B. die Klarinette noch nicht völlig erfaßt hatte. Ausgezeichnete Musik, die man so gut erklingen lassen muß, wie sie ist.

BRAHMS, JOHANNES (1833–1897). Trio op. 114 (mit Cello). Simrock 1892. Hochbedeutend, Meisterwerk. Für A-Klarinette. Erfordert flüssige Technik und große Musikalität. Sehr befriedigend.

BRUCH, MAX (1838–1920). Trio (mit Bratsche): Acht Stücke op. 83. Simrock 1910. Im Stil ziemlich passé; nicht sehr dramatische, aber erfreuliche Musik, die Aufmerksamkeit verdient.

D'INDY, VINCENT (1851–1931). Trio op. 29 (mit Cello). Hamelle 1887. Etwas altmodische, aber handwerklich gut gemachte Musik.

GLINKA, MICHAIL I. (1804–1857). Trio pathétique (mit Fagott). Musica Rara. Ungewöhnliches Klangbild; sollte mehr Beachtung finden.

IVES, CHARLES (1874–1954). Largo (mit Violine). Southern Music Co. Kurz, verschachtelt, charakteristisch. Etüde für Sprünge ins höchste Register.

KHATSCHATURJAN, ARAM (1903–1978). Trio (mit Violine). Anglo-Soviet 1932. Ein Werk von ausgefallenem Klangcharakter, Klarinettenpart orientalisch eingefärbt. Ausgezeichnete Studie in chromatischer Legatobewegung.

MENDELSSOHN-BARTHOLDY, FELIX (1809–1847). Zwei Konzertstücke (mit Bassetthorn). Breitkopf & Härtel. Faszinierende Werke, selbst heute noch überraschend effektvoll. Die Bassetthornstimme verlangt große Gewandtheit im tiefsten Register. Das Zusammenspiel wirft eine Menge interessanter Probleme auf.

MILHAUD, DARIUS (1892–1974). Suite (mit Violine). Senart 1937. Kratzbürstige, humorvolle Musik. Erfordert perfektes Gleichmaß und sehr gute Blaskunst. Läßt sich wirkungsvoll realisieren.

MOZART, WOLFGANG AMADEUS (1756–1791). Trio KV 498 (mit Viola). Breitkopf & Härtel. Das bedeutendste Werk für diese Besetzung. Mozart soll es während des Kegelschiebens geschrieben haben – daher der Name »Kegelstatt-Trio«. Gleichwohl zeigt das Werk keinerlei Hast oder Unkonzentriertheit. Ein Meisterwerk.

REINECKE, CARL (1824–1910). Trio op. 264 (mit Viola). Simrock. Keine Meisterleistung wie das »Kegelstatt-Trio« Mozarts, aber doch annehmbare, handwerklich gediegene Musik.

REIZENSTEIN, FRANZ (1911–1968). Trio (mit Flöte und Fagott). Modern und dissonant; dennoch leicht faßlich. Ziemlich schwierig, gleichwohl durchweg spielbar.

SAINT-SAËNS, CAMILLE (1835–1921). Trio-Serenade (mit Flöte). Durand. Charmant und ziemlich einfach.

SCHUMANN, ROBERT (1810–1856). Märchenerzählungen op. 132. Breitkopf & Härtel. Gute, leichte Stücke.

STRAWINSKY, IGOR (1882–1971). »L'Histoire du Soldat«. Chester 1920. Trio-Fassung des Komponisten (mit Violine). Überraschend wirkungsvoll, aber schwierig. Erfordert entweder ein tiefes Es auf der A-Klarinette oder einen elastischen Ansatz zur Gewinnung dieses Tones.

TATE, PHYLLIS (geb. 1911). Trio (mit Violine): Air und Variationen. O.U.P. 1959. Angenehme Musik, nicht schwierig.

b) Trios für drei Klarinetten

COOKE, ARNOLD (geb. 1906). Suite. O.U.P. 1962. Gut geschrieben, kontrapunktisch interessant.

PICKET, F. Legend and Jollity. Omega. Amüsante, pikante Musik.

c) Trios mit Flöte und Fagott

KOECHLIN, CHARLES (1867–1950). Trio in G. op. 92. Senart 1928. Ein erfreuliches, romantisches Werk mit modernen Tupfern.

LORENZO, L. DE (geb. 1875). Trio Eccentrico op. 26. Peters. Bei Kroll als wichtig verzeichnet.

PIJPER, WILLEM (1894–1947). Trio. Peters. Das Werk eines handwerklich sicheren Komponisten, der diese knifflige Besetzung sehr gut auszutarieren weiß.

d) Trios mit Flöte und Oboe

ARNOLD, MALCOLM (geb. 1921). Divertimento op. 37. Patterson 1952. Witzig und amüsant zu spielen wie zu hören. Nicht schwierig, aber auch nicht ohne Tücken.

BENNETT, RICHARD RODNEY (geb. 1936). Trio Universal-Edition. Ein recht ernstes Werk in moderner Gewandung. Schwierig. Lohnende Aufgabe.

SCHOSTAKOWITSCH, DMITRI (1906–1975). Preludes. Musicus, New York. Verzeichnet bei Kroll.

e) Andere Kombinationen

HÄNDEL, GEORG FRIEDRICH (1685–1759). Ouvertüre (zwei Klarinetten und Horn). Schott 1952. Ein überraschendes, angeblich originales Werk. In London erstmals durch Karl Haas bekannt geworden. Mehr von historischem als musikalischem Interesse.

MOZART, WOLFGANG AMADEUS (1756–1791). Adagio für zwei Bassetthörner und Fagott (»Kanon«). Breitkopf & Härtel. Ausgezeichnete Musik, sehr befriedigend aufzuführen. Kurz.

MOZART, WOLFGANG, AMADEUS. Fünf Divertimenti (zwei Klarinetten und Fagott). Breitkopf & Härtel. Original wahrscheinlich für drei Bassetthörner; klingt in dieser Fassung sogar noch schöner. Kommen immer gut an.

STRAWINSKY, IGOR (1882–1971). Epitaphium (Flöte, Klarinette und Harfe). Boosey & Hawkes 1959. Eines der merkwürdigsten und sicher das kürzeste aller Stücke. Insgesamt 5 Takte lang, davon nur drei mit den Holzblasinstrumenten. Eine Kuriosität.

f) Trios für Holzbläser (Oboe, Klarinette, Fagott)

Bei weitem am zahlreichsten. In unserer sehr kurzen Liste nennen wir nur einige der besten Werke.

BARRAUD, HENRY (geb. 1900). Trio, Oiseau Lyre 1938. Blühende und lebensvolle Musik.

BOZZA, EUGÈNE (geb. 1905). Suite Brève op. 67. Leduc 1947. Leichter als die meisten anderen Werke Bozzas und ein Ohrenschmaus.

CONSTANT, MARIUS (geb. 1925). Trio. Chester 1949. Mittlerer Schwierigkeitsgrad; angenehme Musik.

FERROUD, PIERRE (1900–1936). Trio. Durand 1934. Für A-Klarinette. Dekorativ.

FRANÇAIX, JEAN (geb. 1912). Divertissement. Schott. Witzig.

IBERT, JACQUES (1890–1962). Fünf Trio-Stücke. Oiseau Lyre. Gehört zu den berühmten Werken des Genres. Haarig, aber ausgezeichnet.

LUTOSLAWSKI, WITOLD (geb. 1913). Trio. P.W.M. Verzeichnet bei Kroll.

MILHAUD, DARIUS (1892–1974). Suite d'après Corrette. Oiseau Lyre 1938.

MILHAUD, DARIUS. Suite Pastorale. Senart. Beide Werke sind mehr im neoklassischen Stil als in Milhauds gewohnter Tonsprache. Ausgewogene, sehr klar formulierte Musik.

PIERRIE, P. Bucolique Variée. Costallat 1947. Gute Programmnummer.

POULENC, FRANCIS (1899–1963). Trio. Hansen. Nicht das bedeutendste Werk P.s, hat aber viel von seinem gewohnten Charme.

SCHULHOFF, ERWIN (1894–1942). Divertimento op. 68. Schott 1928. Anregend. Nicht leicht, klingt aber gut.

VILLA-LOBOS, HEITOR (1887–1959). Trio. Eschig; Schott 1921. Eines der faszinierendsten Werke für diese Kombination. Sehr schwierig – und noch erschwert durch das normalerweise gelieferte Aufführungsmaterial. Die Partitur scheint nicht verfügbar zu sein; die Stimmen sind nicht nur inakkurat, sondern auch schlecht transponiert. Trotz dieser Mißlichkeiten eine lohnende Aufgabe.

WALTHEW, RICHARD (1872–1951). Triolet. Boosey & Hawkes 1934. Schlicht und liebenswert.

Quartette

a) Quartette mit Klavier

FRANÇAIX, JEAN (geb. 1912). Quartett (Flöte, Oboe, Klarinette und Klavier). Andraud. Geistreich und gut geschrieben.

HINDEMITH, PAUL (1895–1963). Quartett (Klarinette, Violine, Cello und Klavier). Schott 1938. Eines der besten Werke für diese Besetzung. Spielt sich gut, hört sich gut an.

HONEGGER, ARTHUR (1892–1955). Rhapsodie (zwei Flöten, Klarinette und Klavier). Salabert. Ein merkwürdiges, trauriges Werk, aber aufführenswert.

MESSIAEN, OLIVIER (geb. 1908). Quatuor pour la fin tu temps (Klarinette, Violine, Cello und Klavier). Durand 1942. Das beste Werk für diese Kombination, eines der großen Kammermusikwerke dieses Jahrhunderts. Individuell, modern, schwierig und lohnend.

MILHAUD, DARIUS (1892–1974). Sonate (Flöte, Oboe, Klarinette und Klavier). Durand 1923. Viel früher als das Trio und weniger charakteristisch, aber interessant.

SAINT-SAËNS, CAMILLE (1835–1921). Caprice op. 79 (Flöte, Oboe, Klarinette und Klavier). Durand. Verzeichnet bei Kroll.

b) Quartette mit Streichern (Violine, Viola, Cello)

CRUSELL, BERNHARD (1775–1838). Drei Quartette op. 2, 4, 7. Peters. Historische Kuriositäten, nicht leicht aufzutreiben. Unterhaltend.

HINDEMITH, PAUL (1895–1963). Aus »Plöner Musiktag«. Schott. Verzeichnet bei Rendall.

HUMMEL, JOHANN NEPOMUK (1778–1837). Quartett. Musica Rara 1958. Schlichte, unkomplizierte Musik.

RAWSTHORNE, ALAN (1905–1971). Quartett. O.U.P. 1950. Sehr bedeutendes Werk. Originell, rhapsodisch und mit einem lebhaften Finale, das ungeachtet seines Tripelrhythmus etwas dem Jazz verpflichtet ist. Schwierig.

STAMITZ, CARL(1745–1801). Quartette. Sieber u. a. Viele Quartette, aber kein überragendes darunter. Gute zweite Wahl für die Programmgestaltung.

c) Bläserquartette (Flöte, Oboe, Klarinette und Fagott)

BOZZA, EUGÈNE (geb. 1905). Drei Stücke (Serenade). Leduc. Erfreulich und gut gebaut.

BRIDGE, FRANK (1879–1941). Divertimenti. Boosey & Hawkes 1940. Wie der Titel sagt, unterhaltsame Musik. Zwei der vier Sätze sind Duette und überraschend wirkungsvoll.

KABALEWSKI, DMITRI (geb. 1904). Kindersuite op. 27. Spratt. Verzeichnet bei Kroll. Kann gut als Anschauungsmaterial dienen.

KAY, NORMAN (geb. 1929). Miniature Quartet. O.U.P. 1959. Attraktives kleines Werk von erwiesener Publikumswirksamkeit. Läßt sich gut einspielen.

d) Bläserquartette gemischter Besetzungen

BUTT, JAMES (geb. 1929). »Winsome's Folly« (mit Oboe, Horn und Fagott). Boosey & Hawkes 1957. Im neobarocken Stil, gut geschrieben und einfach.

CRUFT, ADRIAN (geb. 1921). Tanzsatz (mit Flöte, Oboe und Horn). Elkin. Einfach und effektvoll.

GEOPFART, KARL. Quartett (mit Flöte, Oboe und Fagott). Rudall, Carte. Schlichte Musik, angenehm zu spielen. Gutes Scherzo.

IBERT, JACQUES (1890–1962). Zwei Sätze (mit zwei Flöten und Fagott). Leduc 1923. Helle Klangwelt, will mit Delikatesse präsentiert sein.

MOZART, WOLFGANG AMADEUS (1756–1791). Cassation (mit Oboe, Horn und Fagott). Andraud. Kein großer Mozart, aber gute Musik.

ROSSINI, GIOACCHINO (1792–1868). Sechs Quartette (mit Flöte, Horn und Fagott). Schott 1935. Werke von großem Reiz und unterschiedlicher Schwierigkeit. Sind nur mit superber Technik überzeugend aufzuführen.

STAMITZ, CARL (1745–1801). Quartett op. 8 in Es (mit Oboe, Horn und Fagott). Denkmäler, München. Verzeichnet bei Kroll.

SUTERMEISTER, HEINRICH (geb. 1910). Serenade (mit zweiter Klarinette, Trompete und Fagott). Schott. Ein ungewöhnliches Werk und überraschend wirkungsvoll für eine solche Zusammenstellung.

Quintette

a) Quintette mit Klavier

BEETHOVEN, LUDWIG VAN (1770–1827). Quintett op. 16 (mit Oboe, Horn und Fagott). Verschiedene Ausgaben. Ein bedeutendes Werk mit einem virtuosen Klavierpart und hervorragend gesetzten Bläserstimmen. Der Anfang ist für das Ensemble schwierig, und das Horn muß sehr agil sein.

DANZI, FRANZ (1763–1826). Quintett op. 41. Benjamin. Ein ziemlich nüchternes Werk, aber interessant.

DUNHILL, T. (1877–1946). Quintett (mit Horn, Violine und Cello). Rudall, Carte 1913. Ein Frühwerk dieses englischen Komponisten. Melodisch und angenehm.

HINDEMITH, PAUL (1895–1963). Drei Stücke op. 35 (mit Trompete, Violine und Kontrabaß). Schott. Verzeichnet bei Kroll und Rendall.

MOZART, WOLFGANG AMADEUS (1756–1791). Quintett KV 452. Verschiedene Ausgaben. Ein bedeutendes, reifes Werk, geistreich und von großer Schönheit. Nicht einfach.

RAWSTHORNE, ALAN (1905–1971). Quintett (mit Oboe, Horn und Fagott). O.U.P. 1964. Gute Arbeit dieses erstklassigen Komponisten. Wird zu selten gespielt.

SPOHR, LOUIS (1784–1859). Quintett op. 52 (mit Flöte, Horn und Fagott). Peters. Verzeichnet bei Kroll und Rendall.

b) Quintette mit Streichquartett

BLISS, SIR ARTHUR (1891–1975). Quintett. Novello 1933. Für A-Klarinette. Zweifellos eine der wirklich bedeutenden Kompositionen für diese Besetzung. Zeigt ein feines Gespür für die Möglichkeiten der modernen Klarinettentechnik, für ausgewogene Gestaltung und rhythmische Möglichkeiten.

BRAHMS, JOHANNES (1833–1897). Quintett op. 115. Komponiert 1892; viele Ausgaben. Vielleicht das größte aller Quintette. Ein Werk, das von atemberaubender Kenntnis der Erfordernisse und Möglichkeiten der Klarinette zeugt.

COOKE, ARNOLD (geb. 1906). Quintett. Boosey & Hawkes. Gut gemacht und durchweg gut spielbar. Verdient sorgfältige Behandlung.

HINDEMITH, PAUL (1895–1963). Quintett op. 30. Schott 1923. Originell gebaut, zu selten aufgeführt. Verlangt eine Es-Klarinette für den Ländler-Satz und endet mit einem sehr schwierigen palindromischen Satz. Interessant.

JACOB, GORDON (geb. 1895). Quintett. Novello 1946. Flüssig und gut geschrieben, für das Publikum leichtverdauliche Kost.

MOZART, WOLFGANG AMADEUS (1756–1791). Quintett KV 581. Viele Ausgaben. Bedarf kaum eines Kommentars, da es das Fundament ist für alle späteren Werke in dieser Form. Prachtvoll.

MOZART, WOLFGANG AMADEUS. Allegro in B, KV 516 c, vervollständigt von Robert D. Lewin. Bärenreiter. Interessant und gut zu spielen.

REGER, MAX (1873–1916). Quintett op. 146. Simrock, neu bei Peters. Für A-Klarinette. Gelingt nur mit einem Klarinettisten, der die Musik dieses Komponisten gründlich kennt. Handwerklich vollendet, musikalisch gehaltvoll.

WEBER, CARL MARIA VON (1786–1826). Quintett op. 34. Verschiedene Verlage.

WEBER, CARL MARIA VON. Introduktion, Thema und Variationen. Werke im besten Weberstil. Glänzend, effektvoll, immer wieder eine interessante, befriedigende Aufgabe. Das zweite Werk bringt ein bißchen viel B-Dur.

c) Bläserquintette (Flöte, Oboe, Klarinette, Fagott und Horn)

Eine sehr kurze Liste ausgewählter Werke. In dieser Besetzung gibt es viel Schund.

BARBER, SAMUEL (geb. 1910). »Summer Music«. Schirmer 1957. Charmant und rhythmisch originell.

BIRTWISTLE, HARRISON (geb. 1934). Refrains and Choruses. Universal-Ed. Eines der besten Werke dieses Komponisten. Modern, aber nicht himmelstürmerisch.

DAMASE, J. M. (geb. 1928). Siebzehn Variationen op. 22. Leduc 1952. Reizvoll, unterhaltsam und originell. Schwierig.

DANZI, FRANZ (1763–1826). Fünf Quintette op. 56 bis 68. Verschiedene Verlage. Fundamente der Quintettkomposition. Gut, aber glanzlos.

FRANÇAIX, JEAN (geb. 1912). Quintett. Schott 1951. Munter und amüsant. Schwierig.

FRICKER, PETER RACINE (geb. 1920). Quintett op. 5. Schott 1951. Ein frühes Werk, und ein gutes. Der letzte Satz ist in einem fast unspielbaren Rhythmus (in einer späteren Ausgabe vereinfacht). Sollte öfter gespielt werden.

HENZE, HANS WERNER (geb. 1926). Quintett. Schott 1953. Eine von Henzes besten Arbeiten. Leicht verständlich und effektvoll.

HINDEMITH, PAUL (1895–1963). Kleine Kammermusik op. 24. Schott 1922. Vielleicht das beste je geschriebene Bläserquintett. Originell, effektvoll, mäßig schwierig. Vor allem: kommt an.

HOLBROOKE, JOSEF (1878–1958). Quintett op. 27. Blenheim Press. Altmodisch, aber charmant und gut geschrieben.

IBERT, JACQUES (1890–1962). Trois Pièces Brèves. Leduc 1930. Charmant, leicht (bis auf den Klarinettenpart des dritten Stücks); erstklassige Programmnummer.

JACOB, GORDON (geb. 1895). Quintett. Boosey & Hawkes. Wirkungsvoll und gut geschrieben.

MILHAUD, DARIUS (1892–1974). »La Cheminée du Roi René«. Andraud 1939. Sehr gut als »barocke« Quintettmusik. Klingt charmant nach altem Stil.

NIELSEN, CARL (1865–1931). Quintett op. 43. Hansen 1923. Nach dem Hindemith-Quintett das beste. Wie im Klarinetten- und im Flötenkonzert, geistern auch hier die Persönlichkeiten der Spieler herum, für die es geschrieben ist. Amüsant und effektvoll.

PIJPER, WILLEM (1894–1947). Quintett. Donemus. Gut geschrieben und elegant.

REICHA, ANTONIN (1770–1836). Viele Quintette von op. 88 bis op. 100. Alle gut geschrieben; werden aber am besten in kleiner Dosierung genossen. Verschiedene Sätze sind für sich wahre Kostbarkeiten.

SCHÖNBERG, ARNOLD (1874–1951). Quintett op. 26. Universal-Ed. 1924. Ein Wendepunkt in seinem Schaffen, da sein erster großer Versuch in der Zwölftontechnik. Bedeutendes Werk, muß lange geprobt werden. Ohne Dirigent möglich, aber strapaziös.

TOMASI, HENRI (geb. 1901). Quintett. Lemoine 1952. Stilistisch konservativ. Gute Programmnummer.

VINTER, GILBERT (1909–1968). Zwei Miniaturen. Breitkopf & Härtel. Leichte, angenehme Kost. Gute Zugaben.

ZAFRED, MARIO (geb. 1922). Quintett. Ricordi 1952. Frisch und originell.

d) Andere Quintette

BACH, J. CHR. (1735–1782). a) Vier Quintette. b) Bläsersinfonien. Für zwei Klarinetten, zwei Hörner und Fagott. Interessante durchbrochene Arbeit. Die Sinfonien, in London für Konzerte in Vauxhall Gardens geschrieben, sind ausgezeichnete Programmnummern und zeigen echtes Verständnis des Komponisten für die Klarinette.

MOZART, WOLFGANG AMADEUS (1756–1791). Adagio (zwei Klarinetten, drei Bassetthörner). Wundervoll gesetzte, schwermütige Musik.

NIELSEN, CARL (1865–1931). »Serenata in vano« (Klarinette, Fagott, Horn, Cello und Kontrabaß). Angenehme Musik und leicht (bis auf die Kontrabaß-Kadenz, die mit viel Geschmack gespielt werden muß).

RAWSTHORNE, ALAN (1905–1971). Quintett für Klavier, Oboe, Klarinette, Horn und Fagott. O.U.P. 1964. Zugängliche, erfreuliche Musik.

Sextette

a) Klavier und Bläserquintett

HOLBROOKE, JOSEF (1878–1958). Sextett op. 33 a. Chester 1906.

JACOB, GORDON (geb. 1895). Sextett. Benjamin.

PIJPER, WILLEM (1894–1947). Sextett. Donemus 1923.

POULENC, FRANCIS (1899–1964). Sextett. Chester 1932. Brillant und unterhaltsam.

ROUSSEL, ALBERT (1869–1937). Divertissement op. 6. Rouart 1905.

b) Andere Sextette mit Klavier

COPLAND, AARON (geb. 1900). Sextett (Klarinette, Klavier, Streichquartett). Schwierig (bisweilen unnötigerweise), aber effektvoll.

DANKWORTH, JOHN (geb. 1927). Sextett (Klarinette, Klavier, Streichquartett). Manuskript. Wirkungsvoll und interessant.

DE FALLA, MANUEL (1876–1946). Concerto (Flöte, Oboe, Klarinette, Violine, Cello und Cembalo). Das beste Cembalo-Kammerkonzert.

ONSLOW, GEORGE (1784–1853). Sextett (Flöte, Klarinette, Fagott, Horn, Kontrabaß und Klavier). Breitkopf & Härtel.

PROKOFJEW, SERGEJ (1891–1953). Ouvertüre über jüdische Themen op. 34. Breitkopf & Härtel. Figurenreicher Klarinettenpart, lohnt das Studium.

c) *Reine Bläsersextette*

BEETHOVEN, LUDWIG VAN (1770–1827). Sextett op. 71 für zwei Klarinetten, zwei Fagotte und zwei Hörner. Breitkopf & Härtel. Ein großes Werk mit einem wunderschönen langsamen Satz und einem brillanten, für die Klarinetten prachtvoll gesetzten Finale.

DANZI, FRANZ (1763–1826). Sextett in Es. Sikorski. Glanzlos neben dem Beethoven, aber gut geschrieben.

JANAČEK, LEOŠ (1854–1928). »Mladi« (»Die Jugend«) für Flöte, Oboe, Klarinette, Baß-Klarinette, Fagott und Horn. Bedeutendes Werk, sowohl schwierig als auch lohnend.

MOZART, WOLFGANG AMADEUS (1756–1791). Serenade in Es KV 375. Musica Rara. Auch die vielgespielte Oktett-Fassung ist von Mozart. Einer der Menuett-Sätze hat ein Extra-Trio. Verdient Beachtung. Erschöpfend in dieser Form.

SEIBER, MÁTYÁS (1905–1960). Serenade für zwei Klarinetten, zwei Fagotte und zwei Hörner. Hansen. Originell und ansprechend.

d) *Andere Sextette ohne Klavier*

ADDISON, JOHN (geb. 1920). Serenade für Flöte, Oboe, Klarinette, Fagott, Horn und Cembalo. O.U.P. 1958.

BAERMANN, HEINRICH (1784–1847). Adagio (Klarinette und Streichquintett). Gewöhnlich Wagner zugeschrieben. Wunderschöne Melodie, außerordentlich klarinettenmäßig.

IBERT, JACQUES (1890–1962). »Le Jardinier de Samos« (für Flöte, Klarinette, Trompete, Violine, Cello und Schlagzeug). Heugel 1935.

JETTEL, RUDOLF (geb. 1903). Sextett (Flöte, Oboe, zwei Klarinetten, Fagott und Horn). Doblinger. Kunstgerecht und gut spielbar.

SPOHR, LOUIS (1784–1859). Fantasie mit Variationen op. 81 (Klarinette und Streichquintett). Schmitt.

Septette

BACH, C. PH. E. (1714–1788). Sechs Sonaten (zwei Flöten, zwei Klarinetten, Fagott, zwei Hörner). Musica Rara. Frühe Belege für wirkungsvollen Einsatz der Klarinette.

BEETHOVEN, LUDWIG VAN (1770–1827). Septett op. 20 (Klarinette, Horn, Fagott und Streichquartett). Das größte aller Septette. Wundervoller langsamer Satz, einer der schönsten, die je geschrieben wurden. Schwierig.

HINDEMITH, PAUL (1895–1963). Septett (Flöte, Oboe, Klarinette, Baß-Klarinette, Fagott, Horn und Trompete). Schott 1949. Höchst originelle Partitur für eine sehr ungewöhnliche Besetzung.

RAVEL, MAURICE (1875–1937). Introduktion und Allegro für Flöte, Klarinette, Streicher und Harfe. Durand 1906. Eines der lieblichsten Klangwunder der gesamten Musik. Eigentlich ein Harfenkonzert; gleichwohl stellen sich für alle Instrumente große Intonations- und Zusammenspielprobleme.

SPOHR, LOUIS (1784–1859). Septett op. 147 (Flöte, Klarinette, Fagott, Horn, Violine, Cello und Klavier). Stellenweise etwas verwickelt, aber gute Musik.

STRAWINKSY, IGOR (1882–1971). Septett. Breitkopf & Härtel 1953. Spröde, flinke Musik. Originell und wertvoll.

STRAWINSKY, IGOR. »L'Histoire du Soldat« (für Violine, Klarinette, Fagott, Trompete, Posaune, Kontrabaß und Schlagzeug). Ein berühmtes Werk voller komplexer Rhythmen und ungewöhnlicher Effekte.

VILLA-LOBOS, HEITOR (1887–1959). Choros Nr. 7 (Flöte, Oboe, Klarinette, Alt-Saxophon, Fagott, Violine und Cello). Eschig 1928. Nicht so vortrefflich wie das Trio, aber doch gute Musik.

Oktette

a) mit zwei Oboen, zwei Klarinetten, zwei Fagotten, zwei Hörnern

BEETHOVEN, LUDWIG VAN (1770–1827). Oktett op. 103. Verschiedene Verlage. Ein großes Werk, brillant. Desgl. Rondino (besonders in den Hornpartien inspiriert).

HAYDN, JOSEPH (1732–1809). Oktett in F. International Music 1901. Verzeichnet bei Kroll. Interessant.

JACOB, GORDON (geb. 1895). Divertimento. Ein gutes Werk mit virtuosen Hornpartien.

MOZART, WOLFGANG AMADEUS (1756–1791). Serenade in Es KV 375; Serenade in c-Moll KV 388; Divertimento in Es KV 196 c; Divertimento in B KV 196 t. Musica Rara. Bedeutende Werke. Das größte ist das in c-Moll; es gehört zu Mozarts eindringlichsten Aussagen. Hier sei angemerkt, daß es viele »verlorene« Mozart-Oktette gibt, die, wenn sie auftauchen, manchmal als »unecht« bezeichnet werden. Nach neuen Forschungen Daniel N. Leesons und David Whitwells zu urteilen, dürften die meisten aber echt sein, und es ist zu hoffen, daß viele bald zugänglich gemacht werden. Darunter mögen sich mehrere »Bläseropern« befinden, von denen Mozarts eigene Bearbeitung der »Entführung« für Harmoniemusik die bekannteste ist (nicht die von Sedlak oder Wendt).

b) Oktette für andere Kombinationen

BACH, C. PH. E. (1714–1788). Sechs Sonaten (zwei Flöten, zwei Klarinetten, zwei Fagotte, zwei Hörner). Breitkopf & Härtel.

FERGUSON, HOWARD (geb. 1908). Oktett (Klarinette, Fagott, Horn, Streichquartett und Kontrabaß). Breitkopf & Härtel 1934. Melodische, liebenswürdige Musik.

JACOB, GORDON (geb. 1895). Serenade (zwei Flöten, zwei Oboen, zwei Hörner, zwei Fagotte). Breitkopf & Härtel.

SCHUBERT, FRANZ (1797–1828). Oktett op. 166 (Klarinette, Fagott, Horn, Streichquartett und Kontrabaß). Das größte aller Oktette, besonders herrlich für die Klarinette.

SPOHR, LOUIS (1784–1859). Oktett op. 32 (Klarinette, zwei Hörner und Streichquintett). Interessantes Werk mit virtuosen Hornstimmen.

STRAWINSKY, IGOR (1882–1971). Oktett (Flöte, Klarinette, zwei Fagotte, zwei Trompeten, zwei Posaunen). 1923. Gute Arbeit aus Strawinskys mittlerer Schaffensperiode.

Nonette

GOOSSENS, EUGÈNE (1893–1962). »Fantaisie«-Nonett (Flöte, Oboe, zwei Klarinetten, zwei Fagotte, zwei Hörner, Trompete). Curwen 1924. Bewährt sich durchaus und sollte gespielt werden.

GOUNOD, CHARLES (1818–1893). Petite Symphonie (Flöte und normales Bläseroktett). Feines Werk mit Charme und Stil. Leider sind die Stimmen so schlecht arrangiert, daß man das Material doppelt haben muß.

KROMMER (KRAMAR), FRANZ (1759–1831). Bläseroktett mit Kontra-Fagott op. 79. Hofmeister. Attraktiv wie alle Werke Krommers. Sollte wirklich besser bekannt sein.

SPOHR, LOUIS (1784–1859). Nonett op. 31 (Violine, Viola, Cello, Kontrabaß, Flöte, Oboe, Klarinette, Horn und Fagott). Womöglich das bekannteste aller Nonette (und nicht ohne Grund). Ein beachtenswertes Werk.

Einige ausgewählte wertvolle Werke für größere Besetzungen

DVOŘÁK, ANTONíN (1841–1904). Serenade op. 44 (elf Instrumente). Simrock 1879.

MOZART, WOLFGANG AMADEUS (1756–1791). Serenade in B für dreizehn Bläser, KV 361.

RAWSTHORNE, ALAN (1905–1971). Konzert für zehn Instrumente. O.U.P. 1962.

SCHÖNBERG, ARNOLD (1874–1951). I. Kammersymphonie für fünfzehn Soloinstrumente op. 9. Universal-Edition 1906.

STOCKHAUSEN, KARLHEINZ (geb. 1928). Kontra-Punkte für zehn Instrumente. Universal-Edition.

STRAUSS, RICHARD (1864–1949). Serenade op. 7; Suite op. 4 (beide für dreizehn Instrumente). Universal-Edition bzw. Leuckart (Fürstner).

Werke mit Bassetthorn

BIRTWISTLE, HARRISON (geb. 1934). »The World is Discovered« (für zwei Flöten, Oboe, Englisch Horn, Klarinette, Bassetthorn, zwei Fagotte und zwei Hörner). Universal-Edition.

MENDELSSOHN-BARTHOLDY, FELIX (1809–1847). Zwei Konzertstücke op. 113, 114 für Klarinette, Bassetthorn und Klavier. International. Wirklich feine Musik und effektvoll. Schwierig für das Bassetthorn.

MOZART, WOLFGANG AMADEUS (1756–1791). Zwölf Duos für zwei Bassetthörner KV 487; Kanonisches Adagio für zwei Bassetthörner und Fagott KV 410; Adagio für zwei Klarinetten und drei Bassetthörner KV 411.

Graham Melville Mason, Edinburgh, ist bemüht, eine komplette (und damit maßgebende) Sammlung von Bassetthorn-Musik zu erstellen.

Die International Clarinet Society Denver (Colorado) hat ein für den Instrumentalisten sehr interessantes Verzeichnis von 25 Kammermusikwerken mit Bassetthorn herausgegeben. Auf dieses Thema weiter einzugehen, verbietet der Rahmen unseres Buches.

Werke für mehrere Klarinetten

AGOSTINI, LUCIO. Trio Québecois (drei Klarinetten). Manuskript.

FLEMING, ROBERT. Zweiteilige Suite (zwei Klarinetten und Baß-Klarinette). Manuskript.

WEINZWEIG, JOHN (geb. 1913). Quartett (drei Klarinetten und Baß-Klarinette). Manuskript.

Diese drei Werke empfiehlt Avrahm Galper, Toronto, der sie auch aufgenommen hat.

HARVEY, PAUL (geb. 1935). Four Easy Trios für drei Klarinetten. Schott.

HARVEY, PAUL. Quartett für drei Klarinetten und Baß-Klarinette. Schott.

JACOB, GORDON (geb. 1895). Quartett für vier Klarinetten (Es, B, Alt, Baß). Transkription eines interessanten Saxophon-Quartetts, erschienen bei Emerson Music, York, England.

WILSON, KEN. Variationen über ein Thema von Paganini. Boosey & Hawkes 1968. Amüsante und gut geschriebene Variationsreihe des neuseeländischen Komponisten über das bekannteste Paganini-Thema.

Emerson Music hat auch einen großen Katalog ausgezeichneter Arrangements für drei oder vier Klarinetten von verschiedenen Komponisten und Arrangeuren herausgegeben. Die wichtigsten Arbeiten sind für Klarinettenensemble (siehe die folgende Aufstellung).

Klarinettenensemble (Klarinetten-»Chor«)

BARAT, J. Pièce en sol mineur (Klarinette mit Klarinettenensemble-Begleitung). Leblanc.

CAILLET, LUCIEN (geb. 1891). »Carnaval«; »Clarinet Poem«; »Caprice Sentimentale« (Solo mit Klarinettenensemble). Leblanc.

GATES, EVERETT (geb. 1914). »Seasonal« Sketches. Leblanc.

GRUNDMAN, CLARE (geb. 1913). Caprice. Boosey & Hawkes 1961.

HARVEY, PAUL (geb. 1935). Fantasie in einem Satz; Sinfonia für Klarinetten-Chor; Quartett für zwei Klarinetten, Baß-Klarinette und Kontrabaß-Klarinette; Quartett für Es- und B-Klarinette, Bassetthorn und Kontrabaß-Klarinette; Concertino für Sopran-Saxophon und Klarinettenensemble. Manuskript.

Vier leichte Trios für drei Klarinetten. Schott.

Quartett für drei Klarinetten, Baß-Klarinette. Schott.

SACCI, FRANK, u. a. Bearbeitungen von Mozart, Tschaikowski, Händel, Bach, Pachelbel, Palestrina und Klauss (zeitgenöss.). State College of Fredonia (Dr. William C. Willett). Aufgenommen.

TROON, VIVIAN (London). Bearbeitungen von Stücken von Lambert, Milhaud, Bach, Schumann u. a. Manuskript.

HOLDEN, ROY (London). Ähnliche Arrangements. Aufgenommen von seinem eigenen Klarinettenensemble.

Viele Bearbeitungen beliebter Stücke, veröffentlicht von Emerson Music, York.

Literaturhinweise

BAINES, ANTHONY, *Woodwind Instruments and Their History*. London 1957.

BRIXEL, EUGEN, *Klarinetten Bibliographie* Band I. Verlag Heinrichshofen, Wilhelmshaven.

CARSE, ADAM, *The Orchestra from Beethoven to Berlioz*. Cambridge 1948.

CHATWIN, R. B., »Händel and the Clarinets« in *Galpin Society Journal* 1950.

Die Musik in Geschichte und Gegenwart (Allgemeine Enzyklopädie der Musik, herausgegeben von F. Blume, Bärenreiter-Verlag, Kassel–Basel–London–New York), Band 7, Artikel »Klarinette«.

GABUCCI, A., *Origine e storia del clarinetto*. Mailand 1937.

GROVE, SIR GEORGE, *Dictionary of Music and Musicians*. Mehrere Auflagen.

Journals der International Clarinet Society of Denver, Colorado.

KLOSÉ, HYACINTHE E., *Méthode pour servir à l'enseignement de la clarinette à anneaux mobiles*. Paris 1843.

KROLL, OSKAR, »Das Chalumeau«, in Zeitschrift für Musikwissenschaft XV, 1932.

KROLL, OSKAR, *Die Klarinette*, Bärenreiter-Verlag, Kassel–Basel–Paris–London–New York 1965.

LANDON, H. C. ROBBINS, *The Symphonies of Joseph Haydn*. London 1955.

LAZARUS, H., *New and Modern Method*. London 1881.

MÜLLER, IWAN, *Anweisung zu der neuen Clarinette und der Clarinette-Alto*. Leipzig 1825.

OPPERMAN, K., *Repertory of the Clarinet*. New York 1960.

RENDALL, F. C., *The Clarinet*. London 1957.

RENDALL, F. C., Artikel in Grove's *Dictionary*.

RICHMOND, STANLEY, *Clarinet and Saxophone Experience*.

SACHS, CURT, *Handbuch der Musikinstrumentenkunde*. Leipzig 1920. (Fotomechanischer Nachdruck der 2. Auflage 1930 bei Breitkopf & Härtel, Leipzig 1966).

SACHS, CURT, *Reallexikon der Musikinstrumente*. Berlin 1913.

SACHS, CURT, *The History of Musical Instruments*. New York 1940.

SIEGEL, ALAN, *The Twentieth Century Clarinettist*. Colombo.

STREET, OSCAR, *The Clarinet and Its Music*. London 1916.

STUBBINS, WILLIAM, *The Art of Clarinetistry*. Ann Arbor.

WEBER, MAX MARIA, *Carl Maria von Weber*. Leipzig 1866.

WESTON, PAMELA, *Clarinet Virtuosi of the Past*. London.

WHEWELL, MICHAEL, »Mozart's Bassett Horn Trios« in *Musical Times* 1962.

A.d.Ü.: Ausführlichere Literaturangaben (zumal über weitere deutsche Autoren) findet man in Kroll, *Die Klarinette* (Bärenreiter-Verlag 1965) und in *Die Musik in Geschichte und Gegenwart*, Band 7, Artikel »Klarinette« (Bärenreiter-Verlag 1958).

Diskographie

Diese Liste enthält alle Werke des Repertoires, von denen Schallplatten in der Ausgabe I – 1983 des Bielefelder Kataloges aufgeführt sind. Wenn die Aufzählung auch keinen Anspruch auf Vollständigkeit erhebt, so sind die hier genannten Platten zum Zeitpunkt der Drucklegung lieferbar. Dem Leser soll so eine Übersicht gegeben werden, die es ihm erleichtert, seine Auswahl zu treffen.

Für Klarinette und Klavier:

ALBAN BERG		
Vier Stücke op. 5	Pay, Barenboim	DG 2531 007 IMS
JOHANNES BRAHMS		
Sonaten op. 120, Nr. 1 u. 2	Leister, Demus	DG 2740 117 IMS
	Hepp, Degaita	BM 4003
	Pieterson, Menuhin	Ph 6768 146
Sonaten op. 120, Nr. 1	Michaels, Kraus	BM 4008
PAUL HINDEMITH		
Sonate (1939)	Klöcker, Genuit	DCa 92 714/22
ARTHUR HONEGGER		
Sonatine	Berkes, Kocsis	DC Hun 11 748
BOHUSLAV MARTINU		
Sonate für Baßklarinette und Klavier	Horak, Kovarnova	Car 53 114
MAX REGER		
Zwei Sonaten op. 49	Klöcker, Genuit	DCa 92 904
GIOACCHINO ROSSINI		
Fantasie	Stalder, Vintschger	FSM 0 536
ROBERT SCHUMANN		
Fantasiestücke op. 73	Pfeifer, Jansen	DCa 93 803
	Berkes, Seiz	LPT 666 521

CARL MARIA V. WEBER

Grand Duo concertant op. 48	Berkes, Seiz	LPT 666 521
	Gärtner, Krieger	DC Sas 007 034
	Stalder, Vintschger	FSM 0 533

Für Klarinette und Orchester:

CLAUDE DEBUSSY

Rhapsodie Nr. 1	Berkes, Korody + Budapester Philharmon. Orchester	DC Hun 11 748
	Dangain, Froment + Orchester von Radio Luxemburg	FSM 31 069
	Gugolz, Ansermet + Orchestre de la Suisse Romande	Dec 6.35 502 EK

FRANZ KROMMER

Konzert op. 36	Glazer, Faerber + Württemberg. Kammerorchester Heilbronn	FSM 73 003

JOHANN MELCHIOR MOLTER

Konzert für kleine (hohe) Klarinette (A-Dur)	Stalder, Müller-Brühl + Kölner Kammerorchester	Schw 0 812
Konzert (G-Dur)	Klöckner, Heidelberger Kammerorchester	DCa 91 015
	Michaels, Stadlmair + Münchner Kammerorchester	DG 198 415

WOLFGANG AMADEUS MOZART

Konzert KV. 622	Goodman, Munch + Boston Symph. Orchester	RCA 2641 188 AG
	Leister, Karajan + Berliner Philharmoniker	EMI 197 02238/40
	Leister, Kubelik + Berliner Philharmoniker	DG 136 550
	Prinz, Böhm + Wiener Philh.	DG 2530 411
	Prinz, Münchinger + Wiener Philharmoniker	Dec 641 661 BA
	Starke, Faerber + Württ. Kammerorchester Heilbronn	FSM 34 757

GIOACCHINO ROSSINI		
Introduktion, Thema und Variationen (C-Dur)	Deplus, Talmi + Sinf. Orch. de l'ORTF Nord-Picardie	BR 680 27 024
	Glazer, Wagner + Sinf. Orch. Innsbruck	FSM 73 003
	Peyer, Frühbeck de Burgos + New Phil. Orch. London	EMI 063–01852
LUDWIG SPOHR		
Konzert Nr. 1 (c-moll)	Peyer, Davis + London Symph. Orch.	Dec 641 777 AH
Konzert Nr. 2 (Es-Dur)	Pay, Atherton + London Sinfonietta	TIS ZRG 920 AW
Konzert Nr. 4 (e-moll)	King, Francis + Engl. Chamber Orch.	Con E 77 022
CARL STAMITZ		
Konzert Nr. 3 (B-Dur)	Glazer, Wagner + Sinf. Orch. Innsbruck	FSM 73 003
	Klein, Müller-Brühl + Kölner Kammerorch.	Pel PSR 40 003
Konzert (Es-Dur)	Stalder, Müller-Brühl + Kölner Kammerorch.	Schw 0 812
RICHARD STRAUSS		
Duett-Concertino für Klarinette, Fagott und Streichorchester mit Harfe	Berkes, Fülemile, Korody + Budapester Phil. Orch.	DC Hun 11 748
	Weise, Liebscher, Kempe + Staatskapelle Dresden	EMI 191–02 743/46 Q
IGOR STRAWINSKY		
Ebony Concerto	Goodman, Strawinsky + Columbia Jazz Group	CBS GM 31
CARL MARIA V. WEBER		
Concertino op. 26	Deplus, Talmi + Sinf. Orch. de l'ORTF Nord-Picardie	BR 680 27 024
	Glazer, Wagner + Sinf. Orch. Innsbruck	FSM 73 003
	Peyer, Frühbeck de Burgos + New Philh. Orch. London	EMI 063–01852

Konzerte Nr. 1 und 2	Goodman, Martinon + Chicago Symph. Orch.	RCA 2641 149 AS
Konzert Nr. 1 op. 73	Deplus, Talmi + Sinf. Orch. de l'ORTF Nord-Picardie	BR 680 27 024
	Glazer, Faerber + Württ. Kammerorch. Heilbronn	FSM 73 003
	Lancelot, Guschlbaner + Bamberger Symph.	RCA ZL 30 617 AW
	Leister, Kubelik + Berliner Philharmoniker	DG 136 550
	Peyer, Frühbeck de Burgos + New Philh. Orch. London	EMI 063–01852
Konzert Nr. 2 op. 74	Peyer, Davis + London Symph. Orch.	Dec 641 777 AH

Für Klarinette solo:

JÜRG BAUR		
Bagatellen (1964)	Klein	Schw 2043
IGOR STRAWINSKY		
Stücke für Klarinette (1919)	Berkes	DC Hun 11 748
	Fageus	DC Bis 062
	Klöcker	EMI 151–45 392/93

Für Duo mit verschiedenen Instrumenten:

LUDWIG V. BEETHOVEN		
Drei Duos op. 147 mit Fagott	Ricci, Virizlay	Con ORS 7295
– Nr. 1 + Nr. 3	Kovacz, Fülemile	DC Hun 11 565

Für Trio mit Klavier und einem anderen Instrument:

C. P. E. BACH		
Sechs Sonaten mit Fagott (Cembalo)	Barbe, Leuthold, Sax	FSM 0 508

BÉLA BARTÓK

Kontraste 1938 mit Violine	Berkes, Szenthelyi, Kocsis	DC Hun 11 357
	Goodman, Szigeti, Bartok	CBS 60 201

LUDWIG V. BEETHOVEN

Trio op. 11 mit Cello	Demus, Deinzer, Mandalka	EMI 065 99 839
	Kempf, Leister, Fournier	DG 2721 132 IMS
	Starke, Bell'Arte Trio	Int 185 753

JOHANNES BRAHMS

Trio op. 114 mit Cello	Honingh, Frager, Bylsma	MPS 168 007
	Leister, Eschenbach, Donderer	DG 139 398 IMS
	Michaels, Kraus, Storck	BM 40 08
	Prinz, Demus, Skocic	Ar 200 696 366

MAX BRUCH

Acht Stücke op. 83 mit Viola	Brahn, Craford, Brügger	DCa 92 912

CHARLES IVES

Largo (1901) mit Violine	Hasty, Taylor, Glazer	FSM SVBX 564

FELIX MENDELSSOHN-BARTHOLDY

Zwei Konzertstücke mit Bassetthorn	Schröder, Mehls, Weber	Cal CAL 30 436
	Stalder, Leuthold, Vintschger	FSM 0533

WOLFGANG AMADEUS MOZART

Trio KV. 498 mit Viola (Kegelstatt-Trio)	Brymer, Ireland, Bishop	Ph 6570 073
	Consortium Classicum	EMI 065 30 994
	Triebskorn, Lemmen, Ludwig	FSM 34 035
	Wright, Kroyt, Perahia	FSM 34 615

ROBERT SCHUMANN

Märchenerzählungen op. 132 mit Viola	Kloor, Pfeifer, Jansen	DCa 93 803
	Kroyt, Wright, Perahia	FSM 34 615

Für Trio anderer Kombinationen:

WOLFGANG AMADEUS MOZART		
Adagio KV. 410 für 2 Bassethörner und Fagott	Waart, Niederl. Bläserensemble	Ph 6747 379
Divertimenti II KV. 439 b Nr. 1–5 für 2 Klarinetten und Fagott	Pieterson, Keulen, Rozenboom	Ph 6747 379
IGOR STRAWINSKY		
Epitaphium (1959) für Flöte, Klarinette, Harfe	Blarr, Instrumentalens.	Schw 0604
	Gleghorn, Bloch, Remsen	CBS 79 254

Für Quartett:

BERNHARD CRUSELL		
Zwei Quartette op. 2 und op. 7 für Klavier und Streichtrio	Lötjönen, Rahkonen, Kamu, Valsta	DC Bis 0 051
PAUL HINDEMITH		
Quartett für Klarinette, Klavier, Violine und Cello	Genuit, Klöcker, Karolyi, Braunholz	DCa 92 714
OLIVIER MESSIAEN		
Quartett für das Ende der Zeit Violine, Klarinette, Klavier, Cello	Cohen, Rabbai, Eddy, Levin	FSM 31 050
GIOACCHINO ROSSINI		
Quartett Nr. 4 für Flöte, Klarinette, Horn, Fagott	Residenz-Quintett München	Cal CAL 30 434
CARL STAMITZ		
Quartett op. 8 Nr. 2 für Oboe, Klarinette, Horn und Fagott	Residenz-Quintett München	Cla 0611
	Stalder-Quintett	FSM 0 515
Quartett op. 8 Nr. 4 für Oboe (Klarin.), Violine, Viola, Cello	Brahn, Chumachenco Streichquartett	PR 70 117
	Mannheimer Solistenensemble	RBM 3037
Quartett (Es-Dur) für Klarin. und Streichtrio	Gärtner, Kussmaul, Kussmaul, Wolf	DCa 92 305

Für Quintett mit Klavier:

LUDWIG V. BEETHOVEN		
Quintett op. 16 für Klavier, Oboe, Klarinette, Horn und Fagott	Demus, Berliner Philh.	DG 2721 129 IMS
	Haebler/Bamberger Bläserquintett	Ph 6570 881
	Knardahl/Göteborger Bläserquintett	Dc Bis 061
	Zehr/Salzburger Klass. Bläserspiel	Cla 0 805
WOLFGANG AMADEUS MOZART		
Quintett KV. 452 für Klavier, Oboe, Klarinette, Horn und Fagott	Complesso Musica da Camera, Rom	SST HD 235
	Gulda, Wiener Philh.	DG 2733 013
	Haebler, Bamberger Bläserquintett	Ph 6747 383
LUDWIG SPOHR		
Quintett op. 52 für Klavier, Flöte, Klarinette, Horn und Fagott	Genuit, Danzi-Quintett	MPS 88 014
	Böhm, Wion, Bloom, Howard, MacCourt	FSM 34 506

Für Quintett mit Streichquartett:

JOHANNES BRAHMS		
Quintett op. 115	Brahn, Chumachenco Streichquartett	PRO 70 117
	Glazer, Ungar. Streichquartett	EMI 137–10 735/37
	Kovacs, Bartók-Quartett	DC Hun 11 596/600
	Leister, Amadeus-Quartett	DG 2740 117 IMS
	Riha/Smetana-Quartett	BM 4100
PAUL HINDEMITH		
Quintett op. 30	Klöcker, Karolyi-Quartett	DCa 92 714
WOLFGANG AMADEUS MOZART		
Quintett KV. 581	Brymer, Allegri-Quartett	Ph 6570 073
	Gärtner, Kussmaul-Quartett	DC Sas 007 009
	Goodman, Boston Symph. Streichquartett	RCA 2641 188 AG

	Klöcker, Consortium Classicum	Int 120 809
	Kovacs, Tatrai-Quartett	FSM 3316
	Leister, Philh. Solisten Berlin	DG 2733 013
	Peyer, Amadeus-Quartett	DG 2530 720
	Rayson, Melos-Quartett, Stuttgart	Int 185 701
	Schröder, Streichquartett der Münchner Philh.	Cal CAL 30 436
	Wiener Kammerensemble	Ar 200 896–366
MAX REGER		
Quintett op. 146	Gall, Keller-Quartett	DCa MRK 19 731
LUDWIG SPOHR		
Fantasie und Variationen op. 81 für Klarinette und Streichquartett	Stalder, Kammermusiker Zürich	FSM 0536
CARL MARIA V. WEBER		
Introduktion, Thema und Variationen	Stalder, Kammermusiker Zürich	FSM 0536
Quintett op. 34	Glazer, Kohon-Quartett	FSM 334 151
	Klöcker, Consortium Classicum	Int 120 809
	Philh. Oktett Berlin	Ph 6570 882

Für Bläserquintett mit Flöte, Oboe, Klarinette, Horn und Fagott:

FRANZ DANZI		
Quintette op. 56		
– Nr. 1	Residenz-Quintett München	Cla 0 611
– Nr. 2	Bläserquintett der Philh. Hungarica	Cam LPM 30 027
	Bonner Bläser-Kammermusik-Vereinigung	Ph 6514 139
	Stuttgarter Bläserquintett	Int 120 861
JACQUES IBERT		
Trois Pièces Brèves	Residenz-Quintett München	Cal CAL 30 434
	Stuttgarter Bläserquintett	INT 120 861

CARL NIELSEN		
Quintett op. 43	Vestjysk Kammerensemble Esbjerg	DG 2530 515 IMS
ANTONIN REICHA		
Quintette op. 88, Nr. 1	Reicha-Bläserquintett	BM 1227
– Nr. 2	Bläserquintett der Nürnberger Symphoniker	Colos 0618
	Residenz-Quintett München	Cal CAL 30 434
– Nr. 3	Pro Arte Quintett, Zürich	DC Gol 11 071
Quintette op. 91, Nr. 3	Stalder-Quintett	FSM 0515
– Nr. 5	Reicha-Bläserquintett	BM 1227
	Residenz-Quintett München	Cla 0611
Quintette op. 99, Nr. 2	Bläserquintett des Nationaltheaters Prag	DC Pan 110 635
ARNOLD SCHÖNBERG		
Quintett op. 26	Bläserquintett des Südwestfunks Baden-Baden	Wer 60 032

Für Quintett anderer Kombinationen:

J. CHR. BACH		
Quintett op. 11, Nr. 3 für 2 Klarinetten, 2 Hörner und Fagott	Westdeutsche Bläsersolisten	Cal CAL 30 424
Sinfonien für Bläser	Schweizer Bläsersolisten	Tud 130 044
WOLFGANG AMADEUS MOZART		
Adagio KV. 411 für 2 Klarinetten und 3 Bassetthörner	Orch. der Wiener Volksoper	FSM 33 006/07
	Waart, Niederländ. Bläserensemble	Ph 6747 379
CARL NIELSEN		
Serenata in Vano für Klarinette, Fagott, Horn, Cello und Kontrabaß	Athena Ensemble	DC Cha 1 003
	Vestjysk Kammerensemble Esbjerg	DG 2530 515 IMS

Für Sextett:

LUDWIG V. BEETHOVEN Sextett op. 71 für 2 Klarinetten, 2 Hörner und 2 Fagotte	Berliner Philharmonie Tschech. Philh. Prag	DG 2721 129 IMS BM 1230
MANUEL DE FALLA Concerto für Cembalo, Flöte, Oboe, Klarinette, Violine und Cello	Constable, Rattle, London Sinfonietta	TIS ZRG 921 AW
LEO JANÁČEK »Die Jugend« (1926) (Mlâdy) für Flöte, Oboe, Klarinette, Baßklarinette, Fagott und Horn	Förster Bläsersextett Residenz-Quintett, München, Klemeyer	DC Pan 110 214 Cal CAL 30 482
FRANCIS POULENC Sextett für Klavier mit Bläserquintett	Knardahl, Göteborger Bläserquintett	DC Bis 0 061
SERGE PROKOFIEFF Ouvertüre op. 34 über hebräische Themen	Ashkenazy, Puddy, Gabrieli-Quartett	TIS D 15 BB 218/20 GF

Für Septett:

LUDWIG V. BEETHOVEN Septett op. 20 für Klarinette, Horn, Fagott und Streichquartett	Consortium Classicum Münchner Nonett Münchner Solisten Ensemble Philh. Oktett. Berlin Wiener Philh. Kammerensemble	DC SAS 007 016 Colos 0101 Int 120 869 DG 2721 129 JMS DG 2530 799 IMS
MAURICE RAVEL Introduktion und Allegro für Harfe, Flöte, Klarinette und Streichquartett	Holliger, Graf, Kammermusiker Zürich Lubik Mihaly, Budapester Kammerensemble Zabaleta, Larde, Deplus, Kneutz, Kammerorch. Kneutz	Cla 0280 DC Hun 11 873 DG 2721 203

LUDWIG SPOHR		
Septett op. 147 für Flöte, Klarinette, Fagott, Horn, Violine, Cello und Klavier	Danzi-Quintett, Schröder, Bylsma, Genuit	MPS 88 014
IGOR STRAWINSKY		
»Die Geschichte vom Soldaten«	Gobert, Striebeck, Meisel, Boston Symph. Chamber Players	DG 2530 489
Septett (1953)	Boston Symph. Chamber Players	DG 2530 551 IMS
	Strawinsky/Columbia Chamber Orch.	CBS 79 254

Für Oktett:

LUDWIG V. BEETHOVEN		
Oktett op. 103 für 2 Oboen, 2 Klarinetten, 2 Hörner und 2 Fagotte	Berliner Philharmoniker	DG 2721 129 IMS
WOLFGANG AMADEUS MOZART		
Divertimento KV. 196 e	Waart, Niederländ. Bläserensemble	Ph 6747 379
	Wiener Philharmoniker	DG 2530 703 IMS
Serenaden Nr. 11 KV. 375 und Nr. 12, KV. 388	Waart, Niederländ. Bläserensemble	Ph 6747 379
FRANZ SCHUBERT		
Oktett op. 166 für Klarinette, Horn, Fagott, Streichquartett und Kontrabaß	Fine Arts Quartett, New York Woodwind Quintett	BM 1814
	Münchner Nonett	DCa 92 811
	Philh. Oktett Berlin	DG 2733 003
	Wiener Kammerensemble	DG 2740 269
LUDWIG SPOHR		
Oktett op. 32 für Klarinette, 2 Hörner und Streichquintett	Consortium Classicum	MPS 880 14
	I Musici	Ph 6570 884
IGOR STRAWINSKY		
Oktett für Flöte, Klarinette, 2 Fagotte, 2 Trompeten und 2 Posaunen	Boston Symphony Chamber Players	DG 2530 551 IMS

Für Nonett:

LUDWIG SPOHR

Nonett op. 31 für Violine, Viola, Cello, Kontrabaß, Flöte, Oboe, Klarinette, Horn und Fagott	Consortium Classicum	MPS 88 014
	Fine Arts Quartett, New York Woodwind Quintett	BM 1804

Yehudi Menuhins Musikführer

Yehudi Menuhin und William Primrose
Violine und Viola

Mit einem Abschnitt über die Geschichte der Violine von Denis Stevens

Fischer Taschenbuch Band 2976

Louis Kentner
Das Klavier

Der Hauptteil des Buches gilt den großen Klavierkomponisten und der Interpretation ihrer Werke.

Fischer Taschenbuch Band 2975

Jack Brymer
Die Klarinette

Jack Brymer, international renommierter Konzertsolist, berichtet über die Geschichte der Klarinette, beschäftigt sich mit Fragen aus der Praxis sowie dem Repertoire.

Fischer Taschenbuch Band 2986

Leon Goosens und Edwin Roxburgh
Die Oboe

Eine für Schüler, Lehrer und Instrumentalisten gleichermaßen nützliche Gesamtdarstellung der Geschichte dieses Holzblasinstruments, der Spieltechnik und der wichtigsten Originalwerke für die Oboe.

Fischer Taschenbuch Band 2990

Fischer Taschenbuch Verlag

Frédéric Chopin

Briefe

Herausgegeben mit einem Vorwort
und Kommentaren von Krystyna Kobylańska
535 Seiten, Leinen

Zweihundert Briefe von Chopin – in der umfänglichsten und gründlichsten Ausgabe, die bisher gelungen ist. Ein beträchtlicher Teil seiner Korrespondenz ist vernichtet oder verloren, die Geschichte der Sammlungen und Editionen »außergewöhnlich verworren, mitunter tragisch«, wie die Herausgeberin in ihrem Vorwort ausführt.

Den ersten Brief schrieb der Vierzehnjährige am 10. August 1824, den letzten der Neununddreißigjährige am 17. September 1849, einen Monat vor seinem Tode. Der Leser erfährt die Atmosphäre des Elternhauses und der polnischen Heimat, beobachtet den spielerischen Beginn und das rasche Wachsen eines unvergleichlichen Künstlertums, die ersten ausgedehnten Reisen, die Schaffensjahre in Paris, die bitter endende Beziehung zu George Sand (Valldemosa auf Mallorca, Nohant), den langen tapferen Kampf mit der Lungentuberkulose, den Aufenthalt des Todkranken in England und Schottland, die Rückkehr nach Paris.

Der Briefschreiber, der Patriotismus mit Weltbürgertum verbindet, ist bei aller Lebendigkeit und Anschaulichkeit seines Erzählens unliterarisch. Er teilt viel mit und verschweigt manches. Das Geheimnis des Schöpfertums vermag er nicht preiszugeben, das Romantische seiner Musik findet keinen Einlaß in seine Zeilen; sie sind hell, sachlich, gegenständlich, aufmerksam auf Erscheinungen der Gesellschaft. Immer aber sind sie erfüllt von Gefühl, bewegt von Familiensinn und Freundlichkeit.

S. Fischer

EVA WEISSWEILER

Komponistinnen aus 500 Jahren

Eine Kultur- und Wirkungsgeschichte in Biographien und Werkbeispielen

Band 3714

Zum Stichwort »Komponistinnen« fallen dem Musikliebhaber vielleicht die Namen Clara Schumann, Thekla Badarzewska und Alma Mahler-Werfel ein, dazu einige salonhaft-sentimentale Titel wie »Gebet einer Jungfrau« oder »Souvenir de Vienne«. Frauen hätten, so lautet meist das musikgeschichtliche Urteil, kein kompositorisches Talent; sie könnten wohl Klavierlieder und gefühlvolle Charakterstückchen schreiben, aber keine große, dramatische Musik.

Diese Einstellung ist oberflächlich und falsch. Tatsache ist, daß Frauen seit dem ausgehenden Mittelalter in allen musikalischen Großformen komponiert haben. Ihre Werke sind aber fast immer unterdrückt worden, zuerst von der Kirche, später dann von Vätern oder Ehemännern, Verlegern, Konzertveranstaltern und Musikhistorikern. Anhand von ausgewählten Biographien und zahlreichen Musikbeispielen möchte die Autorin hier die längst fällige Rehabilitation der komponierenden Frau einleiten. Vor dem Hintergrund der jeweiligen gesellschaftlichen Situation und der damit verbundenen Vorurteile der Musikwissenschaft wird hier zum erstenmal ein Überblick über die Entwicklung der weiblichen Kunstmusik im Lauf der Jahrhunderte gegeben.

FISCHER TASCHENBUCH VERLAG

fi 96/1